黑龙江省优秀学术著作
"十四五"时期国家重点出版物出版专项规划项目
先进制造理论研究与工程技术系列

AUV 水下地形辅助导航技术

陈鹏云　著

哈尔滨工业大学出版社

内 容 简 介

本书系统地介绍了水下地形辅助导航技术在 AUV 水下导航领域的发展与应用。全书共 6 章，内容主要包括绪论、水下地形导航技术概述、多波束测深数据处理和地形匹配单元组建、水下地形匹配算法、水下地形可导航区域分析、水下地形辅助导航系统。本书是作者多年在该领域工作的基础上分析总结而成的，其内容基本覆盖了水下地形辅助导航技术的知识专题及发展方向。

本书适合高等院校相关专业的研究生和高年级本科生阅读，也可供从事水下无人航行器水下导航研究与应用、水下地形辅助导航技术研究的科技工作者和工程技术人员参考和使用。

图书在版编目（CIP）数据

AUV 水下地形辅助导航技术 / 陈鹏云著. — 哈尔滨：哈尔滨工业大学出版社，2023.8
（先进制造理论研究与工程技术系列）
ISBN 978-7-5603-4535-2

Ⅰ.①A… Ⅱ.①陈… Ⅲ.①海底地貌-航海导航-导航系统-研究 Ⅳ.①U675.79

中国版本图书馆 CIP 数据核字（2022）第 045443 号

策划编辑	王桂芝　马静怡
责任编辑	苗金英　王会丽
出版发行	哈尔滨工业大学出版社
社　　址	哈尔滨市南岗区复华四道街 10 号　邮编 150006
传　　真	0451-86414749
网　　址	http://hitpress.hit.edu.cn
印　　刷	哈尔滨圣铂印刷有限公司
开　　本	720 mm×1 000 mm　1/16　印张 16.25　字数 280 千字
版　　次	2023 年 8 月第 1 版　2023 年 8 月第 1 次印刷
书　　号	ISBN 978-7-5603-4535-2
定　　价	78.00 元

（如因印装质量问题影响阅读，我社负责调换）

前　言

在自主式水下无人航行器（AUV）的各个子系统中，导航系统的精度和可靠性直接关系到 AUV 能否顺利完成预定任务并安全返回，因此构建精确、可靠、自主的导航系统一直是 AUV 研究的一个重要内容和关键技术。传统的惯性导航和航位推算导航存在累积误差，需要定期上浮接收卫星定位信号作为新的修正导航参考值，不能满足 AUV "长期、隐蔽、全天候、高精度"的导航要求。

近年来随着多波束测深技术的发展，获取高精度水下数字地形成为可能，作为一种给惯性导航系统和航位推算系统提供精确位置修正的有效方法，水下地形辅助导航技术得到了世界各国的广泛重视。在此背景下，作者自 2010 年起在李晔教授的指导下开始从事 AUV 水下地形辅助导航的研究工作，并取得了一些积极的成果。本书作者整理和总结了多年来的研究成果，力图让读者全面理解 AUV 水下地形辅助导航的有关技术，给相关领域的科研人员提供参考。

全书共 6 章。

第 1 章为绪论，全面介绍了 AUV 水下导航技术和 AUV 水下地形辅助导航技术国内外研究现状，并讨论了 AUV 水下地形导航系统的组成和水下地形导航的特殊性。

第 2 章为水下地形导航技术概述，介绍了地形导航原理、水下地形导航模型、典型地形匹配方法、匹配传感器特点和关键技术。

第 3 章为多波束测深数据处理和地形匹配单元组建，从多波束测深系统构成开始，分别介绍了多波束测深数据的处理流程、滤波方法，以及实时地形数据建模、DTM 生成方法与存储模型、地形匹配搜索区域的选择。

第 4 章为水下地形匹配算法，重点描述地形匹配搜索定位算法和地形辅助导航滤波算法的原理、公式推导和算法流程。

第 5 章为水下地形可导航区域分析，讨论了地形特征的衡量、地形适配性分析、最优适配区域划分和地形辅助导航最优路径规划。

第 6 章为水下地形辅助导航系统，主要介绍水下地形辅助导航的修正方式、误差分析，并进行了水下地形辅助导航系统的设计和水下地形辅助导航的外场试验。

特别感谢哈尔滨工程大学李晔教授、中国舰船研究设计中心陈小龙博士在研究中给予的指导和支持，感谢武汉理工大学董早鹏副教授、河海大学王汝鹏博士后、国家深海基地管理中心沈鹏工程师、哈尔滨工程大学马腾博士后等在研究中提供的帮助，感谢哈尔滨工程大学、晋西工业集团有限责任公司和中北大学在研究过程中给予的支持，感谢学生张国兵、关通、常哲、李佳成、马英琪等在本书撰写过程中提供的帮助。

对国内智能水下机器人领域的先行者和哈尔滨工程大学水下机器人技术重点实验室的奠基人——邓三瑞教授与徐玉如院士致以最崇高的敬意，老一辈科学家渊博的知识、敏锐的眼光、善于纳新和勤于治学的工作态度永远值得我们学习。

本书的研究内容和撰写得到了国家自然科学基金项目（项目编号：51909245、51279221、50909025）、武汉理工大学高性能舰船技术教育部重点实验室基金（项目编号：gxnc19051802）、山西省应用基础研究计划（项目编号：201901D211244）的资助，在此表示衷心感谢。

本书在撰写过程中参考了许多国内外相关文献和资料，在此向参考文献的作者表达最诚挚的谢意。

非常希望能献给读者一本 AUV 水下导航领域既有前沿理论又重视工程实践的好书，但由于作者水平有限，书中难免存在不足之处，恳请各位读者批评指正。

作　者

2023 年 5 月

目录

第1章 绪论 ... 1
1.1 AUV水下导航技术概述 ... 2
1.2 AUV水下地形辅助导航技术国内外研究现状 ... 6
1.3 AUV水下地形导航系统的组成 ... 10
1.3.1 参考导航单元 ... 11
1.3.2 水深测量单元 ... 12
1.3.3 地形匹配单元 ... 15
1.4 水下地形导航的特殊性 ... 15
本章参考文献 ... 17

第2章 水下地形导航技术概述 ... 23
2.1 地形导航原理 ... 23
2.2 水下地形导航模型 ... 25
2.2.1 状态空间模型 ... 25
2.2.2 数字地形模型 ... 26
2.2.3 影响地形匹配性能的主要因素 ... 27
2.3 典型的地形匹配方法 ... 28
2.3.1 基于扩展卡尔曼滤波的地形匹配方法 ... 28
2.3.2 基于相关性的地形匹配方法 ... 30
2.3.3 基于直接概率准则的地形匹配方法 ... 32
2.4 不同测深传感器的特点与优势 ... 33
2.5 水下地形匹配的关键技术 ... 34

本章参考文献 35

第3章 多波束测深数据处理和地形匹配单元组建 39

3.1 多波束测深系统 39
3.1.1 多波束测深系统构成 39
3.1.2 多波束测深原理 40
3.1.3 GeoSwath plus 相干型多波束测深系统 42

3.2 多波束测深数据的处理流程 43
3.2.1 声线的追踪与补偿 43
3.2.2 海底归位处理 46
3.2.3 多波束测深数据处理流程 47

3.3 多波束测深数据的滤波方法 48
3.3.1 多波束测深数据滤波的基本原则 49
3.3.2 基于动态聚类模型的单 ping 滤波方法 49
3.3.3 基于 Alpha-Shapes 模型的单 ping 滤波方法 59
3.3.4 基于趋势面滤波的多波束测深数据滤波方法 64

3.4 实时地形数据建模 66
3.4.1 单波束测深数据建模 66
3.4.2 多波束测深数据建模 68
3.4.3 DVL 测深数据建模 72

3.5 DTM 生成方法与存储模型 72
3.5.1 基于电子海图数据生成 DTM 72
3.5.2 基于多波束测深数据生成 DTM 76
3.5.3 基于分层结构的 DTM 存储 87

3.6 地形匹配搜索区域的选择 90

本章参考文献 92

第4章 水下地形匹配算法 96

4.1 地形匹配导航算法概述 96

4.1.1 TERCOM 地形剖面匹配系统 ··· 96
4.1.2 SITAN 地形辅助导航系统 ··· 97
4.1.3 TERCOM 系统和 SITAN 系统的比较 ····························· 98
4.1.4 地形匹配导航算法分类 ·· 99
4.2 地形匹配搜索定位算法 ··· 99
4.2.1 参数估计算法 ·· 100
4.2.2 邻域信息融合算法 ··· 114
4.2.3 脉冲耦合神经网络算法 ·· 123
4.2.4 马尔可夫随机场算法 ··· 131
4.2.5 搜索定位的有效性判定 ·· 135
4.3 地形辅助导航滤波算法 ··· 142
4.3.1 地形辅助导航的贝叶斯滤波模型 ·································· 142
4.3.2 地形辅助导航贝叶斯滤波模型的线性化近似 ···················· 144
4.3.3 基于粒子滤波的地形辅助导航 ···································· 150
4.3.4 基于高斯和粒子滤波的地形辅助导航 ···························· 162
4.4 地形匹配导航算法研究的发展方向 ······································· 172
本章参考文献 ··· 173

第5章 水下地形可导航区域分析 ··· 177
5.1 地形特征的衡量 ··· 177
5.2 地形适配性分析 ··· 187
5.2.1 地形匹配算法精度的影响因素 ···································· 188
5.2.2 地形匹配算法精度评价指标 ······································ 190
5.2.3 地形适配区域量化指标 ·· 191
5.3 最优适配区域划分 ··· 195
5.3.1 任意网格条件下的适配性计算 ···································· 195
5.3.2 适配区域的最优划分 ··· 200
5.4 地形辅助导航最优路径规划 ·· 203

  5.4.1 改进人工势场法 ··· 203
  5.4.2 A^*算法 ··· 208
  5.4.3 粒子群优化算法 ··· 211
 本章参考文献 ··· 215

第6章 水下地形辅助导航系统 ·· 218
 6.1 水下地形辅助导航系统的修正方式 ··· 218
 6.2 水下地形辅助导航系统的误差分析 ··· 221
  6.2.1 实时地形测量误差 ··· 221
  6.2.2 匹配算法误差 ··· 222
  6.2.3 误差减小方法 ··· 223
 6.3 水下地形辅助导航系统的设计 ·· 223
  6.3.1 硬件系统 ·· 223
  6.3.2 体系结构 ·· 224
  6.3.3 导航策略 ·· 226
 6.4 水下地形辅助导航半物理仿真系统 ··· 227
  6.4.1 载体运动仿真模块 ··· 228
  6.4.2 参考导航仿真模块 ··· 230
  6.4.3 地形测量仿真模块 ··· 231
  6.4.4 海洋环境仿真模块 ··· 233
  6.4.5 人机交互模块 ··· 234
  6.4.6 仿真试验 ·· 236
 6.5 水下地形辅助导航的外场试验 ·· 238
  6.5.1 先验地形图的获取 ··· 239
  6.5.2 实时地形的获取 ··· 240
  6.5.3 地形匹配结果 ··· 245
 本章参考文献 ··· 248

名词索引 ··· 250

第 1 章 绪　　论

21 世纪是海洋的世纪，作为人类利用和开发海洋的重要工具——自主式水下无人航行器（Autonomous Underwater Vehicle，AUV）受到了各海洋强国的广泛重视，得到了越来越深入的研究。在民用方面，AUV 可应用于水下地形地貌探测、海洋环境监测、海底生物和矿产资源的勘测采样、海洋工程维护、小型沉物打捞等；在军用方面，AUV 可作为水下通信中继节点、用于敏感区域的隐蔽侦察、对敌港口隐蔽布雷等[1-5]。

在 AUV 的各个子系统中，导航系统的精度和可靠性直接关系到 AUV 是否能够顺利完成预定任务并安全返回，因此构建精确、可靠、自主的导航系统一直是 AUV 研究的一个重要内容和关键技术[6-8]。AUV 水下作业如图 1.1 所示。

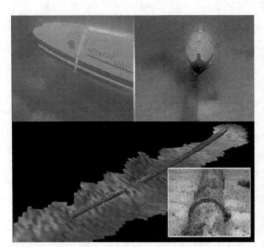

图 1.1　AUV 水下作业

1.1 AUV 水下导航技术概述

导航技术是指确定载体的位姿信息,并引导载体沿一定航线从空间的一点运动到另一点的技术[9]。大气层内的智能载体通常依靠无线电、扩频通信和全球定位系统(Global Positioning System,GPS)进行导航定位。而由于高频信号在水下环境中会快速衰减,因此高精度的 GPS 信号无法在水下长距离传输,因此 AUV 水下导航有其自身特点,不能参考大气层内智能载体的导航方法。

根据导航所采用传感器的不同,常用于 AUV 的水下导航技术大致可分为三类:惯性/航位推算导航、水声学导航、地球物理导航[10-11]。上述三类导航方式很多情况下联合起来使用,如将惯性导航、船位推算分别与声学导航结合进行容错导航,对导航初始误差具有较好的鲁棒性。但总体来说,现有的水下导航方法在实施方式、导航定位精度、累计误差等方面都受一定环境条件的限制。AUV 水下导航分类如图 1.2 所示。

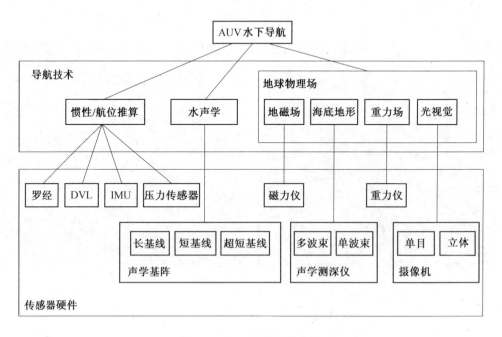

图 1.2 AUV 水下导航分类

第1章　绪　论

1. 惯性/航位推算导航

惯性导航系统（Inertial Navigation System，INS）通过对加速度计和陀螺仪数据进行两次积分，从而解算出当前的位置信息。近年来对惯性导航的研究热点集中在融合多普勒测速仪[12]（Doppler Velocity Log，DVL）、差分全球定位系统[13]（Differential Global Positioning System，DGPS）、Karman 滤波器，与 INS 形成组合导航系统，或者对导航数据进行神经网络处理，并利用海流等外部数据消除海洋环境对导航的干扰[14-15]，提高惯性导航的精度。

航位推算（Dead Reckoning，DR）导航通过对罗经和多普勒速度计获取的数据进行积分，解算出当前位置信息[16]。哈尔滨工程大学的万磊[17]和孙玉山[18]等提出了 AUV 导航所使用的航位推算导航系统，验证了采用 DVL 和光纤罗经进行 AUV 航位推算的可能性，并进行了嵌入式集成研究，形成了一套完整的航位推算系统。张强[19]和冯子龙[20]等设计了融合航位推算和 GPS 低成本的容错组合导航系统，进一步提高了航位推算的精度。推算导航常用传感器设备见表 1.1。

表 1.1　推算导航常用传感器设备

设备	测量变量的坐标系
深度计（Pressure Depth）	惯性导航坐标系
磁罗经（Magnetic Compass）	惯性导航坐标系
光纤罗经（Gyroscopes）	载体坐标系
加速度计（Accelerometers）	载体坐标系
惯性测量单元（Inertial Measurement Unit，IMU）	载体坐标系
航姿参考系统（Automatic and Heading Reference System，AHRS）	载体坐标系
DVL	载体坐标系

惯性导航系统和航位推算导航不需要外部传感器的支持，导航推算所需的数据全部由自身携带的传感器获得，且短时间内导航精度较高，是大部分 AUV 所普遍采用的导航方式。但其定位误差随时间累积，长时间水下航行会产生较大的累积误差，这就必须定期利用外部信息对其进行校准。通常采用的方法是 AUV 定期上浮接收 GPS 信号作为新的修正参考值。但采用这种修正方式有很大缺陷：在民用方面，AUV

频繁上浮会消耗大量能源,不利于 AUV 长时间深水作业,且复杂的近水面环境对于 AUV 也是一个巨大威胁;在军用方面,频繁上浮不利于 AUV 的隐蔽性,削弱了 AUV 不易被敌方发现这一重要优势,且在作战时 GPS 信号也容易受到干扰。

DR 的误差与传感器的精度有很大的关系,由高精度传感器组成的 DR 系统相应的成本也很高,DR 导航精度一般用导航偏差与航程(Distance Traveled,DT)之比的百分数(DT%)来表示,主要 AUV 的导航精度与传感器见表 1.2。

表 1.2 主要 AUV 的导航精度与传感器

AUV	DT%	传感器
MIT Odyssey II	0.01	—
Kongsberg HUGIN	0.025~0.25	FOG-based IMU
MBARI (Monterey Bay Aquarium Research Institute) Dorado MAUV	<0.05	Integrated Kearfoot Seadevil
ISE Theseus	<0.08	Ixsea Phins FOG-based IMU
Autosub	0.1~0.2	Ixsea Phins FOG-based IMU
WHOI Sentry	0.1	Ixsea Phins FOG-based IMU
WHOI/ACFR SeaBed	1~5	Crossbow IMU (fluxgate compass)

2. 水声学导航

水声学导航是基于测量声学信号的传播时间,从声学信标获取或者对信号进行解算得到位置信息进行导航的,主要包括长基线(Long Baseline,LBL)、短基线(Short Baseline,SBL)、超短基线(Ultra Short Baseline,USBL)三种水声学导航定位方法。蒋新松和封锡盛两位院士的专著《水下机器人》里详细介绍了水声学导航定位的原理、实现过程和应用范围。近年来水声学导航的研究热点是如何提高水声学导航的应用范围和如何合理布置基阵等,其中一个方案是将 DGPS 和水声学导航相结合,直接给 AUV 提供经纬度坐标,或者将惯性导航、船位推算分别与声学导航相结合来进行容错导航[21-24]。

第1章 绪　论

在声学基阵的作用范围内，水声学导航是最可靠、精度最高的AUV水下导航定位方法，且不存在累积误差。但水声学导航需要预先在AUV工作海域或支持母船上布置声学基阵，需要较大的支持体系，成本高且导航范围受限，不能满足AUV独立执行作业任务的要求。声学定位系统的分类见表1.3。

表1.3　声学定位系统的分类

定位系统的类型	基线长度
USBL	<10 m
SBL	20～50 m
LBL	100～6 000 m

3. 地球物理导航

地球物理导航是利用外部环境信息做参考的导航技术，常用的外部环境信息包括水下光学图像、地磁场、重力场、水下地形等。地球物理导航利用相应传感器采集AUV附近的地球物理信息，通过与基准数据库中相应区域的先验信息对比，从而得到AUV当前的位置信息[25-26]。地球物理导航具有全天候、无源性、无累积误差且不易受外界干扰的特点，近年来成为各国水下导航方法的研究热点。基于光视觉的景象匹配定位精度高，但由于光信号在水下环境中传播距离短，其只能应用于某些场合的末端精确定位。地磁场、重力场匹配导航由于受到测量方法和测量精度等因素的限制，因此在现阶段很难应用于实践。随着多波束测深系统的发展，高精度的水下地形测量成为可能，因此采用水下地形匹配导航（Underwater Terrain Matching Navigation，UTMN）可以满足AUV水下精确导航定位的需求。AUV采用水下地形匹配导航只依靠自身搭载的地形测量传感器，不需要上浮修正，不存在累积误差，可长时间水下导航定位，并满足AUV"长期、隐蔽、全天候、高精度"的导航要求。因此近十几年来，水下地形匹配导航受到了世界各海洋强国的广泛重视，并取得了长足发展[27-32]。

1.2 AUV 水下地形辅助导航技术国内外研究现状

水下地形辅助导航技术作为一种对惯性导航系统（Inertial Navigation System, INS）提供精确位置修正的有效方法[33-34]，在近十年得到了快速的发展，世界上多个研究机构和组织正致力于水下地形辅助导航技术的研究，其中挪威国防研究中心[35-37]和瑞典皇家理工学院[38-39]的研究具有重要的参考意义。

作为世界上领先的 AUV 开发和生产机构，挪威国防研究中心研究设计的 HUGIN 系列 AUV 已经广泛应用于军事和民用领域（图 1.3）。

图 1.3 海试中的 HUGIN 1000 AUV

同时，利用 HUGIN 作为载体，水下地形辅助导航技术也被深入研究。项目组研发了 Terrlab 地形匹配仿真系统，对水下地形匹配方法进行"回放式仿真"研究。基于仿真试验，项目组于 2009 年和 2010 年进行了两次海中试验。2009 年的海中试验是在挪威近海的水下"穿越"航行试验，在 50 km 水下航行过程中，HUGIN 所有的导航位置信息均由地形辅助导航系统提供，地形辅助导航系统如图 1.4 所示，同时由支持母船上的声学定位系统记录的位置作为参考定位，在到达目标海域后，地形匹配定位的误差约 4 m，远低于 INS 的定位误差。在 2010 年 Oslo Fjord 海域的试验中，HUGIN 所搭载的多波束测深系统突然故障，为了不影响试验的进行，临时采用多普勒测速仪作为水下地形测量设备。经过 5 h 的水下航行，地形匹配定位结果与 GPS 信号之间的误差为 5 m。

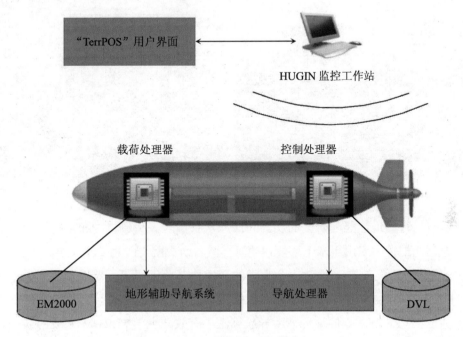

图 1.4 地形辅助导航系统

瑞典皇家理工学院的 Nygren 教授带领的团队通过改装鱼雷外壳,建造了 AUV62F 和 Sapphires 两种型号的 AUV。AUV62F 用于长时间的水下侦察和目标监视;Sapphires 用于水雷的侦测。为了让这两种型号的 AUV 能够实现隐蔽水下作业,Nygren 团队也对水下辅助导航方法进行了研究。AUV62F 和 Sapphires 使用的地形辅助导航系统软件相同,AUV62F 和其在地形匹配试验中的规划航路如图 1.5 所示,地形匹配定位时均采用相关性的方法,其差别在于 AUV62F 使用多波束测深系统进行地形测量,Sapphires 使用合成孔径声呐进行地形测量。海中试验时,Nygren 团队在 65 km 的规划航路上选择了 8 个点作为地形匹配点,二者的定位误差均小于 10 m。

除此之外,美国麻省理工学院、美国蒙特利湾海洋研究所、美国斯坦福大学、英国南安普敦大学、日本东京大学和日本海洋工程研究所等组织机构也开展了 AUV 水下地形辅助导航研究,设计了相应的软硬件系统,并在近海海域的海试中取得了一定成果[40-42]。

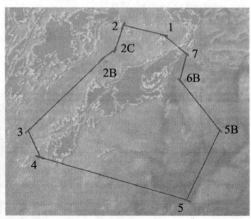

图 1.5　AUV62F 和其在地形匹配试验中的规划航路

随着飞行器地形匹配研究的展开和深入，我国有关科研机构和高等院校开始尝试将地形匹配技术应用于水下环境，如海军装备研究院、西北工业大学、武汉大学、哈尔滨工程大学等[43-44]。西北工业大学的辛廷慧[45]验证了飞行器地形匹配所采用的 TERCOM 和 SITAN 用于水下地形匹配的可行性。北京航空航天大学的王可东[46]提出了基于 3D Zernike 矩的地形辅助导航算法，有效减小了 TEROM 系统的误差。海军工程大学的谌剑[47]提出一种基于 ICCP 算法的水下地形辅助定位方法，并在仿真中取得了较好的效果。哈尔滨工程大学李晔团队[48-52]经过多年研究，在局部水下地形快速插值重构、高置信度地形辅助导航算法等方面取得较大理论突破，并通过导航计算机进行实物接入，构建了国内首个可进行水下地形辅助导航加载的半物理测试平台，半物理测试平台与仿真界面如图 1.6 所示。

随着海洋资源的开发和无人武器系统在战场上的广泛应用，AUV 技术得到了各海洋大国的广泛重视并得到了快速发展。不同于遥控式水下无人航行器（Remate Operated Vehicle，ROV），AUV 在执行各项水下作业时完全依靠自身的导航系统提供精确的位置和姿态等信息。如果导航系统提供的位置和姿态信息错误，AUV 将不能高质量完成水下作业甚至导致水下作业的失败，由此可见水下自主导航技术是决定 AUV 技术水平的一个重要标志，是 AUV 能够成功执行水下作业的必要条件。随着大航程、大潜深 AUV 的发展，AUV 潜航和水下作业的时间越来越长，必然对 AUV 水下导航系统的精度提出越来越高的要求。

第1章 绪　论

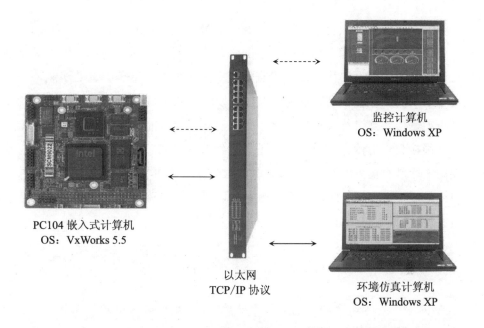

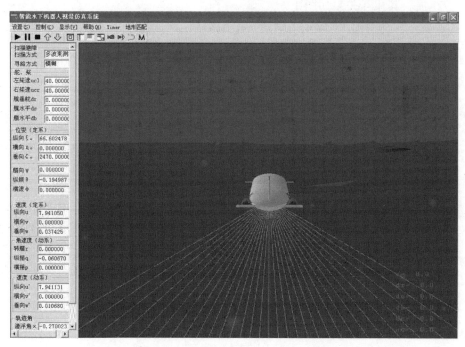

图1.6　半物理测试平台与仿真界面

传统的水声学导航、航位推算导航、惯性导航因先天性的缺陷,并不能满足 AUV "自主、长时间、高精度、高隐蔽性"的水下导航要求,而光视觉、地磁场、重力场导航虽然具有理论上的优势,但受到测量方法和测量精度等因素的限制,在现阶段很难应用于实践。而水下地形匹配导航可以利用 AUV 搭载的声学高度计、DVL、多波束声呐等传感器进行高精度的水下地形测量,无须布置额外的传感器,无累积误差,无须接收外部信号,可以在水下航行作业的同时实时修正导航误差,在理论上和实践上均具有较大的优势。AUV 水下地形匹配导航可以单独使用,也可以与惯性导航或航位推算导航等组成组合导航系统,满足 AUV 在执行任务时的隐蔽性要求,可实现 AUV 独立自主的导航,具有良好的应用前景。

1.3 AUV 水下地形导航系统的组成

AUV 水下地形导航系统主要由参考导航单元、地形测量单元和地形匹配单元三个部分组成,其相互关系如图 1.7 所示。

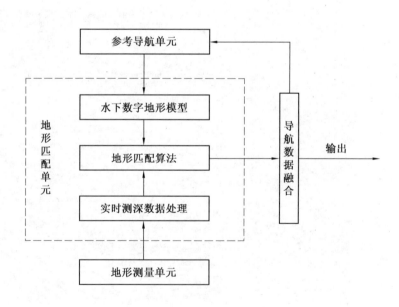

图 1.7 AUV 水下地形导航系统的组成

1.3.1 参考导航单元

参考导航单元负责提供初始定位信息,限定地形匹配单元的搜索范围。通常情况下参考导航单元由惯性导航系统和航位推算导航系统(包括磁罗经、多普勒测速仪)组成。参考导航单元如图1.8所示。

(a)惯性导航系统

(b)磁罗经

(c)多普勒测速仪

图1.8 参考导航单元

1. 惯性导航系统

惯性导航系统(INS)是依靠加速度计和陀螺仪等惯性元件测量载体在惯性参考系中的加速度,并用其解算载体在导航坐标系中的速度、偏航角和位置等信息的导航系统。在INS中,陀螺仪给出载体的航向和当前的姿态信息,并建立导航坐标系;加速度计用来测量载体的加速度。在得到载体加速度后,通过对时间的一次积分可得到载体的速度,二次积分可得到载体在相邻两个采样周期内的位移,从而推算出载体的位置坐标。

INS是一种完全自主式导航系统,其不依赖外部信息,也不向外部辐射任何信息,因而具有隐蔽性高、导航实时性好、可全天候工作、很难被干扰等优点,且INS短时间内导航精度和稳定性高,是当今应用最为广泛的导航方法。但是由于INS的导航信息由积分解算得到,因此存在定位误差随时间增长、长时间使用存在累积误差、需要初始对准、设备价格较昂贵等缺陷[51]。由于INS固有的累积误差会对载体的导航造成影响,因此长时间使用需要对其进行定时修正。

2. 航位推算系统

航位推算（DR）导航根据载体在当前时刻的已知位置坐标，通过测量载体航向、航速以及航行时间信息，从而推算下一时刻载体的位置坐标，它是最经典、使用最为广泛的导航方法之一。AUV 使用航位推系统所用的传感器包括罗经（磁罗经、光纤罗经）和多普勒测速仪（DVL），罗经给出当前 AUV 的航向信息，DVL 给出当前 AUV 的航速信息[53]。航位推算系统可以看作是简化的惯性导航系统，需要的传感器较少，具有成本低，可对载体进行连续定位的优点。由于算法和所用传感器的限制，因此航位推算导航的累积误差较 INS 要大很多，如果不定时进行 GPS 修正，超过一定时间其导航误差会急剧增大。

1.3.2 水深测量单元

水深测量单元用于测量载体当前位置附近一定范围内的地形数据，地形数据可用测深点位置的经度-纬度-水深表示，水深数据组成如图 1.9 所示。为了便于表述，图中忽略了压力传感器、换能器等传感器之间的相对位置，在实际计算中应当予以考虑。由图中可以看出，水深数据包括载体到海平面的距离（吃水深度，图中用 Depth 表示）和载体到海底的距离（高度，图中用 Height 表示）。由于潮位的影响，压力传感器所测得 Depth 包括海平面以上的潮位和载体与海平面的相对深度。习惯上把 Height 也称为深度值，如无特别说明，后面所提及的深度都是指 Height。

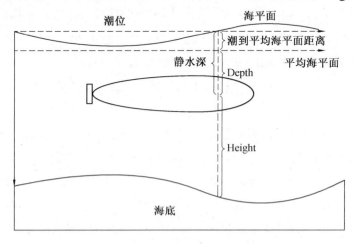

图 1.9 水深数据组成

根据传感器返回数据量的不同,Height 的测量方式有两种:单波束测深和多波束测深。单波束测深所使用的测深设备称为单波束测深仪,即常见的声学高度计[54]。声学高度计的换能器垂直载体向下发射单个测量波束,当测量波束到达海底时发生反射并返回换能器。其深度值由声脉冲在换能器和海底间的双程旅行时间和水体中的平均声速确定。由于单波束测深数据具有很高的数据刷新率,因此其测深数据沿航向密集分布成"线地形",如图 1.10 所示。

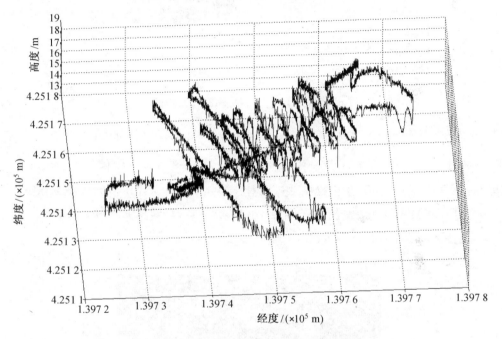

图 1.10 单波束测深数据形成的"线地形"

多波束测深系统是一种可以实现大范围水下地形测量的设备,利用多波束测深系统可以同时获得与航线方向垂直的数百甚至数千个测深点[55]。多波束测深系统的测深数据由波束的入射角和波束斜距来表示。获取换能器接收单元之间的相位差并对其进行比较,可以解算波束入射角。波束入射角的解算精度与接收单元之间的相位差大小成正比关系。多波束测深数据中各波束脚印坐标位置解算需要考虑声速剖面、波束入射角 θ 等因素。多波束测深数据为多条测线组成的"面地形"信息如图 1.11 所示。

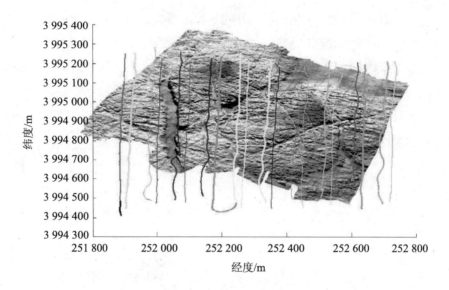

图 1.11 多波束测深数据的测线分布和形成的"面地形"

除此之外，水下地形测量设备还包括 DVL[56]、干涉声呐[57]、侧扫声呐[58]和激光测深仪[59]等。其中 DVL 某种程度上可以看作简化的特殊类型的多波束测深设备。本书研究用到的水下地形测量设备包括声学高度计、DVL 以及多波束测深系统。多传感器条件下的水下地形测量如图 1.12 所示。

图 1.12 多传感器条件下的水下地形测量

1.3.3 地形匹配单元

地形匹配单元包括实时测深数据后处理、水下地形数据库、匹配算法三个部分。地形匹配单元直接关系导航的成功与否，是地形匹配导航的核心。

地形匹配单元与陆地环境不同，由于海洋环境的复杂性和 AUV 较小的载体，因此在进行水下地形测量时，AUV 载体处于不规则运动状态，同时海流的运动和海水自身的特性也会影响水下地形的测量。这里把外界对地形测量的影响称为噪声，与陆地地形测量相比，噪声对水下地形测量的影响要严重得多[60-61]。作为水下地形测量的重要设备之一，多波束测深系统除换能器外还包含多种辅助传感器，因此多波束测深数据的质量除了与换能器自身的特性相关外还受到辅助传感器特性的影响。实时测深数据后处理包括实时测深数据的野值剔除、声线追踪和补偿、潮位修正、波束选择等[62]。

水下地形数据库也称作水下数字地形图（Digital Terrain Map，DTM），是在地形匹配计算机中存储的数字化先验水下地形数据。在 AUV 水下地形匹配导航系统中的数字地形模型是一定区域内水深数据的离散化网格数据，相邻网格节点的间距称为数字地形模型的分辨率。DTM 的制作方法分为两种。

（1）通过电子海图中水深数据插值得到。

（2）由多波束测深系统得到的测深数据后处理得到。

前者成本低易于获得，但是精度不能满足实际需要，仅能用于部分理论研究。

后者的精度可以满足实际应用的需求，但是需要专门的地形测量，成本高。DTM 的制作方法将在第 3 章中详细介绍。

匹配算法通过对比地形测量单元获得的实时测深数据和由参考导航单元指示位置附近的 DTM 数据，从而确定 AUV 当前所处的位置，是地形匹配单元的核心。

1.4 水下地形导航的特殊性

地形匹配导航作为一种有效的辅助导航技术，已经在战斗机和巡航导弹上得到了广泛的应用[63-65]。基于飞行器地形匹配导航技术的研究成果，世界上各海洋强国也对 AUV 的水下地形匹配导航进行了研究与发展。由于 AUV 与大气层飞行器航行区域内的介质不同，另外，AUV 和巡航导弹等飞行器的运动特性完全不同，因此 AUV 的水下地形匹配导航方法与飞行器所使用的陆地地形匹配导航方法之间也存在很大差异，主要表现为以下几点。

（1）AUV 在水中的航行速度仅有几节，远低于飞行器在空气中的飞行速度（战斧式巡航导弹的飞行速度约为 800 km/h，约合 430 kn），因此在相同的时间内，AUV 所经过的地形范围有限，为了获取足够的地形匹配特征，实时地形数据的采集时间较长。

（2）与陆地相比，水下地形的变化相对平缓，相邻区域内的地形差异较小，标志性的地形特征较少，导致地形匹配的难度较大。

（3）与飞行器地形匹配时所用的陆地地形高程图相比，获取水下地形导航所需的 DTM 相对困难。飞行器地形匹配所需的陆地地形高程图可利用航空探测或者卫星遥感技术获取，美国国家图像与绘图局所提供公开下载的地形高程数据库已经达到较高的精度，有理由相信应用于美国军方的地形数据库精度会更高[66]。而用于水下地形匹配研究所采用的 DTM 主要来源有两个：第一，从电子海图中提取水深数据并对其插值细化处理；第二，网格化多波束测深系统的地形测量数据。前者容易获取，但是精度很难满足实际应用的要求；后者精度能够满足要求，但是大范围的海底测量需要大量的人力物力且后处理复杂。

（4）AUV 载体较小，海流等水下环境的干扰对其影响较大，导致 AUV 在航行过程中存在摇荡问题，需要考虑 AUV 在摇荡情况下获取的水下地形产生的畸变问题。

（5）由于声学传感器的精度远低于光学传感器，因此在水下地形匹配中测深传感器的测量误差对匹配结果的影响远大于飞行器地形匹配，因此需要对测深传感器的测量误差进行容错处理，提高地形匹配的置信度。

AUV 水下地形匹配和飞行器的地形匹配相同，AUV 水下地形匹配的定位性能也依赖于测深传感器的精度、DTM 的精度、地形匹配算法的特性、地形匹配区的特性等因素。AUV 地形匹配导航方法的突出特点是适应水下环境。AUV 在水下航行时受海流、涡旋等环境干扰作用时，载体摇荡较大；其航行速度比飞机和巡航导弹等飞行器的飞行速度低两个量级，导致相同时间内经过的地形较小。但 AUV 的地形匹配导航也有其优势：同一个采样周期内，多波束声呐可以获取一个矩形面地形，融合声学高度计获取的点-线地形，获得地形特征也可满足地形导航的需求。

本章参考文献

[1] 蒋新松, 封锡盛, 王棣棠. 水下机器人[M]. 沈阳：辽宁科学技术出版社, 2000.

[2] 徐玉如, 庞永杰, 甘永, 等. 智能水下机器人技术展望[J]. 智能系统学报, 2006, 1(1): 9-16.

[3] 桑恩方, 庞永杰, 卞红雨. 水下机器人技术[J]. 机器人技术与应用, 2003(3): 8-13.

[4] 李晔, 常文田, 孙玉山, 等. 自治水下机器人的研发现状与展望[J]. 机器人技术与应用, 2007(1): 25-31.

[5] HAGEN P E, MIDTGAARD Ø, HASVOLD Ø. Making AUVs truly autonomous[C]. Aberdeen：OCEANS 2007. IEEE, 2007: 1-4.

[6] 张建会, 李俊, 王涛, 等. 远程 AUV 组合导航技术研究[J]. 弹箭与制导学报, 2006, 26(1): 183-188.

[7] 燕奎臣, 李一平, 袁学庆. 远程自治水下机器人研究[J]. 机器人, 2002, 24(4): 299-303.

[8] 严卫生, 徐德民, 李俊, 等. 自主水下航行器导航技术[J]. 火力与指挥控制, 2004, 29(6): 11-15, 19.

[9] 吴德伟. 导航原理[M]. 北京：电子工业出版社, 2020.

[10] PAULL L, SAEEDI S, SETO M, et al. AUV navigation and localization: a review [J]. IEEE Journal of Oceanic Engineering, 2014, 39(1): 131-149.

[11] MILLER P A, FARRELL J A, ZHAO Y, et al. Autonomous underwater vehicle navigation [J]. IEEE Journal of Oceanic Engineering, 2010, 35(3):663-678.

[12] MCEWEN R, THOMAS H, WEBER D, et al. Performance of an AUV navigation system at arctic latitudes [J]. IEEE Journal of Oceanic Engineering, 2005, 30(2): 443-445.

[13] MARCO D B, HEALEY A J. Current developments in underwater vehicle control and navigation: the NPS ARIES AUV[C]. Providence：Oceans 2000 MTS/IEEE Conference and Exhibition. IEEE, 2000, 2: 1011-1016.

[14] JO G N, CHOI H S. Velocity-aided underwater navigation system using receding horizon kalman filter [J]. IEEE Journal of Oceanic Engineering, 2006, 31(3):

565-573.

[15] 朱海, 莫军. 水下导航信息融合技术[J]. 北京: 国防工业出版社, 2002.

[16] MO J, WANG G H, ZHAO H J. Application of Kalman filter with coean database in underwater navigation [J]. Ship Science and Technology, 2010, 32(4): 51-56.

[17] 万磊, 李璐, 刘建成, 等. 一种基于航位推算的水下机器人导航算法[J]. 中国造船, 2004, 45(4): 77-82.

[18] SUN Y S, WAN L, LIANG X, et al. Design of the embeded navigation system of autonomous underwater vehicle based on the VxWorks[C]. Guangzhou: IEEE International Conference on Control and Automation, 2007: 2919-2924.

[19] 张强, 孙尧, 万磊, 等. 低成本 GPS/DR 容错组合导航系统设计[J].中国惯性技术学报, 2010, 18(4): 455-461.

[20] 冯子龙, 刘健, 刘开周. AUV 自主导航航位推算算法的分析研究[J]. 海洋技术. 2006, 25(3): 19-22.

[21] RIGBY P, PIZARRO O, WILLIAMS S B. Towards geo-referenced AUV navigation through fusion of USBL and DVL measurements [C]. Boston: OCEANS 2006. IEEE, 2006: 1-6.

[22] KUSSAT N H, CHADWELL C D, ZIMMERMAN R. Absolute positioning of an autonomous underwater vehicle using GPS and acoustic measurements [J]. IEEE Journal of Oceanic Engineering, 2005, 30(1): 153-164.

[23] LEE P M, JUN B H, CHOI H T, et al. An integrated navigation systems for underwater vehicles based on inertial sensors and pseudo LBL acoustic transponders[C]. Seattle: OCEANS 2005. Proceedings of MTS/IEEE. IEEE, 2005: 555-562.

[24] FOLK A, ARMSTRONG B, Wolbrecht E, et al. Autonomous underwater vehicle navigation using moving baseline on a target ship [C]. Brest: OCEANS 2010. IEEE, 2010: 1-7.

[25] 彭富清, 霍立业. 海洋地球物理导航[J]. 地球物理学进展, 2007, 22(3): 759-764.

[26] 朱庄生, 袁春柱, 周朋. 无源导航定位技术研究现状及发展趋势[J]. 地球物理学进展, 2011, 26(4): 1473-1477.

[27] CARLSTROM J, NYGREN I. Terrain navigation of the Swedish AUV62F vehicle[C]. Durham: Int. Symp. Unmanned Untethered Submersible Technol. UUST, 2005: 1-10.

[28] ÅNONSEN K B, HAGEN O K. An analysis of real-time terrain aided navigation results from a HUGIN AUV [C]. Brest: Oceans 2010. IEEE, 2010: 1-9.

[29] NAKATANI T, URA T, SAKAMAKI T, et al. Terrain based localization for pinpoint observation of deep seafloors [C]. Bremen: Oceans 2009-Europe. IEEE, 2009: 1-6.

[30] CARRENO S, WILSON P, RIDAO P, et al. A survey on terrain based navigation for AUVs [C]. Brest: OCEANS 2010. IEEE, 2010: 1-7.

[31] 冯庆堂. 地形匹配新方法及环境适应性研究[D]. 长沙: 国防科学技术大学, 2004.

[32] ZHANG H, HU X L. A height-measuring algorithm applied to TERCOM radar altimeter[C]. Chengdu: 2010 3rd International Conference on Advanced Computer Theory and Engineering (ICACTE). IEEE, 2010: 543-546.

[33] 张亚崇, 岳亚洲, 王涛, 等. 机载地形匹配系统技术研究[J]. 弹箭与制导学报, 2012, 05: 9-13.

[34] LU S L, ZHAO L, ZHANG CY. Improved tercom based on fading factor [C]. Jiaozuo: Applied Mechanics and Materials, 2012: 770-774.

[35] ÅNONSEN K B, HAGEN O K, BERGLUND E. Autonomous mapping with AUVs using relative terrain navigation [C]. Anchorage: In Proceedings of IEEE/MTS Oceans, 2017: 1-7.

[36] HAGEN O K, ÅNONSEN K B. Using terrain navigation to improve marine vessel navigation systems [J]. Marine Technology Society Journal, 2014, 48(2): 45-58.

[37] ÅNONSEN K B, HAGEN O K, HEGRENAES O, et al. The HUGIN AUV terrain navigation module [C]. San Diego: In Proceedings of IEEE/MTS Oceans, 2013: 1-8.

[38] NYGREN I. Terrain navigation for underwater vehicles [D]. Stockholm: PhD Thesis of Royal Institute of Technology, 2005.

[39] NYGREN I, JANSSON M. Terrain navigation for underwater vehicles using the correlator method [J]. IEEE Journal of Oceanic Engineering, 2004, 29(3): 906-915.

[40] NISHIDA Y, URA T, NAKATANI T, et al. Autonomous underwater vehicle "Tuna-Sand" for image observation of the seafloor at a low altitude [J]. Journal of Robotics and Mechatronics, 2014, 26(4): 519-521.

[41] MEDUNA D K. Terrain relative navigation for sensor-limited systems with application to underwater vehicles [M]. Palo Alto: Stanford University Press, 2011.

[42] MELO J, MATOS A. Survey on advances on terrain based navigation for autonomous underwater vehicles [J]. Ocean Engineering, 2017, 139: 250-264.

[43] CHEN P Y, LI Y, SU Y M, et al. Review of AUV underwater terrain matching navigation [J]. Journal of Navigation, 2015, 68(6): 1155-1172.

[44] 严浙平, 王璐. UUV 水下定位方法的研究现状与进展[J]. 哈尔滨工程大学学报, 2017, 38(7): 989-1000.

[45] 辛廷慧. 水下地形辅助导航方法研究[D]. 西安：西北工业大学, 2004.

[46] WANG K D, ZHU T Q, WANG J L. Real-time terrain matching based on 3D zernike moments [J]. Journal of Navigation, 2018, 71(6): 1441-1459.

[47] 谌剑, 张静远, 查峰. 一种改进 ICCP 水下地形匹配算法 [J]. 华中科技大学学报(自然科学版), 2012, 40(10): 63-67.

[48] LI Y, MA T, CHEN P Y, et al. Autonomous underwater vehicle optimal path planning method for seabed terrain matching navigation[J]. Ocean Engineering, 2017, 133: 107-115.

[49] LI Y, WANG R P, CHEN P Y , et al. Terrain matching positioning method based on node multi-information fusion [J]. Journal of Navigation, 2017, 70(1): 82-100.

[50] CHEN P Y, ZHANG P F, MA T, et al. Underwater terrain positioning method using maximum a posteriori estimation and PCNN model [J]. Journal of Navigation, 2019, 72(5): 1233-1253.

[51] CHEN P Y, SHEN P, ZHANG P F, et al. Path planning of underwater terrain-aided navigation based on improved artificial potential field method [J]. Marine Technology Society Journal, 2019, 53(2): 65-74.

[52] CHEN P Y, LI Y, SU Y M, et al. Underwater terrain positioning method based on least squares estimation for AUV [J]. China Ocean Engineering, 2015, 29(6):

859-874.

[53] 孙玉山, 万磊, 庞永杰. 潜水器导航技术研究现状与展望[J]. 机器人技术与应用, 2010(1): 31-42.

[54] 孙玉山, 王建国, 万磊, 等. 基于 VXWORKS 的水下机器人嵌入式导航系统的研究[J]. 应用基础与工程科学学报, 2009, 17(6): 899-909.

[55] 孙玉山, 代天娇, 赵志平. 水下机器人航位推算导航系统及误差分析[J]. 船舶工程, 2010, 32(5): 67-72.

[56] 胡昌顺. 单波束测深仪系统仿真设计[D]. 哈尔滨：哈尔滨工程大学, 2012.

[57] 李军. 浅海多波束测深回波信号建模及波达时间研究[D]. 南京：南京航空航天大学, 2006.

[58] MEDUNA D K, ROCK S M, MCEWEN R S. Closed-loop terrain relative navigation for AUVs with non-inertial grade navigation sensors [C]. Monterey：Autonomous Underwater Vehicles (AUV), 2010 IEEE/OES. IEEE, 2010: 1-8.

[59] FROST R T, HOEY C M, BELL M, et al. Autonomous large scale urchin barren mapping with interferometric sonar [C]. Lorne：GeoHab 2014. 2014: 37.

[60] MIENERT J, WEAVER P. European margin sediment dynamics: side-scan sonar and seismic images[M]. Berlin：Springer Science & Business Media, 2012.

[61] 翟国君, 王克平, 刘玉红. 机载激光测深技术[J]. 海洋测绘, 2014, 34(2): 72-75.

[62] 张伟. 多波束测深系统在水下地形测量中的应用研究[D]. 北京：中国地质大学, 2009.

[63] STEFAN B, WILLIAMS, PAUL NEWMAN, et al. Autonomous underwaer vehicle navigation and control[J]. Robotica, 2001, 2001: 481-496.

[64] BAIRD C, SNYDER F B, BEIERLE L M. Terrain-aided altitude computations on the AFTI/F-16 [C]. Las Vegas：Position Location and Navigation Symposium, 1990. Record. The 1990's-A Decade of Excellence in the Navigation Sciences. IEEE PLANS'90. IEEE, 1990: 474-481.

[65] FELLERHOFF J R. SITAN implementation in the SAINT system [J]. Plans Records. IEEE, 1986, 1986: 89-95.

[66] 李宁宁, 安雪滢, 汤国建, 等. 巡航导弹组合导航中综合地形匹配算法研究[J]. 飞行力学, 2008, 26(6): 60-63, 67.

第 2 章　水下地形导航技术概述

飞行器地形匹配导航作为一种有效的导航方式，相关研究已开展多年，并成功应用于战斗机的远程导航、巡航导弹的中段导航与末端制导。以飞行器地形匹配导航为例，其代表分别为 TERCOM 系统和 SITAN 系统[1]。由于海洋环境不同于大气环境，水下地形匹配导航有自身的特殊性。

本章根据飞行器的地形匹配导航系统，建立了 AUV 水下地形匹配导航模型，并对影响水下地形匹配性能的因素进行分析。在此基础上分析比较了不同的测深传感器在进行水下地形匹配时的优缺点，并提出了适用于 AUV 的水下地形匹配导航方法。

2.1　地形导航原理

地形导航技术也称为地形匹配导航或地形辅助导航，开始出现于 20 世纪 70 年代，并在战斗机、巡航导弹等武器系统中取得了成功的应用，具有独立自主、隐蔽性高、不受恶劣天气影响等优点。广义上讲，地形匹配技术包括地形高度匹配技术（Terrain Elevation Matching，TEM）和景象匹配区域相关技术（Scene Matching Area Correlator，SMAC）等。

通过获取飞行器在飞行区域内的地形图像，并和存储的基准特征图像进行比较，通过景象匹配区域相关技术推算出飞行器的精确位置，这就是基于 SMAC 的地形匹配。基于 SMAC 的地形匹配并不基于地形高度的起伏，而是通过利用地面可辨认的线性特征进行精确定位，因此其在平坦地形区域内的定位效果较好。由于地面的线性特征并不是连续分布的，因此 SMAC 并不能实现连续匹配定位，其通常应用于飞行器的末端制导，定位精度极高。但是由于水下地形可辨认特征较少，因此很难采用 SMAC 方法得到较高的匹配精度，因此水下地形匹配一般指地形高度匹配。

TEM 的主要思想是通过测量飞行器下方的地形高度信息,并和参考地形高程数据库进行比较,从而推算出飞行器的位置信息。与 SMAC 不同,TEM 采用的主要是地形高程信息,基准地形高程数据库可通过大地形测量得到,对测绘能力的要求相对较低。TEM 技术主要应用于中制导,定位精度相对较低。狭义的地形匹配技术特指地形高度匹配技术,运用 TEM 技术的战斧巡航导弹如图 2.1 所示。当飞行器在飞行规划地形适配区域时,利用雷达高度计测量飞行器正下方的离地高度,并利用气压计得到飞行器所处位置的海拔高度,从而得到飞行器下方的地形高程值。将实时测量的地形高程值与参考地形高程数据库中的数据进行相关处理,从而得到飞行器当前的位置信息。考虑到参考地形高程数据库中可能有多个位置的高程数据与实时测量值相接近,这样一个地形高程的测量值就不能满足需求,因此为了得到真正的匹配位置,就需要沿飞行器飞行路径连续测量多个高程值,同时利用参考导航系统对匹配区域进行限定,从而确保地形匹配估计位置的唯一性[2-3]。

图 2.1 运用 TEM 技术的战斧巡航导弹

水下地形匹配导航与飞行器地形匹配相类似,当 AUV 在穿越地形适配区时,利用声学高度计、DVL、多波束声呐等测深传感器测量 AUV 下方的测点深度,并与压力传感器所得到的深度值相加得到 AUV 所在位置处的水深(地形高程值)。利用实时测量的地形高程值,通过地形匹配算法在预先存储的地形高程数据库中确定最佳匹配位置。水下地形匹配导航系统可以看成是 AUV 水下导航系统的一个修正模块,给导航系统提供位置信息及修正方案,水下地形匹配导航原理示意图如图 2.2 所示。

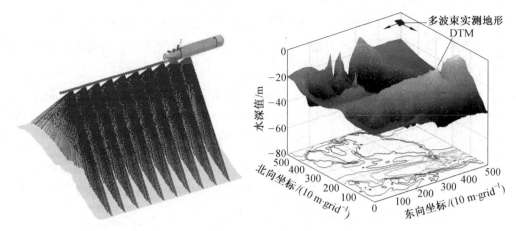

图 2.2　水下地形匹配导航原理示意图

水下地形匹配导航系统与 GPS 信号类似,水下地形匹配导航系统所提供的位置信息可以与 AUV 搭载的其他导航系统的导航信息进行融合。另外,水下地形匹配导航也可以作为独立的位置更新来源。对于 AUV 水下导航系统来说,水下地形匹配导航可以使导航系统具有更好的可靠性。对水面舰船的导航系统来说,当 GPS 失效时,利用水下地形匹配导航也是一个很好的选择。

2.2　水下地形导航模型

2.2.1　状态空间模型

由于深度信息可由高度计和深度计直接获得,因此水下地形导航系统主要提供 AUV 的经纬度信息。不考虑 AUV 在垂直面的坐标变化,假定在每个采样时刻导航系统都进行一次数据更新,以 AUV 的水平面坐标为状态变量,水下地形匹配导航模型可如下所示:

$$X_{t+1} = X_t + U_t + v_{t+1} \tag{2.1}$$

$$Y_t = H_t(x_t) + E_t \tag{2.2}$$

式中,X_t 为参考导航系统指示的位置;U_t 为在相邻两个采样时刻参考导航系统(一般为 INS 或者 DR)指示的位置内改变量;v_{t+1} 为参考导航系统的误差,这里假设为高斯白噪声;Y_t 为实时测深序列;$H_t(x_t)$ 为从 DTM 提取的 x_t 处水深序列;E_t 为测深传感器的测量误差，为了便于计算，假设 E_t 为均值为零的高斯白噪声。

式（2.1）中所表示的水下数字地形图是 X_t 的非线性函数，但在通常情况下，为了简化计算，某点处的水深值可利用线性插值得到。

式（2.1）和式（2.2）可以分别看作水下地形匹配导航模型的状态方程和量测方程，表示了水下地形匹配导航的过程，即利用多波束测深系统、DVL、声学高度计等测深设备进行实时水深测量，利用地形匹配算法比较实时水深测量信息和从 DTM 提取的局部地形信息，从而推算出 AUV 当前的位置，同时对系统的状态方程进行修正。式（2.1）和式（2.2）是对水下地形匹配导航模型的简化，大多数地形匹配导航方法的实施都是围绕该模型展开的。

2.2.2 数字地形模型

数字地形模型中包含了一定区域内的地形信息，在水下数字地形图中表现为水深信息，它由一定数量的网格节点组成，节点值表示为（经度、纬度、深度）的形式，网格间距为数字地形的分辨率，参考陆地数字地形性能指标的表示方式，除了格网间距和分辨率之外，也可以在水下数字地图中引入线误差（Linear Error，LE）和圆误差（Circular Error，CE）指标，分别表示垂直方向上的深度误差和水平方向上的经纬度误差[4]。水下数字地形模型格网组织图如图 2.3 所示，图中 Δx 和 Δy 分别为东向和北向的网格间距，一般二者大小相同，其大小应依据测深系统的分辨率和存储量的大小来进行选定。

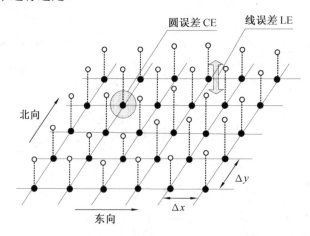

图 2.3　水下数字地形模型格网组织图

2.2.3 影响地形匹配性能的主要因素

由水下地形匹配导航的状态模型可知,影响地形匹配性能的主要因素包括参考导航系统的性能、DTM 的精度、地形测量传感器的精度、地形匹配区域的选择、地形匹配算法等。

1. 参考导航系统的性能

在地形匹配导航中,一般采用 INS 或者 DR 作为参考导航系统给地形匹配系统提供初始定位信息。如果参考导航系统提供的初始定位误差越小,地形匹配的搜索区域越小,通过地形匹配找到 AUV 真实位置的概率越高,地形匹配的置信度也越高。但是高精度的 INS 价格昂贵,为了降低成本,水下地形匹配系统一般采用低精度的 INS 或者 DR 作为参考导航系统。

2. DTM 的精度

DTM 是进行水下地形匹配的前提和必要条件。如果没有符合要求的高精度 DTM,水下地形匹配导航系统将不能真正走向实用。DTM 的精度越高,对地形匹配导航的定位结果越有利。

3. 地形测量传感器的精度

地形测量传感器的精度越高,说明在水下地形测量时的测量误差越小。若地形匹配使用的 DTM 精度和分辨率相同,则地形测量误差的减小可以显著提高地形匹配定位的置信度和精度。通常情况下,测量精度与测深传感器的性能、声速剖面的测量以及潮位数据的修正等因素有关。

4. 地形匹配区域的选择

在式(2.2)中,$H_t(x_t)$ 是 x_t 的非线性函数,因此地形特征直接影响地形匹配定位的结果。当地形特征不明显时,在不同区域可能会出现相似的地形,如果不能对这些相似的地形进行区分,将对地形匹配定位的结果产生不利影响,甚至导致匹配失败的现象。因此,在进行地形匹配定位时,需要尽可能地选择地形特征比较丰富的区域,减小地形相似性的影响。

5. 地形匹配算法

地形匹配算法是 AUV 水下地形匹配导航的核心。不同的地形匹配算法有不同的适应条件和使用范围，同时在相同地形条件下的匹配结果也不完全相同。由于不同算法在不同地形条件下的适用性、匹配效率、匹配精度不同，因此在进行水下地形匹配研究时，需要针对不同的 AUV 硬件系统、导航的实时性要求以及地形匹配区域内的特性进行综合考虑。

2.3 典型的地形匹配方法

地形高度匹配技术主要思想是通过测量载体路径下方的地形高度，与存储的数字地形图进行比较进而得到载体的位置信息。水下地形匹配导航是地形高度匹配技术在水下的实现，这里的高度信息由载体所处位置的水深信息来表示。AUV 载体在行进过程中，通过传感器不断获取载体所处位置的水深信息，与水深基准地图进行比较，得到载体在基准地图中所处的位置，用来对 INS 所指示位置进行修正。水下地形匹配导航是一种无源、自主的导航方式，不受季节及天气变化影响，具有很高的研究和应用价值。水下地形匹配方法与陆地地形匹配导航方法类似，水下地形匹配方法可归纳为三类：基于扩展卡尔曼滤波的地形匹配方法、基于相关性的地形匹配方法和基于直接概率准则的地形匹配方法。

2.3.1 基于扩展卡尔曼滤波的地形匹配方法

基于扩展卡尔曼滤波的地形匹配方法最典型的是由美国桑迪亚实验室于 20 世纪 70 年代中期提出的桑迪亚地形辅助导航方法（Sandia Inertial Terrain Aided Navigation，SITAN），SITAN 是最早利用递推方法进行连续地形匹配的方法之一[5-7]。它利用惯性导航系统（INS）输出的定位信息，由数字地图导出地形斜率，并利用扩展卡尔曼滤波器进行处理。该方法允许有较大的速度和航向误差，同时允许载体做机动飞行。为了克服地形的非线性，在算法中需要对地形进行局部随机线性化，当地形斜率正负号发生变化时，这种地形线性化处理容易产生多值，有可能引起滤波发散。为了克服滤波发散，后续又出现了改进的卡尔曼滤波方法，用来对 SITAN 方法进行改进。如 LI Heng[8]等人利用无迹卡尔曼滤波（Unscented Kalman Filter，UKF）

第 2 章 水下地形导航技术概述

对地形导航下的状态误差进行估计，Li[9]等人将人工神经网络引入卡尔曼滤波当中，形成智能联邦卡尔曼滤波算法，用以改善 AUV 导航精度和对地形的适应能力。Xie[10]将并行卡尔曼滤波和相关性方法结合来进行地形导航，得到了较好的效果。扩展卡尔曼滤波在陆地地形导航中已经得到了成功的应用。飞行器地形匹配导航的 SITAN 方法原理如图 2.4 所示。

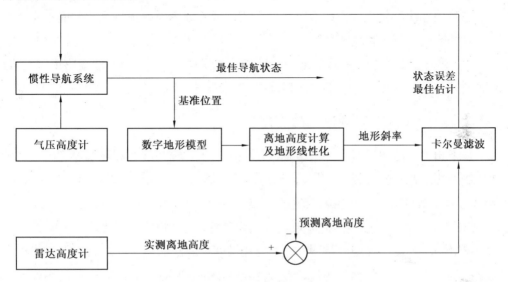

图 2.4　飞行器地形匹配导航的 SITAN 方法原理

基于扩展卡尔曼滤波的地形匹配方法在使用过程中有着诸多便利与限制，其中该算法的优点有以下几点。

（1）基于扩展卡尔曼滤波的地形匹配方法对参考导航系统误差的修正是实时的，故而使用该方法的载体可以进行大范围机动动作，这是地形相关性方法所不具备的特点。

（2）基于扩展卡尔曼滤波的地形匹配方法抗噪声的干扰能力较强，在高噪声的干扰下，其定位精度也能够得到保证。

（3）基于扩展卡尔曼滤波的地形匹配方法的运算量较小，故而对地形匹配计算机的硬件要求较低。

（4）基于扩展卡尔曼滤波的地形匹配方法对系统误差的修正，可以做到同时修正参考导航系统的位置、高度以及速度三方面的误差。

基于扩展卡尔曼滤波的地形匹配方法在使用过程中也有局限性，具体如下：

（1）基于扩展卡尔曼滤波的地形匹配方法对于初始误差比较敏感，要求初始定位位置足够精确。

（2）基于扩展卡尔曼滤波的地形匹配方法对于参考导航系统有着很高的依赖性，不能脱离参考导航系统单独使用。

（3）地形线形化处理在地形突变的地方，或者地形斜率正负号改变的地方容易产生多个数值，引起滤波的发散。

（4）基于扩展卡尔曼滤波的地形匹配方法在误差很小时，也可能会出现奇异值，从而导致很难再对参考导航系统进行修正。

2.3.2 基于相关性的地形匹配方法

基于相关性的地形匹配方法最早应用在航空上，作为战机和巡航导弹的一种辅助导航方法，距今已有四十多年的历史。其中最著名的是由英国不列颠宇航公司研制的地形辅助导航系统，又称为地形剖面匹配系统（Terrain Contour Matching，TERCOM），它通过连续测得的地形高程剖面数据，运用相关度算法，如最小方差法、平均绝对差法等进行批处理[11-13]。作为对相关匹配算法的另一种表现形式，Besl 和 Mckay 等人提出了一种称为迭代最近点法（Iterative Closest Point，ICP）的图像对准方法，并被刘承香等人将其应用在水下地形匹配上[14]。为了应对 ICP 算法容易陷入局部最小值的不足，刘承香等[15]人将 BP 神经网络引入 ICP 算法中，并进行了仿真分析。Behzad 等[16-19]人对该算法进行了改进，提出了 ICCP（Iterative Closest Contour Point）算法，它是 ICP 算法的一个特例。近年来，很多学者将多种方法组合运用来进行相关性分析，也有将 ICCP 算法与其他方法进行组合的方式进行地形匹配导航，如 Jiang 等[20]人提出了一种将概率数据联合滤波（PDFA）与 ICCP 方法相结合的新型水下地形匹配方法，Yuan 等[21]人提出将 TERCOM/ICCP 和 Kalman 滤波组合运用于地形匹配，理论上组合方式的结果较单独一种方式要好。基于 TERCOM 发展起来的这些方法的一个显著缺陷就是实时性较差，而且对载体航迹要求较高，当航向存在较大偏差时误差将急剧增大。基于相关性的地形匹配方法原理如图 2.5 所示。

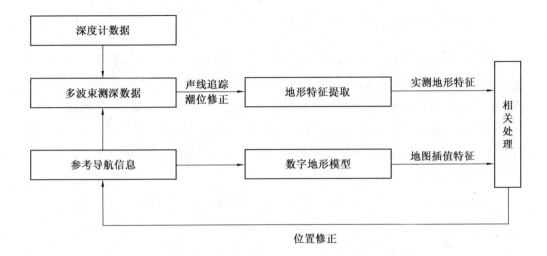

图 2.5 基于相关性的地形匹配方法原理

基于相关性的地形匹配方法的优点有以下几点。

(1) 当地形特征足够大且搜索区域足够大时，即使初始定位误差很大，基于相关性的地形匹配方法仍能找到真实的匹配位置。

(2) 基于相关性的地形匹配方法仅仅需要检验匹配区域内实时地形和参考地形之间是否存在相关性，能满足非线性地形数据的地形匹配要求。

(3) 基于相关性的地形匹配方法算法简单且效果较好，其有效性已经得到了充分认证。

基于相关性的地形匹配方法也存在着不足之处，其中包括以下几点。

(1) 基于相关性的地形匹配方法属于典型的批处理方法，这就需要 AUV 航行一段距离，获取足够的地形数据才能进行匹配运算，算法的实时性较差。

(2) 基于相关性的地形匹配方法对载体航向误差敏感，在匹配定位中不能够进行机动运动。

(3) 基于相关性的地形匹配方法依然存在着导航误差，误差来自于水下数字地图的精度、水下噪声影响以及网格划分精度等方面。

(4) 地形盲区区域的地形匹配定位效果不是很好，需要通过路径规划，避开这些区域，或者直接穿过，等过了盲区再进行大范围的匹配算法。

2.3.3 基于直接概率准则的地形匹配方法

基于直接概率准则的地形匹配方法是近年来研究的热点，其本质是一种基于直接概率准则的最优估计方法。由于考虑了系统的先验知识，对系统的误差分布没有特殊要求，可以处理非线性模型，用于地形匹配时不需要对地形进行线性化处理，因此其在处理地形匹配问题上具有理论优势。典型的有 Nygren 等[22-23]人提出的基于贝叶斯估计和相关比较的 AUV 水下地形匹配方法；庞永杰等[24-25]人提出了一种基于贝叶斯估计的改进状态空间模型水下地形导航方法，并用 AUV 实测地形数据进行了验证；陈鹏云等[26]人提出一种基于极大后验估计的水下地形匹配定位方法，并进行了地形导航的回放式仿真试验；Rickard Karlsson 等[27-28]人将蒙特卡洛方法引入状态估计中，利用质点滤波（Point Mass Filter，PMF）方法进行地形匹配，并引入了克拉美-罗下限方法来对因 INS 误差、传感器精度以及地图精度而导致的导航不确定性进行定性分析。

与其他地形匹配方法相比，基于直接概率准则的地形匹配方法有很大优势，表现为以下几点。

（1）基于直接概率准则的地形匹配方法考虑了先验状态分布，故而对于误差的分布不敏感，匹配精度较高。

（2）基于直接概率准则的地形匹配方法可以直接处理非线性地形模型，无须对地形进行线性化处理。

（3）基于直接概率准则的地形匹配方法兼顾了 AUV 位置的先验状态，地形匹配结果的置信度较高。

（4）基于直接概率准则的地形匹配方法在很多领域中都有着成熟的应用，其可靠性以及可行性都得到了充分的验证。

此外，Severin 等[29-30]人研究了利用侧扫声呐图像进行地形导航的可能性。伍兹霍尔海洋机构使用 AUV 测得的水声数据与先验水深地形进行对比，用来对 DVL 下的船位推算结果进行最优化[31]。Oliveira[32]使用本征分析对多模型自适应估计器下的地形导航方式进行了研究。Garcia[33]通过拍摄到的地形图像信息联合 Kalman 滤波来对 AUV 位置进行估计。Ronen Lerner[34]研究了仅使用拍摄到的图像进行导航的可行性。Williams[35]等人通过一个扫描声呐实现了小范围内的同步构图与定位。与传统的水下地形导航方式相比，这些方法在使用的匹配手段上存在一定的差异，但是其本质上仍然是利用地形信息来进行导航。

2.4 不同测深传感器的特点与优势

AUV 常用的水下地形测量传感器包括声学高度计、DVL 和多波束测深系统等。声学高度计（Acoustic Altimeter）的测量波束垂直载体向下发射。因此测量波束在水中传播所产生的折射现象可以忽略不计，因此声学高度计的水深测量精度非常高。但是由于声学高度计只能获取 AUV 正下方的测深数据，因此为了获取足够的地形特征数据需要较长的时间和较多的声脉冲，导致测深数据间距误差的影响较大，从而造成实时地形特征的准确度降低，对匹配结果产生消极影响。

作为一种高精度的水下测量设备，多波束测深系统已经在水下地形测绘中得到了广泛的应用。与单波束测深相比，将多波束测深应用于水下地形匹配导航有着以下优势。

（1）不同于利用电子海图插值所得到的 DTM，由于多波束测深数据所具有的高精度和全覆盖的特点，利用多波束测深数据所得到的 DTM 的精度较高，不仅可以用于水下地形匹配的理论研究，也使水下地形匹配走向实用化。

（2）在实时水下地形测量中，利用单波束测深获取地形匹配所需要的数据需要航行较远的距离和较长的时间，不利于地形匹配的实时性要求。而利用多波束测深，在一个声脉冲测量周期（ping）内即可获取数十到数百个测深数据形成的地形剖面，可以满足地形匹配的实时性要求。

（3）由于利用单波束测深采集数据得到的是由一系列测深数据点所组成的"线地形"，而利用多波束测深采集数据得到是由多个地形剖面所组成的"面地形"，因此利用多波束测深所得到的地形信息量更为丰富。

（4）单波束测深较长的数据采集时间和较大的 ping 值会代入较大的测深数据间距误差，从而使实时地形特征的准确度降低；而多波束测深在每个 ping 内所得到的测深数据较多，只需要一个或者几个 ping 即可完成匹配，测深数据间距误差的影响可以忽略不计。

由此可见，在水下地形匹配中，采用多波束测深系统作为地形测量传感器在测深效率、地形信息量和地形特征的准确度等方面都有很大优势。但是多波束测深也有自身的缺陷。

（1）多波束测深数据量巨大，虽然测深效率较高，地形特征测量准确，但多波束测深的数据量较大且需要进行声线的修正，因此对数据处理方法的实时性和可靠性提出苛刻的要求。而声学高度计和 DVL 的数据量较小，在数据的处理方面实时性也较好。

（2）在水下地形特征丰富区域，多波束测深较大的数据量会带来较大的数据冗余度，从而影响地形匹配的精度和效率。

（3）多波束测深系统耗电量大，由于 AUV 较小的载体所搭载的能源有限，在 AUV 航行过程中多波束测深系统并不能处于随时开启状态，因此虽然多波束测深应用于水下地形匹配有着很大优势，但其并不完全适用于 AUV 的水下地形匹配导航，其应用更多为在某些区域内的导航修正。声学高度计通常作为避碰声呐，DVL 为参考导航系统中必不可少的一分子，在 AUV 航行过程中需要处于开启状态，且其耗电量低，可以随时进行地形匹配导航修正。

由此可见，应用于水下地形匹配的传感器中，声学高度计、DVL 和多波束测深系统各有优势，因此在 AUV 水下地形匹配的研究中，应结合不同传感器的优缺点，研究多传感器条件下的水下地形匹配导航方法。

2.5　水下地形匹配的关键技术

（1）高精度的水下地形数据库。高精度的水下地形数据库是实现水下地形匹配导航的前提，地形模型的精度直接关系到地形匹配的性能。与陆地地形相比，高精度水下地形数据的获取较为困难，且现有的地形数据存储模型并不能满足地形匹配实时性的需求。因此研究水下地形特性，分析局部地形特性和模型网格节点之间的关系，进而建立局部精细化的水下地形模型是 AUV 水下地形匹配研究的关键内容之一。

（2）水下地形的适配性分析和路径规划。由于 AUV 航速较低且水下地形较为平缓，因此 AUV 水下地形匹配对地形特征的丰富程度更为敏感。为了尽可能提高地形匹配的精度和置信度,需要 AUV 尽可能航行于地形特征丰富的区域。因此对 AUV 航行区域内的水下地形进行适配性分析,并对 AUV 的航行路径进行规划,是 AUV 水下地形匹配研究的一个重要内容。

(3) 高置信度的地形匹配算法。地形匹配算法的作用是将实时测量地形数据与参考地形数据库中数据进行比较,地形匹配算法的好坏直接影响到地形匹配定位的精度。地形匹配算法是地形匹配单元的核心,研究高置信度的水下地形匹配算法是 AUV 的水下地形匹配研究中最为关键的内容。

(4) 地形匹配导航与其他导航模式的数据融合方法。由于制图精度、测量误差的影响以及系统性能的限制,地形匹配技术很难独立运行来进行 AUV 水下导航,通常将地形匹配技术与其他导航方式相结合组成地形辅助导航系统。因此研究地形匹配导航与其他导航结果的数据融合方法,建立地形校准的组合导航系统模型是十分必要的。

(5) AUV 水下地形匹配仿真系统。在 AUV 水下地形匹配导航方法的研究中,需要检验地形匹配导航方法的有效性,但贸然进行真实海况下的地形匹配试验是十分危险的。因此利用水下世界的虚拟仿真环境进行地形匹配系统性能的验证,是校验地形匹配系统有效性和可靠性的重要手段,因此构建高仿真度的 AUV 水下地形匹配仿真系统的研究是十分必要的。

本章参考文献

[1] 冯庆堂. 地形匹配新方法及环境适应性研究[D]. 长沙: 国防科学技术大学, 2004.

[2] 张亚崇, 岳亚洲, 王涛, 等. 机载地形匹配系统技术研究[J]. 弹箭与制导学报, 2012, 32(5): 9-13.

[3] LU S L, ZHAO L, ZHANG C Y. Improved TERCOM based on fading factor [C]. Jiaozuo: Applied Mechanics and Materials, 2012: 770-774.

[4] 黄谟涛, 翟国君, 欧阳永忠, 等. 海洋测量误差处理技术研究[J]. 海洋测绘, 2003, 23(3): 57-62.

[5] HOLLOWELL J. Heli/ SITAN: A terrain referenced navigation algorithm for helicopters [C]. Las Vegas: IEEE PLANS '90 - Position Location and Navigation Symposium, 1990, 616-625.

[6] BAIRD C A, SNYDER F B, BEIERLE M. Terrain-aided altitude computations on the AFTI/F-16[C]. Las Vegas：IEEE PLANS '90 - Position Location and Navigation Symposium. 1990: 474-481.

[7] 王涛. 桑迪亚惯性地形辅助导航算法及应用研究[D]. 西安：西北工业大学, 2006.

[8] LI H, ZHANG J Y, SHEN J. Error estimation method of sins based on ukf in terrain aided navigation[C]. Jilin：International Conference on Mechatronic Science, Electric Engineering and Computer, 2011: 2498-2501.

[9] LI P J, ZHANG X F, XU X S. Novel terrain integrated navigation system using neural Nerwork aided kalman filter[C]. Yantai：2010, Sixth International Conference on Natural Computation, 2010: 445-448.

[10] XIE J H, ZHAO R C, XIA Y. Combined terrain aided navigation based on correlation method and parallel kalman filters[C]. Jinan：The Eighth International Conference on Electronic Measurement and Instruments, 2007: 1145-1150.

[11] XIE J H, ZHAO R C, XIA Y. A height-measuring algorithm applied to TERCOM radar altimeter[C]. Chengdu：ICACTE 2010-2010 3rd International Conference on Advanced Computer Theory and Engineering, Proceedings, 2010: 543-546.

[12] LU S L, ZHAO L, ZHANG C Y. Improved TERCOM based on fading factor[C]. Chengdu：2011 International Conference on Electrical Information and Mechatronics, 2012: 770-774.

[13] HAAG MUD, VADLAMANI A. Flight test evaluation of various terrain referenced navigation techniques for aircraft approach guidance[C]. Coronado：IEEE/ION Position, Location, and Navigation Symposium, 2006: 440-449.

[14] 刘承香. 水下潜器的地形匹配辅助定位技术研究[D]. 哈尔滨：哈尔滨工程大学, 2003.

[15] 刘承香，刘繁明，刘柱，等. 快速ICCP算法实现地形匹配技术研究[J]. 船舶工程，2003, 25(3): 54-56.

[16] BEHZAD KAMGAR-PARSI, BEHROOZ KAMGAR-PARSI. Matching sets of 3D line segments with application to polygonal are matching[J]. IEEE Transactions on Pattern Analysis and Machine Intelligence, 1997, 19(10): 1090-1099.

[17] 郑彤，边少锋，王志刚. 基于 ICCP 匹配算法的水下地形匹配辅助导航[J]. 海洋测绘，2008, 28(2): 21-23.

[18] 吴宏悦. 基于地形熵和 ICCP 算法的水下辅助导航组合方法研究[J]. 舰船科学技术，2011，增刊: 54-57.

[19] 杨绘弘. 基于 ICCP 的水下潜器地形辅助导航方法研究[D]. 哈尔滨: 哈尔滨工程大学，2009.

[20] JIANG F, WU Y M. Combinational seabed terrain matching algorithm based on probability data associate filtering and iterative closest contour point[C]. Changsha：2009 Second International Conference on Intelligent Computation Technology and Automation, 2009, 245-249.

[21] YUAN G N, ZHANG H W, YUAN K F, et al. A combinational underwater aided navigation algorithm based on TERCOM/ICCP and kalman filter[C]. Lijiang：2011 Forth International Joint Conference on Computational Sciences and Optimizaton, 2011: 852-955.

[22] NYGREN I. Terrain navigation for underwater vehicles[D]. Stockholm：PhD Thesis of Royal Institute of Technology, 2005.

[23] NYGREN I, JANSSON M. Terrain navigation for underwater vehicles using the correlator method[J]. Journal of Ocean Engineering, 2004, 29(3): 906-915.

[24] CHEN X L, LI Y, PANG Y J, et al. Underwater terrain navigation based on improved bayesian estimation[C]. Guilin：The Third International Conference on Digital Manufacturing and Automation (ICDMA), IEEE, 2012: 1002-1005.

[25] 庞永杰，陈小龙，李晔，等. 基于改进贝叶斯估计的水下地形匹配辅助导航方法[J]. 仪器仪表学报，2012, 33(10): 2161-2167.

[26] CHEN P Y, ZHANG P F, MA T, et al. Underwater terrain positioning method using maximum a posteriori estimation and PCNN model[J]. Journal of Navigation, 2019, 72(5): 1233-1253.

[27] KARLSSON R, GUSTAFSSON F. Bayesian surface and underwater navigation[J]. IEEE Transactions on Signal Processing, 2006, 54(11): 4204-4213.

[28] KARLSSON R, GUSTAFSSON F. Particle filter for underwater terrain navigation[C]. St. Louis：IEEE Workshop on Statistical Signal Processing, 2003: 526-529.

[29] SEVERIN S, HANNES B, TAMAKI U R A. Terrain-based navigation for underwater vehicles using side scan sonar images[C]. Quebec：Oceans 2008, 2008, 1-3.

[30] GUO J, WANG W H, HUANG E, et al. Map uncertainties for unmanned underwater vehicle navigation using sidescan sonar[C]. Seattle：Oceans, 2010: 1-10.

[31] EUSTICE R M, CAMILLI R, SIGGH H. Towards bathumetry-optimized doppler re-navigaton for AUVs[C]. Brest：Proceedings of MTS/IEEE, Oceans 2005: 1430-1436.

[32] OLIVEIRA P. MMAE terrain reference navigation for underwater vehicles using eigen analysis[C]. Sevile：Proceedings of the 44th IEEE Conference on Decision and Control, and the European Control Conference, 2005: 5468-5473.

[33] GARCIA R, PUIG J, RIDAO P, et al. Augmented state Kalman filtering for AUV navigation[C]. Washington：International Conference on Robotics and Automation, 2002: 4010- 4015.

[34] RONEN L, EHUD R. Direct method for video-based navigation using a digital terrain map[J]. IEEE Transactions on Pattern Analysis and Machine Intelligence, 2011, 33(2): 406-411.

[35] WILLIAMS S B, NEWMAN P, ROSENBLATT J, et al. Autonomous underwaer vehicle navigation and control[J]. Robotica, 2001, 19(5): 481-496.

第3章 多波束测深数据处理和地形匹配单元组建

简单来说，AUV 的水下地形匹配就是利用得到的实时地形特征和 DTM 中存储特征做对比，找到最相似地形特征位置的过程。理论上可搜索整个 DTM 范围进行匹配，但这样会带来繁重的计算量，因此需要以参考导航单元的指示位置为中心选取一定区域范围进行匹配。同时，实时测深数据处理的第一步是对测深数据进行滤波处理，由于声学高度计和 DVL 的滤波处理比较简单，因此本章重点讨论多波束测深数据的处理。

在水下地形匹配导航中，DTM 是实现地形匹配定位的基本条件，其精度直接影响到地形匹配定位的性能。与陆地地形相比，高精度水下地形数据的获取较为困难。目前 DTM 的获取方法主要有两种：提取电子海图中深度数据插值和多波束测深数据网格化。前者获取容易，但数据分散，插值精度不高，不能真实反映水下地形变化，仅适用于理论研究；后者精度较高，但因多波束测深数据密集而导致后处理困难，且大范围的多波束测深成本较高。

本章从分析多波束测深原理出发，研究了多波束测深数据的滤波方法；基于传感器的不同，建立了实时测深数据的数据模型；基于电子海图数据和多波束测深数据，分别研究了 DTM 的建立方法；最后探讨了 DTM 的存储结构。本章的研究将为地形匹配算法的实施奠定基础。

3.1 多波束测深系统

3.1.1 多波束测深系统构成

与传统的单波束测深的"点-线"式测量相比，多波束测深系统在水下地形测量为"线-面"式测量，能够实现快速、高精度、大范围的水下地形测量，因此近年来多波束测深技术获得了较大发展[1-2]。

一个完整的多波束测深系统除了用于发射和接收声波信号的换能器阵列和信号处理机柜组成的声学系统外，还应包括由导航定位系统、声速剖面仪等组成的波束位置传感器系统，以及由数据处理计算机软硬件及其显示、输出设备组成的数据采集处理系统。多波束测深系统的组成结构如图 3.1 所示。

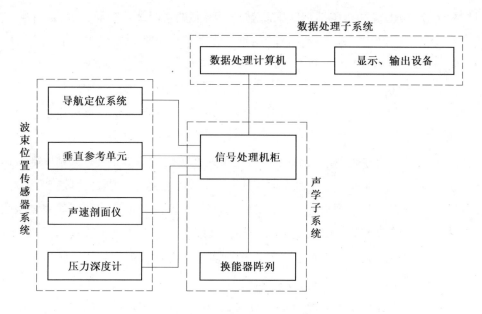

图 3.1 多波束测深系统的组成结构

3.1.2 多波束测深原理

多波束测深系统通过向下发射与载体航向垂直的扇形声脉冲信号，可得到一组垂直于载体航向的水深数据。当搭载平台连续航行测深时，可以得到一条带状地形数据，多波束地形测量示意图如图 3.2 所示。

第 3 章 多波束测深数据处理和地形匹配单元组建

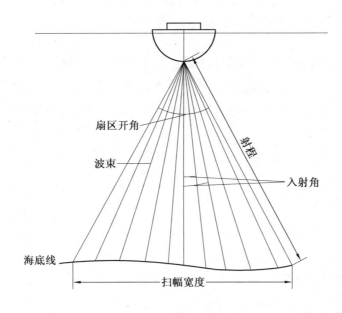

图 3.2 多波束地形测量示意图

解算波束点的位置信息需要考虑波束入射角 θ，若忽略声线弯曲即假设声波在水体中匀速传播，则各波束点与换能器的相对水深 D_{tr} 和距换能器中心点的水平距离（侧向中心距）Y 可近似表示为

$$D_{tr} = \frac{1}{2} C \Delta t \cos\theta \qquad (3.1)$$

$$Y = \frac{1}{2} C \Delta t \sin\theta \qquad (3.2)$$

式中，C 为声波在水体中的平均传播速度；Δt 为换能器发射和接收到声脉冲的时间差。考虑到换能器的水深修正值 ΔD_d 和潮位修正值 ΔD_t，各波束点的水深值为

$$D = \frac{1}{2} C \Delta t \cos\theta + \Delta D_d + \Delta D_t \qquad (3.3)$$

因此，当得到波束点的侧向中心距后，结合载体所处的位置，可以得到波束点对应坐标和水深值的大地坐标，即表示成经度-纬度-水深的形式。

3.1.3 GeoSwath plus 相干型多波束测深系统

本书中水下地形数据测量所使用的多波束测深设备为 GeoAcoustics 公司研发的 GeoSwath plus（GS+）多波束测深系统[3]，该系统具有体积小、质量轻、测深精度高等优点，可搭载多种不同工作频率的换能器，分别适用于不同的载体和工作水深，其主要参数及性能指标如下。

换能器大小：25 cm×11 cm×6 cm。

换能器工作频率：500 kHz。

工作水深：≤50 m。

最大扫幅宽度：150 m。

扇区最大开角：120°（单换能器），>150°（双换能器）。

波束最大射程：12 倍水深。

波束最大个数：>5 000 ping。

声脉冲长度：4～500 μs。

数据更新率：30 Hz（50 m 扫幅宽度），10 Hz（150 m 扫幅宽度）。

利用 GS+可以精确地获得波束点在载体坐标系下的局部坐标，但将这些局部坐标位置转换为大地坐标系下的坐标位置，还应该知道换能器在大地坐标系下的空间坐标与实时航向；另外换能器载体相对位置固定，受到潮流、波浪等外界干扰的影响，需要对载体的空间位置及航向以及潮流、波浪等外界干扰进行实时修正。因此，GS+多波束测深系统安装多个辅助传感器以得到这些信息，包括：船姿与运动传感器、潮位修正仪、实时动态控制技术的 GPS 导航系统、声速剖面仪、单波束测深仪等。

基于上述辅助测量传感器，GS+多波束测深系统可以实现高精度、大范围的水下地形测量，其地形测量数据经过声线补偿、海底归位、数据滤波、网格化成图等步骤可以得到高精度的先验数字地形。GS+多波束测深系统如图 3.3 所示，其中图 3.3（a）所示为 GS+多波束测深系统的硬件组成，图 3.3（b）所示为 GS+在某次船载试验时的安装图，图中有与 GS+配合使用的高度计、深度计等辅助传感器。

（a）GS+多波束测深系统的硬件组成　　　　（b）GS+在某次船载试验时的安装图

图 3.3　GS+多波束测深系统

3.2　多波束测深数据的处理流程

3.2.1　声线的追踪与补偿

一次多波束测量得到的是一个与载体航向垂直的地形剖面，因此几乎所有波束的入射角都与垂直方向存在夹角。由于海水并非理想的均匀介质，因此其在不同水深的声速并不相同，从而导致入射角不为零的波束的声线为一条连续折线或曲线。当波束点与换能器间的相对深度较大时，若忽略声线弯曲将会对波束点位置的计算结果产生较大的影响。因此，需要对海水中声波的传播性质进行研究，实现对声线的跟踪和补偿。

由于海水介质的非均匀性，其声学性质在不同位置并不相同，因此声波在穿越海水介质时并不像在均匀介质中那样呈直线形式，而会在不同声速层间不断折射，导致声线弯曲。声线跟踪与补偿通过分析海水中声波的传播规律，基于一些可行性假设，尽可能真实地反演测深点的空间位置。设换能器表面声速为 v_0，声脉冲入射角为 θ_0，波束计算点的声速为 v，折射角为 θ，根据斯涅尔定律有

$$\frac{v}{\sin\theta} = \frac{v_0}{\sin\theta_0} \tag{3.4}$$

设声脉冲从换能器到波束计算点的单程旅行时间为 t,则波束点与换能器的相对位置为

$$\begin{cases} D_{ts} = \int v\cos\theta \mathrm{d}t \\ Y = \int v\sin\theta \mathrm{d}t \end{cases} \quad (3.5)$$

式中,D_{ts} 为换能器与波束的相对水深;Y 为波束点的侧向中心距;变量 θ 为时间 t 的函数,可根据声速剖面(Sound Velocity Profile,SVP)性质和波束的最初入射角 θ_0 得到,所以在得到测深波束的入射角和波束旅行时间后,D_{ts} 和 Y 可根据 SVP 计算得到。

由于声速剖面仪测量方式的限制,因此其数据只能是离散的,SVP 测量数据越多,越接近真实情况。在已知波束的入射角、旅行时间和 SVP 后,波束点空间位置的反演计算也采用离散的形式。

为了简化波束点空间位置反演计算,这里引入一项假定:在海水中声速只在沿深度方向发生变化,换句话说,SVP 由呈水平叠置方式的各声速层所构成,在同一声速层内其海水介质为均匀介质。基于上述假定,可以将海水介质分成具有特定声速的 n 个声速层,根据斯涅尔定律有

$$\frac{v_1}{\sin\theta_1} = \frac{v_2}{\sin\theta_2} = \cdots = \frac{v_n}{\sin\theta_n} \quad (3.6)$$

若声脉冲从换能器到此波束点的单程旅行时间为 t,则此波束点与换能器的相对位置计算公式为

$$\begin{cases} D_{tr} = \sum_{i=1}^{n} v_i \cos\theta_i \Delta t_i \\ Y = \sum_{i=1}^{n} v_i \sin\theta_i \Delta t_i \\ \Delta t_i = \dfrac{\Delta D_i}{v_i \cos\theta_i} \end{cases} \quad (3.7)$$

式中，v_1 为换能器表面相邻声速层的声速；θ_1 为声脉冲波束的第一次折射角，一般来说，$v_1 = v_0$，$\theta_1 = \theta_0$；n 为沿水深方向 SVP 的层数；Δt_i 为声脉冲在第 i 层 SVP 中的旅行时间；ΔD_i 为第 i 层 SVP 的水深；θ_i 为进入第 i 层 SVP 的折射角。

图 3.4 所示为某海域测量得到的一个典型声速剖面分布。图 3.5 所示为基于此 SVP 的某 ping 多波束测深数据在进行声线补偿前后的对比。从图中可以看出，没有进行声线的追踪和补偿时，其波束点的水深变化和其侧向中心距大体呈线性关系，与真实水下地形相差甚远，在进行声线补偿后，其起伏较为明显，符合真实水下地形变化特征。

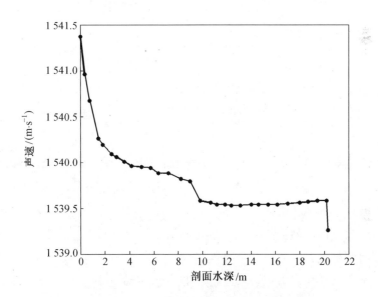

图3.4 从多波束数据中解析到的声速剖面图

由于海水是一种可流动的非均匀介质，因此海水的 SVP 结构随着时间和空间的变化而变化，因此未来保证海底归位的精度，需要在不影响计算实时性的前提下引入尽可能多的 SVP 数据。需要指出的是，由于海水表层受到外界环境干扰较多，其表层声速的变化是整个 SVP 中变化最活跃的区域，对测深波束（尤其是边缘波束）的测量精度影响最大，因此需要经常对表层区域的声速进行测量[4]。

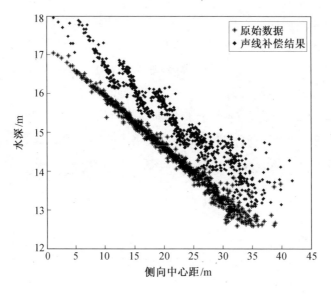

图 3.5 声线补偿前后对比

3.2.2 海底归位处理

测深数据的海底归位是指将波束点位置由随船坐标系的局部坐标转化为用经度-纬度-深度表示的大地坐标。测深数据的海底归位计算需要有该波束点测量时载体的位姿信息和波束点的入射角、传播状态（时间、SVP）等信息，得到波束点在随船坐标系中的局部坐标，然后换算成大地坐标系下的经纬度和水深数据。

测深数据的海底归位具体包括 4 种解算：①波束到达角；②波束点的局部坐标；③随船坐标系到大地坐标系的换算；④大地坐标下波束点经度-纬度-深度的计算。由于后两种换算属于一般测量的基本方法，因此多波束测深海底归位的核心问题是建立一种适用而简化的方法来完成波束到达角和波束点局部坐标的解算。

由于声波传播速度较慢，通常情况下换能器的空间位置和载体位姿在波束发射和接收时并不相同，因此波束的到达角和波束旅行时间与换能器在波束发射、接收两个时刻的位置以及方向有关。在进行波束点的海底归位计算时，首先需要进行波束到达角的转换：把换能器平面内的波束到达角转换为垂直平面内的波束到达角。由于横摇是影响波束到达角从换能器平面转换到垂直平面内最重要的因素，远大于纵摇对到达角转换的影响，因此在波束到达角转换时通常可以忽略载体纵摇的影响。

这时波束的到达角到垂直平面内的转换只与换能器在接收声脉冲回波时的到达角和横摇角之间呈线性关系。为了更好地实现波束点的海底归位，这里做下述 3 个假定。

(1) 在计算测深波束传播路径时，换能器处于同一水深位置。换句话说就是换能器的吃水深度和升沉运动产生的深度变化可直接用于深度补偿。

(2) 若换能器前进距离和波束射程之间比率恒定，则在波束发射和接收过程中，换能器在前进方向上的位移可以忽略，也就是假定在波束路径解算中波束的发射和返回路径为两条重合的曲线或折线。

(3) 由于 GS+为典型浅水多波束系统，且有很高的数据刷新率，因此波束发射和接收过程中载体的位姿变化很小，航向的变化可以忽略。但这一假设并不适用于深水多波束系统，因此深水多波束系统在测量时应当保持航向稳定。

基于上述假定，只需得到换能器的吃水深度和 SVP 数据，在获得波束到达角和波束单程旅行时间数据后，均可以计算得到波束点在载体坐标系内的唯一局部坐标位置。

3.2.3 多波束测深数据处理流程

在得到多波束原始测深数据文件后，基于多波束测深数据的特性可以进行多波束测深数据的离线处理，不同的多波束系统测深数据处理方法可能存在差异，但基本流程类似，基于 GS+的多波束测深数据后处理流程如图 3.6 所示。

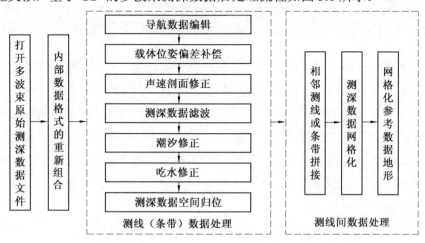

图 3.6 基于 GS+的多波束测深数据后处理流程

对图 3.6 所示流程有如下几点说明。

（1）GS+系统将多波束测深数据以二进制格式存储在原始测深数据文件中，具有特定的格式，因此在数据处理前需要分析多波束系统导出的原始测深数据文件的内容和格式，从而准确提取所需要的数据。

（2）GS+的多波束原始测深数据文件不仅保存了换能器数据，还保存了所有辅助传感器的测量信息，由上面可知，单独的换能器数据并不能满足需求，因此需要对数据文件进行解算，并将各传感器数据重新组合。

（3）在测深数据的海底归位前，需要从原始测深数据文件中提取载体导航数据，并对其进行插值，得到在多波束水下地形测量时各个对应的载体位置坐标。

（4）在多波束测深数据滤波前，需要利用原始数据文件提取的姿态信息对载体的姿态进行补偿，并利用 SVP 测量数据进行声速修正。

（5）在多波束测深数据滤波后，需要利用由潮位仪记录的数据或通过测量海区的历史潮位数据得到的实时潮位数据对滤波结果进行潮汐修正；由压力深度计的测深值得到换能器吃水对滤波结果进行吃水修正。

（6）滤波处理得到的是基于载体坐标系的测深值，需要将其转换为基于大地坐标系的测深值，将所有测深数据进行合并和拼接可得到基于大地坐标系的区域离散水深数据，根据需求经过网格化处理可得到不同分辨率的先验数字地形。

3.3　多波束测深数据的滤波方法

多波束测深数据后处理是水下地形成图的关键，数据处理的好坏直接影响数字地图的质量和成图精度。由于原始测深数据中包含许多噪声点和野值，对测深数据进行滤波是数据处理的关键步骤。通常的观点认为，数据的平滑滤波可以消除一些高频误差，能提高数据的精度[5]。但是由于多波束系统高精度的特点，加上水下地形没有现成的物理模型可以遵循，分离出的高频成分很难说是误差或是真实地形，因此多波束深度数据滤波的主要内容是剔除噪声影响，提取真实的水下地形，并不包括数据平滑的步骤。

多波束测深数据的滤波方法主要有计算机自动识别和人工识别两种，人工识别的滤波精度高，但是滤波效率很低；计算机自动识别主要集中在对孤立的野值检测上，如王海栋等[6]人提出了一种多波束测深数据的抗差 Kriging 拟合法，用于消除野值的影响，董江等[7]人提出了一种基于趋势面的多波束测深数据滤波方法，基于使用商业声呐系统收集的试验数据，Andrea 提出了一些可用于检测和定位管道的多波束滤波模型[8]。此外，基于小波分析、傅里叶分析、支持向量机等理论的测深数据滤波方法也得到了越来越多科研工作者的关注[9-11]。由于多波束测深数据应用范围不同，因此在各种滤波方法中很难判断优劣。但是一般来说，算法越简单，对多波束测深数据的实时处理和成图越有利。鉴于滤波的重要性和复杂性，以及在构建水下数字地形图中的作用，本节在分析多波束测深数据滤波的基本原则基础上，结合相干型多波束的测深特点，提出了多波束测深数据的单 ping 自动滤波方法，对多波束测深数据中的粗差和野值进行剔除。

3.3.1 多波束测深数据滤波的基本原则

多波束测深数据滤波的总原则是"去伪存真"，具体应遵循以下三个原则。

1. 水深变化区间原则

由于水下地形变化较为平缓，一定范围海域内的水深应处于一定的区间内，因此在进行多波束测深数据滤波前，需要收集相应海域的历史资料，了解其水深的大致变化区间，剔除区间外的水深数据点，提高滤波处理的精度和实时性。

2. 地形连续变化原则

真实的水下地形都是连续变化的，由于多波束测深是全覆盖测量，其测深数据量非常大，因此其测量结果可以反映出水下地形全貌。测深数据中的脱离连续地形的跃点和孤立点均认为是野值点，应予以剔除。

3. 中央波束标准原则

由多波束测深原理可知，多波束测深采集到的数据在中央区域质量较好，在边缘区域则相对较差。尤其是在地形平坦区域，这一表现尤为明显。因此在保证测深数据覆盖的条件下尽可能删除多余的边缘测深点，以提高数据质量。

3.3.2 基于动态聚类模型的单 ping 滤波方法

回波散射-反射型多波束系统波束角固定，一个声脉冲下的波束个数从几十个到上百个，而相干型的 GeoSwath 多波束测深系统单 ping 下的波束个数能达到几千个之多，测深点非常密集[12]。对其原始数据进行分析之后发现，噪声点虽然众多，但是其特征上表现为不连续，而真实地形是连续的且数据点密集。从这一点出发，可以将测深数据的异常值检测问题转换为真实地形的聚类问题，通过不断地聚类提取真实的地形数据，对异常值进行剔除。在聚类过程中，由于数据量很大，因此对聚类集合进行划分后采用动态聚类的方式，同时考虑到地形的缓变和急变趋势，引入地形趋势变化调节因子，选定地形特征域，对聚类的方向进行判断，去除低频高幅值的噪声点，最后利用改进后的 K 均值法进行聚类运算，达到准确聚类的目的。需要指出的是，该滤波方法是建立在单 ping 滤波的基础上的，从而可以实现对测深数据的实时滤波，这在后续地形匹配时的实时地形特征提取中也是必须用到的。

1. 基于聚类的地形特征提取基本参数

在深度数据的交互式滤波中，人对噪声判断的一个标准就是它是孤立的，或者说是独立于大部分数据范围之外。聚类的思想源于此，通过对一定范围内深度数据的聚类组合，来提取特征集合域，从而实现对集合域外的孤立点的剔除。基于聚类的地形特征提取模拟人对地形的判断，为了正确地进行聚类，现定义如下三个基本概念。

（1）聚类集合。

聚类集合中包含需要进行聚类分析的所有数据，其大小应该恰当，选择过大，则可能由于多个聚类值的存在而无法确定其唯一性；选择过小，则可能由于数据量太少而找不到聚类目标。因此，集合大小应根据数据特征进行选定，使得数据量包含一定的特征，但又不至于特征过多。

（2）特征域。

特征域是聚类方法选定的范围，它表征了聚类目标所属的区间属性。特征域通过划定聚类集合中相应的特征提取范围，剔除样本中偏离聚类中心一定距离的点。特征域的选取可通过设定固定值来选取，也可通过动态调整的方法设定。特征域越大，聚类目标越分散，特征域越小，聚类目标越集中。

（3）聚类目标。

聚类目标是特征域中具有某种聚类特征的聚类值。聚类集合中包含聚类目标，通常情况下，聚类目标在聚类集合中所占比例越大，说明数据点特征越明显，信噪比越大；聚类目标在聚类集合中所占比例越小，说明数据点特征越模糊，信噪比越小。

2. 聚类集合的划分

聚类方法分为系统聚类法和动态聚类法，有经验表明，当样本数据大于 100 时，系统聚类的计算量已经很大，不利于数据的实时处理。单 ping 下的多波束测深点个数达几千个之多，采用动态聚类的方法所需要的计算时间和占用的计算机内存较少，适合于大量多波束测深点的地形特征的聚类分析。

动态聚类集合的选择包括两个方面：初始凝聚点集合的选择和聚类集合的延伸。

（1）初始凝聚点集合的选择。

在聚类集合的选择上，初始样本的选择是一个关键的问题。在一般聚类方法中，通常采用随机抽选样品的方式，由于这里的聚类并不是单一地将样品数据进行归类，样品中存在较多的噪声数据，如果初始样本抽样不当，样本中噪声数据较多时，对聚类结果将造成较大的影响。结合多波束测深数据的中央波束基准原则，这里的初始样本选择为中心波束处波束角 $\pm \alpha$ 范围内的测深点。α 的大小根据测深点密度决定，以不超过 200 个点为宜。本章根据实际测深范围和测深点密度取 $\alpha = 1.5°$。

（2）聚类集合的延伸。

聚类集合的延伸即是动态聚类的过程。在初始凝聚点选择之后，聚类集合应向波束中心角两侧进行延伸，形成下一个聚类集合 I。延伸中的聚类集合的选定范围可根据相邻数据点的个数来决定，也可根据侧向中心距的长度来选择。可表示为

$$I = \{y_i, z_i\}, \quad i = 1, 2, \cdots, n \text{ 或 } I' = \{y_i, z_i\}, \quad |y_i - y_0| \leqslant d, \quad i = 1, 2, \cdots, n^* \quad (3.8)$$

式中，I 和 I' 分别为根据相邻测深点个数和侧向中心距长度选定的聚类集合；y_i、z_i 为测深点 i 对应的侧向中心距和水深值；n 为数据点个数；y_0 为集合 I' 中的初始点位置；d 为侧向中心距常数；n^* 为变化的测深点个数。

一般情况下，当测深数据点比较密集时，根据侧向中心距的长度来选择集合范围，当相邻测深点距离较大时，选择一定个数的相邻测深点作为聚类集合。本书中多波束测深水域的水深较小，多波束测深点密集，因而依据侧向中心距的长度来进行聚类集合初始化。

图 3.7 所示为动态聚类集合的划分过程示意图。图中，粗实线框中的测深点为初始凝聚点集合，然后沿侧向中心距方向选定一定的距离进行延伸集合的划分，如细实线框所示。从图中可以看出，每一个集合中都包含噪声点，利用算法直接进行聚类可能将假地形代入结果，需要对测深数据进一步处理，对特征范围进行限定，即选定地形的特征域。

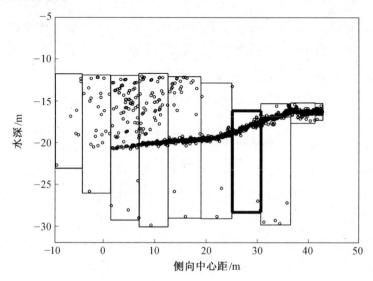

图 3.7　动态聚类集合的划分过程示意图

3. 特征域的选定

特征域的选定是对聚类集合中的数据进行预处理的过程。通过限定地形特征的变化范围，从而对聚类集合中偏离聚类目标较大的数据进行剔除。这里采用滑动窗格的方式对特征域进行限定，同时利用地形连续性变化原则，引入地形趋势变化因子，对地形变化趋势进行判断，限定窗口滑动的方向。

滑动窗口大小依据地形变化趋势确定，当地形趋势在一定距离内变化平缓时，设置较大窗口；当地形趋势发生急剧变化时，设置较小窗口，其大小根据地形趋势变化调节。窗口大小和地形趋势变化因子可表示成如下形式。

窗口宽度表示为

$$b = n\Delta d$$

式中，Δd 为地形斜率计算的最小距离；n 为地形斜率变化超出阈值前的最大值。

地形趋势变化因子表示为

$$\alpha = A_1 - A_0$$

式中，A_1、A_0 分别为前后两个地形斜率的角度转换值，其阈值为 α_m。

地形斜率角度表示为

$$A = \arctan \frac{\hat{z}_2 - \hat{z}_1}{\Delta d}$$

式中，$\hat{z}_2$、$\hat{z}_1$ 为对 Δd 两端处去除偏离中心位置处深度点影响后的平均深度值。

可以看出，要得到正确的地形趋势变化因子，地形斜率角度的计算是关键。而为了得到正确的地形斜率角度，其难点和关键就在 $\hat{z}_2$ 和 $\hat{z}_1$ 的计算上，如果直接采用原始测深点，则可能因异常值的影响而导致斜率计算失效，进而引起特征域方向判断错误，因此首先需要去除异常值，进而取平均深度来进行斜率的计算。

这里去除异常值的方法是基于地形连续的，即在地形连续的假设下，相邻的真实测深点在沿侧向中心距的二维平面上是连续的，这样可以在 Δd 两端处寻找满足下式的点：

$$|x_i - x_{i-1}| < d_0 \wedge |z_i - z_{i-1}| < d_1 \qquad (3.9)$$

式（3.9）称为连续判别式，其中 x_i、z_i 分别为邻域内一点处的侧向中心距和深度值，d_0、d_1 的大小由实际的测深点密度决定。利用式（3.9）限定后的深度点来取平均值，对异常点进行了很好的抑制。

通过地形斜率的计算和地形趋势的判断，可以得到一个聚类集合内的特征域的选定流程，如图 3.8 所示。

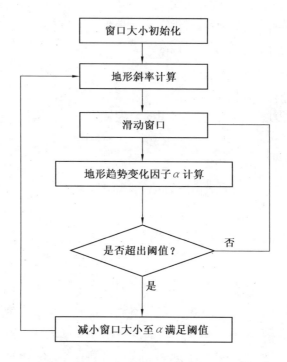

图 3.8　特征域的选定流程

图中，地形趋势变化因子阈值 α 的大小与所选取的地形斜率变化最小值 Δd 有关，这里取阈值 α_m 为 5°，Δd 取为 0.5 m。由于引入了地形趋势变化因子，因此当地形出现拐点时能对地形特征域进行调节，避免了将假地形代入聚类结果。

图 3.9 所示为单 ping 下的水深测点特征域的选定。图中灰色点即为在 Δd 两端去掉异常值后依据地形连续判别式得到的平均深度值，其连线即为 Δd 范围内的地形斜率。图中加粗黑实线和上下界围成的区域为沿地形斜率趋势线平行方向的动态窗口的滑动形成的特征域，依据地形斜率变化将每个聚类集合中的特征点进行了有效的限定。连接上下界的细实线为计算地形斜率时的拐点，在该点处前后的地形变化因子超出阈值，需减小窗口至满足阈值，然后重新进行地形斜率计算，再次滑动窗口。由于地形不连续，地形趋势变化连续超出阈值，因此图中最左边一个集合中没有选定特征域。

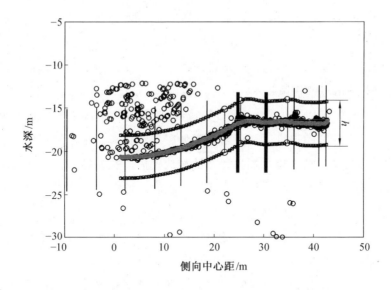

图 3.9　单 ping 下的水深测点特征域的选定

4. 基于改进 K 均值法的聚类目标输出

K 均值法是一种典型的动态聚类算法,它的基本思想是集合中的距离越近两个对象的相似程度越高。K 均值法将待聚类集合中的 n 个样本数据划分为 K 个聚类,满足聚类的条件是:同一个聚类中的样本相似度较高,不同聚类中的样本相似度较低。算法通过不断地迭代更新来获得聚类的相似度[13-15]。将聚类集合中样本的均值作为一个中心对象,利用中心对象来计算聚类的相似度,并将其作为下一轮迭代的参考点。

K 均值法的优点在于对于处理大型数据集而言,它是相对可伸缩的和高效的,其算法复杂度为 0,其迭代次数和分类的个数远小于样本数据个数,适合于快速实时处理。但是 K 均值法有一些不足之处,主要表现为以下几点。

(1)采用随机法选取初始凝聚点,选取点不同,聚类结果就不同,这种依赖性导致聚类结果不稳定,容易陷入局部最优。

(2)使用全部样本的平均值作为更新后的凝聚点,对噪声数据不敏感。

(3)在判定相异度方面,基于空间距离的相异度判定方式不能发现非凸面形状的样本数据。

由于水下地形剖面的多变性,存在坑洼、斜坡以及偶然的沉积物(失事飞机、舰船残骸等)形成的突变地形,因此在由多波束测深点组成的聚类集合中,并不是完全非凸面形状的数据,虽然经过特征域选定后,噪声数据仍然存在。这些特征对 K 均值法的实施造成了影响。

从上面的分析可以看出,K 均值法进行改进主要集中在三个方面:初始 K 个凝聚点的选择、相异度的计算以及更新后类的凝聚点计算。水下地形剖面的聚类不同于一般形状的聚类,经过集合划分和特征域选定后,在特征域内沿聚类集合方向的地形剖面是连续的,而噪声点是不连续的,因此,可以利用这一特点针对 K 均值法中的不足进行改进。改进后的 K 均值法具体流程如下。

(1)在初始凝聚点的选择上,根据噪声点和真实地形的分布特性,采用基于密度的思想对其进行初始分类,利用特征域内 Δd 范围内 z 方向上的测深点密度分布特征选定初始凝聚点,沿 z 方向分成 K 类,由于真实数据是连续且密度相似的,因此总能保证有一个类包含真实数据点,将每个初始类的均值作为连续判别均值保存。

(2)移动到下一个 Δd,更新样本数据,重新根据 z 方向上的密度分布将数据沿 z 方向分成 K 类,计算每一类的均值,与初始类的均值进行比较,若相同,则上一类被判定为孤立点予以剔除;若不同,根据相异度判别方式将其逐个归类。同时将更新的样本均值作为下一个连续判别均值保存。

(3)在聚类集合内连续移动 Δd,直到所有的数据归类为止。

在相异度判别方式上,不是单纯基于空间任意距离的方式,而是考虑地形沿侧向中心距方向连续的特征,沿侧向中心距方向进行聚类,判别规则为

$$E = \sum_{i=1}^{k} \sum_{p \in C_i} | p - m_i |^2 \qquad (3.10)$$

式中,E 是聚类集合中所有样本的平方误差总和;p 是给定的数据样本;m_i 是类 C_i 沿 Δd 方向的中心,这个准则的作用是使生成的类尽可能地紧凑和独立。

改进后的 K 均值法,考虑了水下地形的特点,将连续性特征引入聚类当中,能有效地去除孤立噪声点,在初始分类上,按照深度方向的密度分布特征进行分类,避免了随机选择样本点带来的聚类结果偏差问题;在更新后类的凝聚点计算上,以采样距离内类的中心点代替样本均值作为凝聚点,受噪声的影响较小;在相异度判

别上,考虑了聚类的方向性特征,使之能够对连续任意形状的地形进行判别,弥补了传统算法对高频、非线性的地形难以处理的不足。

5. 滤波算例

为了验证算法的实用性,对多波束原始数据解析后,选取了几个代表性的地点进行滤波。图 3.10 所示四幅图分别代表了多波束测深系统使用海域的四个不同地形特征区域,其中图 3.10(a)为海底坑洼地形,图 3.10(b)为长沟地形,图 3.10(c)为平坦地形,图 3.10(d)为深度渐变地形区域。GS+系统获取的多波束测深数据具有高密度的特性,从地形特征上分析,真实测深地形应该是"线状"的,且连续的,这是从视觉上去判断真实地形与异常值的一个依据,从图中可以看出,不论地形特征如何,基于动态聚类的方法都能较好地提取出真实地形,去除粗差,对地形变化特征具有很好的鲁棒性。

从图中也可以看出,在侧向中心距零值附近的噪声点较多且测深真实地形数据较少,这与多波束布置情况有关,GS+换能器与垂直方向呈 30°角布置,因此侧向中心距为零附近其波束角应该在 60°左右,接近单个换能器最大波束角范围,加之受测船的影响,因此噪声点很多。

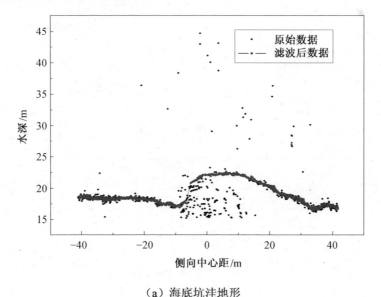

(a)海底坑洼地形

图 3.10 不同地形特征下的滤波结果

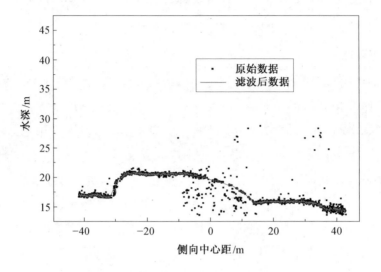

(b)长沟地形

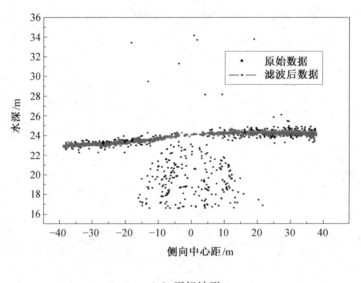

(c)平坦地形

续图 3.10

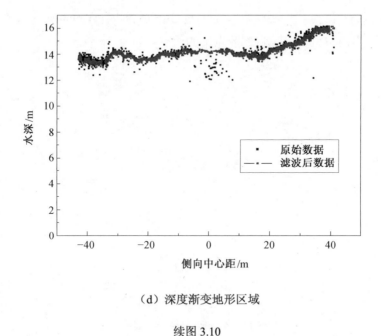

(d) 深度渐变地形区域

续图 3.10

3.3.3 基于 Alpha-Shapes 模型的单 ping 滤波方法

在传统测深数据的人-机交互式滤波中,操作人员判断一个测深数据是否是野值,主要看它是否是独立于真值数据集的孤立点。因此滤波时应选取一定的参考点,并将其余数据与参考点做比较,如果该数据点与参考点之间的距离超出一定范围,即认为该点为野值。

1. Alpha-Shapes 滤波模型

Alpha-Shapes 算子是提取离散点集的边界点的有效方法[16-18]。利用 Alpha-Shapes 算子提取离散点集 S 边界点时,可认为有一个半径为 α 的搜索圆在离散点集 S 的边缘滚动,当 α 取值足够大时,其滚动的轨迹就是这个离散点集的边界。在提取 S 的边界点时,Alpha-Shapes 算子的判定条件为:在离散点集 S 内选择任意两点 P_1、P_2,绘制经过 P_1、P_2 且半径为 α 的圆,若圆内有其他点,则 P_1、P_2 不是边界点,反之则认为 P_1、P_2 是 S 的边界点。根据数学的相关知识可知,若 P_1、P_2 之间的距离小于 2α,经过 P_1、P_2 的圆有两个,这时需要对这两种情况都加以判定:只需要有一个圆形区域中不包含其他数据点，P_1、P_2 就可认为是 S 的边界点。Alpha-Shapes 算法原理如图 3.11 所示，图中 P_{i+1}、P_{i+2} 为离散点集的边界点。

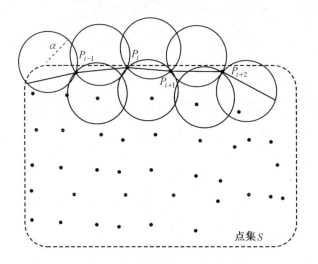

图 3.11　Alpha-Shapes 算法原理

从视觉效果上来看，一个在水下地形剖面上的地形深度数据接近一条连续曲线，考虑 GS+多波束测深系统的测深数据有一定的偏差，其在一个 ping 内获得的水下地形数据真值在真实地形数据值两侧的一定范围内密集分布，野值点基本远离真实地形数据独立存在。因此类似于 Alpha-Shapes 算法，假设有一半径为 α 的搜索圆在多波束测得的水下地形剖面真值数据点上滚动，当选取恰当的 α 时，落在搜索圆内的点就是所要提取的地形数据真值，搜索圆外的点认为是野值点。与提取离散点集的边界点有所不同，在多波束测深数据中提取地形真值数据需要对 Alpha-Shapes 算子的判定条件进行修改。简单来说，基于 Alpha-Shapes 算法的多波束测深数据单 ping 滤波方法就是根据 GS+多波束测深系统的特点，在地形真值数据集中找到两个相邻的初始点 P_1、P_2，根据波束点的密度选取恰当的值 α，过 P_1、P_2 绘制半径为 α 的搜索圆，这个搜索圆内的波束点就是要提取的测深数据。

2. 搜索半径 α 和搜索初始点的选取

在基于 Alpha-Shapes 修改的测深数据滤波算法中，影响滤波效果最重要的一个因素是搜索圆半径 α 的选取，α 取值过大可能将野值点代入滤波结果中，α 取值过小可能在某些波束点密度稀疏区域内因搜索圆内不存在测深数据而滤波失败。确定搜索圆半径 α 的方法如下。

（1）分别计算点集 P 中各波束点的平均间距 σ。

$$\sigma = \sum_{i=1}^{N-1} \frac{\sqrt{(x_{i+1}-x_i)^2 + (y_{i+1}-y_i)^2}}{N-1} \qquad (3.11)$$

（2）相干型多波束测深系统的特点是噪声点的分布相对比较稀疏。因此编号相邻的两个点，若其中至少有一个数据点为噪声点，则这两个点之间的距离可能远大于两个相邻真实地形点的间距，因此两个相邻地形点之间的间距要小于 σ。经过大量滤波试验的经验取搜索半径 α 略大于 σ 值即可确保滤波的成功率和准确性。

初始点位置的选取直接关系到地形真值提取的成功率，若按照 Alpha-Shapes 的判定条件任意选两个点 P_1、P_2，这两个点中因某一点可能是野值点而导致滤波失败。通过分析 GS+原始数据文件中提取的测深数据发现，侧向中心距零值附近的原始测深数据存在大量的噪声点，这些噪声点产生的原因可能是：①换能器布置方向与垂直方向呈 30°夹角，侧向中心距为零附近区域内波束的波束角接近单个换能器的最大波束角；②声波较强导致水体连续镜面反射造成的深度异常。因此如何剔除此区域的野值尤为重要，由前面可知，GS+安装由声学高度计作为辅助传感器，因此在第一次搜索时应选取高度计的测深点为初始点 P_1，搜索和 P_1 距离小于或等于 2α 的点集 $P_2=\{P_{21}, P_{22}, \cdots, P_{2n}\}$。在第 $n(n \geq 2)$ 次选取 P_1 时，取已滤波中编号最大测深点为 P_1，然后搜索 P_2。

3. 条件判断

取点集 P_2 中编号最大的点 $P_{2n}(P_{2n} \in P_2)$，求出经过点 P_1、P_{2i}（点集 P_2 中第 i 个点）并且半径为 α 的搜索圆的圆心。获得圆心后，提取圆心间距小于 α 的波束点，这些点即为所要提取的测深数据点。已知两点和半径求圆心的过程如下。

令 P_1、P_{2i} 的坐标分别为 (y_1, z_1)、(y_2, z_2)，令圆心坐标为 (y, z)，则可以列出方程组：

$$\begin{cases} (x-x_1) + (y-y_1) = \alpha^2 \\ (x-x_2) + (y-y_2) = \alpha^2 \end{cases} \qquad (3.12)$$

根据此方程组可以求出圆心坐标(x, y)。然而直接求解该方程组比较烦琐，这里采用测绘学中的求交法求得圆心坐标。由已知距离的交汇算法可以得到方程为

$$\begin{cases} x = x_1 + \dfrac{x_2 - x_1}{2} + H(y_2 - y_1) \\ y = y_1 + \dfrac{y_2 - y_1}{2} + H(x_1 - x_2) \end{cases} \quad (3.13)$$

式中，$H = \pm\sqrt{\dfrac{\alpha^2}{S^2} - \dfrac{1}{4}}$，$S^2 = (x_1 - x_2)^2 + (y_1 - y_2)^2$。

若 P_1、P_2 的距离小于 2α，则经过这两点的圆有两个，需要对这两种情况全部加以判断。具体的滤波流程如图 3.12 所示。

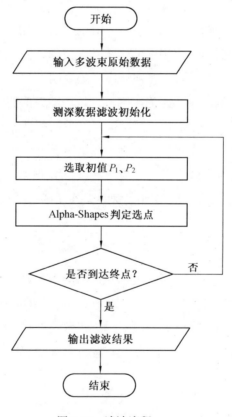

图 3.12　滤波流程

第 3 章 多波束测深数据处理和地形匹配单元组建

4. 滤波算例

对多波束原始数据解析后,选取了几个代表性的地形剖面进行滤波。滤波后,将多波束测深系统提供的相邻两个 ping 的初始数据和滤波结果绘制在一幅图内,滤波结果,如图 3.13 所示。其中图 3.13(a)为峰值地形,图 3.13(b)为地形剧烈变化上升区域,图 3.13(c)为地形渐变区域,图 3.13(d)为平坦水下地形的滤波结果,图 3.13(e)为沟壑边缘,图 3.13(f)为缓下坡地形。从图中可以看出,在以上几种典型地形中,基于 Alpha-Shapes 模型改进的提取方法都能较好地去除噪声点和粗差,对不同地形特征具有较好的适应性。

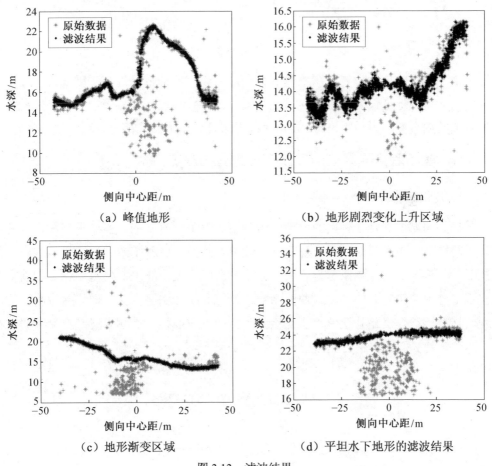

图 3.13 滤波结果

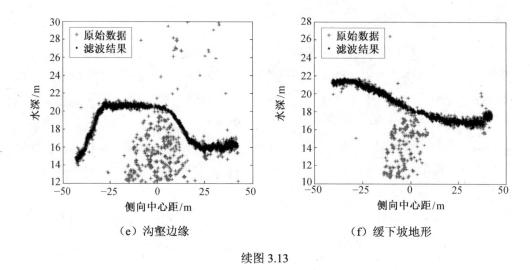

(e)沟壑边缘　　　　　　　　（f）缓下坡地形

续图 3.13

由于滤波的初始位置由测深精度很高的声学高度计数据确定,因此避免了滤波开始时就将假地形代入的可能性。在滤波过程中只提取规定范围的点,超过此范围的深度数据全都认为是噪声点,避免了因过多异常值的存在而导致滤波失败的问题。

3.3.4　基于趋势面滤波的多波束测深数据滤波方法

1. 传统趋势面滤波的构成原理

趋势面滤波法是一种以曲面拟合函数为数值分析基础的误差处理方法,具有设计思想简单、预设参数较少、易于并行计算等特点,受到了海洋测绘学者的广泛关注[19-21]。其算法构建的原理为:依据波束脚印的深度值和平面位置坐标,构造出反映水下地形变化趋势的多项式曲面函数,计算和统计实测水深与构造趋势面间的深度偏移量,结合误差处理理论建立粗差数据的判定准则,实现多波束测深数据的自动滤波。趋势面滤波中的曲面拟合函数可表示为[22]

$$z = \left\{ f(x,y) \Big| \sum_{i=0}^{n}\sum_{m=0}^{l} a_{lm} x^{l-m} y^n, (x,y,z) \in Q(x_q, y_q, z_q) \right\} \quad (3.14)$$

式中,z 为波束脚印的深度值;(x, y) 为波束脚印的平面位置坐标;a_{lm} 为各多项式系数;n 为多项式的总阶数;$Q(x_q, y_q, z_q)$ 为拟合范围,其中心点为 $q(x_q, y_q, z_q)$。

趋势面滤波法的关键在于多项式总阶数 n 和局部曲面拟合范围 $Q(x_q, y_q, z_q)$ 的选择。相关研究表明：局部曲面拟合范围 $Q(x_q, y_q, z_q)$ 选择过小且多项式总阶数 n 选择过高，可能存在粗差点未被有效滤除的情况；局部曲面拟合范围 $Q(x_q, y_q, z_q)$ 过大且总阶数 n 过低，可能引起海底有效地形信息的丢失。一般情况下，多项式总阶数 n 与局部曲面拟合范围 $Q(x_q, y_q, z_q)$ 由拟合范围内的水下地形复杂度来确定。

2. 趋势面滤波的缺陷与改进

由于水下地形的复杂多变以及局部曲面拟合范围的不确定性，因此趋势面滤波法存在固有的技术缺陷，主要体现在以下几点。

（1）由于水下地形复杂多变，局部曲面拟合范围不易确定，单一的曲面拟合函数无法全面反映海底的实际地形，因此极易出现粗差滤除不彻底或误将正常水深判定为粗差点进而被滤除的情况。

（2）当局部曲面拟合范围内存在较大的突变粗差点时，将会导致正常水深点与所拟合的趋势面之间产生较大偏差，进而影响正常水深点的判定结论，当局部曲面拟合范围内存在的粗差点相对集中且成簇出现时，趋势面滤波法将无法检测出所有粗差点，相反可能出现将粗差点误判为正常水深点保留，而将正常水深点误判为粗差点滤除的情况。

（3）趋势面滤波法的构建前提是水下地形的连续性，当海底出现断裂点（如断崖）或障碍物（如暗礁或沉船）时，趋势面滤波法可能导致出现断裂点或障碍物被不合理滤除的情况。

针对趋势面滤波的固有缺陷，张志衡等[23]人提出一种考虑自然邻点影响域的多波束测深数据的趋势面滤波改进算法，该算法可适应不同复杂程度的水下地形，显著提高了水下地形表达的精度；张兴伟等[24]人针对传统趋势面滤波方法中多项式拟合曲面系数向量的求取和作为阈值的均方根误差的求取都受到异常数据的影响，在构造趋势面之前，对水深数据进行加权修正提出了一种中值滤波加权修正的改进方法，在保证计算效率的同时保持了良好的滤波效果。

通过对相关研究成果进行分析，未来趋势面滤波算法的改进将着眼于以下几个方面。

（1）定量分析多项式总阶数 n 与局部曲面拟合范围 $Q(x_q, y_q, z_q)$ 之间的匹配关系，建立水下地形复杂度的多项式曲面函数。

（2）研究如何从所选范围内选取可信度较高的水深点，拒绝不正确或带有粗差的可疑点，从而建立高精度的地形趋势面。

（3）有效区分和辨别成簇出现的粗差点群和突变地形点群及保留海底突变地形中的边界点，从而进一步提高水下地形表达精度。

3.4 实时地形数据建模

AUV 进行地形匹配时，需要首先获取水下地形特征值，这里地形特征表现为 AUV 所处位置的水深值。在不考虑潮汐和各传感器间安装偏差的情况下，水深值即为 AUV 距离水面的距离和距离海底的高度值之和。前者可由深度计直接测量得到而且精度较高，后者的获取可以通过单波束的声学高度计和多波束声呐来实现。

传感器实时地形信息可以概括为两部分，一部分是测深点的位置信息，另一部分是测深点的深度信息。对于单波束的声学高度计来说，由于波束垂直向下发射，因此位置信息是测量 AUV 所在位置的信息，深度信息是测量所得到的深度信息，对于多波束测深声呐来说，由于测量的是沿垂直航向方向的多个波束测深点信息，且每个测深点对应的波束角度不同，因此其位置信息和深度信息与波束角度和波束的斜距有关，需要通过转换得到。建立测深传感器的实时测深数据模型，是实时地形特征提取的前提。

3.4.1 单波束测深数据建模

单波束测深仪即声学高度计的测深波束垂直 AUV 向下发射，因此若 AUV 不处于摇荡状态或摇荡幅度较小时，可以忽略测深波束的声线弯曲，因此具有较高的测深精度。

单波束测深仪通过连续测量 AUV 下方的"点地形"数据，从而得到局部海底"点地形"和沿航迹方向上形成的"线地形"，图 3.14 所示为单波束水下地形测量。

图 3.14 单波束水下地形测量

单波束测深每次测量可获得一个"点地形"信息,考虑到单个"点地形"信息并不能满足水下地形匹配的需求,因此需要 AUV 采集沿航迹方向的一条"线地形"信息,其数据模型表示为

$$\boldsymbol{H}_\mathrm{s} = \begin{bmatrix} x_1 & y_1 & z_1 \\ x_2 & y_2 & z_2 \\ \vdots & \vdots & \vdots \\ x_n & y_n & z_n \end{bmatrix} \quad (3.15)$$

式中,$\boldsymbol{H}_\mathrm{s}$ 为单波束实时测深矩阵;n 为测深点的个数;(x_i, y_i, z_i) 为每个测深点的坐标。考虑到各测深点和初始测深点间的位置关系,可建立单波束测深数据模型为

$$\boldsymbol{H}_{\bar{\mathrm{s}}} = \begin{bmatrix} \Delta x_1 & \Delta y_1 & z_1 \\ \Delta x_2 & \Delta y_2 & z_2 \\ \vdots & \vdots & \vdots \\ \Delta x_n & \Delta y_n & z_n \end{bmatrix} \quad (3.16)$$

式中,$(\Delta x_i, \Delta y_i, \Delta z_i)$ 为每个测深点的相对位置坐标,其定义为

$$\Delta x_1 = 0, \quad \Delta y_1 = 0$$

$$\Delta x_2 = x_2 - x_1, \quad \Delta y_2 = y_2 - y_1$$

$$\Delta x_n = x_n - x_1, \quad \Delta y_n = y_n - x_1$$

在匹配过程中,如果 AUV 的航行路线为直线,可以使测深模型得到简化,减小匹配时的计算量。由于水下环境的复杂性和参考导航系统累积误差的影响,随着测深点数目的增加,参考导航系统累积误差对测深点间距测量的影响增大,因此实时地形测量的准确度降低,对匹配结果产生不利影响。

单波束测深描述的是"点-线地形"信息,图 3.15 所示为在某次海试中单波束测深仪采集到的"线地形"信息。由图可知,本节所说的"线地形"是单波束测深仪在沿 AUV 航迹方向进行测量所得到的地形信息。

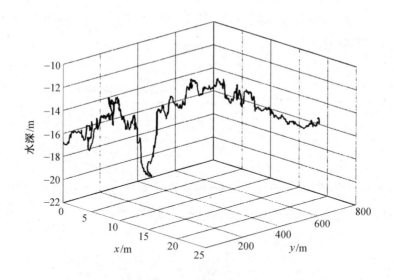

图 3.15 单波束测深仪采集到的"线地形"信息

3.4.2 多波束测深数据建模

与单波束的"点-线"式测深不同,多波束测深系统在一个 ping 内可以得到数百甚至数千个测深点,其测深方式为"线-面"式,相同时间内可得到更为丰富的局部地形信息。如图 3.16 所示为 AUV 载体所搭载的多波束测深系统实时水下地形测量示意图。

图 3.16 AUV 载体所搭载的多波束测深系统实时水下地形测量示意图

多波束测深系统一个 ping 内可以得到数百甚至数千个测深点,这些测深点密集分布,形成一条垂直于载体航向的线状测深信息(地形剖面)。当利用多波束进行地形匹配中的实时地形数据采集时,有时一个地形剖面包含的地形信息所提供的地形特征并不能满足地形匹配的需求,这时可选取沿航线方向的多个地形剖面数据,并将这些地形剖面组合形成"面地形"测深信息。通常情况下多波束测深数据中每个波束点和换能器的相对位置由入射角度和斜距组成,其单地形剖面模型可用入射角角度矩阵 $\boldsymbol{H}_\theta$ 和波束点斜距矩阵 $\boldsymbol{H}_l$ 表示:

$$\boldsymbol{H}_\theta = \begin{bmatrix} \theta_1 & \theta_2 & \cdots & \theta_n \end{bmatrix}$$

$$\boldsymbol{H}_l = \begin{bmatrix} l_1 & l_2 & \cdots & l_n \end{bmatrix}$$

式中,θ_n 和 l_n 分别为各测量波束对应的波束入射角和斜距。与单地形剖面模型相似,多地形剖面组合的"面地形"模型可由下述几个矩阵表示:

$$\boldsymbol{H}_\theta = \begin{bmatrix} \theta_{11} & \theta_{12} & \cdots & \theta_{1n} \\ \theta_{21} & \theta_{22} & \cdots & \theta_{2n} \\ \vdots & \vdots & & \vdots \\ \theta_{m1} & \theta_{m2} & \cdots & \theta_{mn} \end{bmatrix}, \quad \boldsymbol{H}_l = \begin{bmatrix} l_{11} & l_{12} & \cdots & l_{1n} \\ l_{21} & l_{22} & \cdots & l_{2n} \\ \vdots & \vdots & & \vdots \\ l_{m1} & l_{m2} & \cdots & l_{mn} \end{bmatrix}, \quad \boldsymbol{D}_{mr} = \begin{bmatrix} (\Delta x_1, \Delta y_1) \\ (\Delta x_2, \Delta y_2) \\ \vdots \\ (\Delta x_m, \Delta y_m) \end{bmatrix}, \quad \boldsymbol{D}_{mz} = \begin{bmatrix} z_1 \\ z_2 \\ \vdots \\ z_m \end{bmatrix}$$

在上述矩阵中，m 表示"面地形"中包含 m 个地形剖面，n 表示在每个地形剖面中包含 n 个多波束测深点。多地形剖面组合的"面地形"测深数据模型多了两个相对距离矩阵 $\boldsymbol{D}_{mr}$ 和 $\boldsymbol{D}_{mz}$，分别表示进行多波束测深时 AUV 载体所处的水平位置和水深矩阵。由于多波束测深系统的一个地形剖面包含很多测深波束点，其相对距离矩阵的维数与单波束相比要小很多，参考导航系统累积误差对测深点间距测量的影响很小，有利于提高实时测量地形的准确度。

测深波束点与换能器的空间相对位置和水深可由波束入射角和斜距的组合得到，基于多波束测深的"面地形"数据模型可表示为如下矩阵形式：

$$\boldsymbol{Y}_{\bar{m}} = \begin{bmatrix} l_{11}\sin\theta_{11} & l_{12}\sin\theta_{12} & \cdots & l_{1n}\sin\theta_{1n} \\ l_{21}\sin\theta_{21} & l_{22}\sin\theta_{22} & \cdots & l_{2n}\sin\theta_{2n} \\ \vdots & \vdots & & \vdots \\ l_{m1}\sin\theta_{m1} & l_{m2}\sin\theta_{m2} & \cdots & l_{mn}\sin\theta_{mn} \end{bmatrix} + \boldsymbol{D}_{mr} \quad (3.17a)$$

$$\boldsymbol{Z}_{\bar{m}} = \begin{bmatrix} l_{11}\cos\theta_{11} & l_{12}\cos\theta_{12} & \cdots & l_{1n}\cos\theta_{1n} \\ l_{21}\cos\theta_{21} & l_{22}\cos\theta_{22} & \cdots & l_{2n}\cos\theta_{2n} \\ \vdots & \vdots & & \vdots \\ l_{m1}\cos\theta_{m1} & l_{m2}\cos\theta_{m2} & \cdots & l_{mn}\cos\theta_{mn} \end{bmatrix} + \boldsymbol{D}_{mz} \quad (3.17b)$$

式中，$\boldsymbol{Y}_{\bar{m}}$ 为位置矩阵，前半部分为各波束点与换能器的相对距离，后半部分 $\boldsymbol{D}_{mr}$ 为每个地形剖面测量的相对距离；$\boldsymbol{Z}_{\bar{m}}$ 称为深度矩阵，前半部分为各波束点相对于换能器的水深值，后半部分 $\boldsymbol{D}_{mz}$ 为每个地形剖面测量时换能器所处位置的水深值。以上模型为不考虑声线弯曲的测深数据模型，若考虑声线弯曲，根据第 3 章的相关知识可得到考虑声线弯曲的多波束测深数据模型。

多波束测深数据模型描述的是由线到面的局部水下地形信息，如图 3.17 所示为基于该模型表述的单地形剖面和组合地形剖面，即"线地形"和"面地形"，由于本章所涉及的 GS+多波束测深系统有两组呈"V"字形安装的换能器，因此将相邻两个 ping 组合可以得到一个完整的地形剖面。图 3.17（a）为单地形剖面，地形剖面长度为 80 m，图 3.17（b）为 10 个剖面的组合模型，各剖面间隔为 10 m。

第3章 多波束测深数据处理和地形匹配单元组建

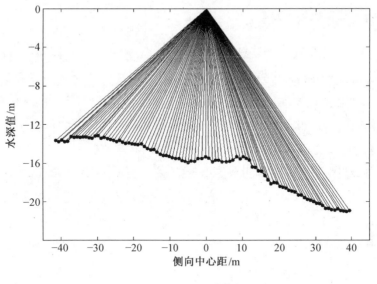

（a）单地形剖面

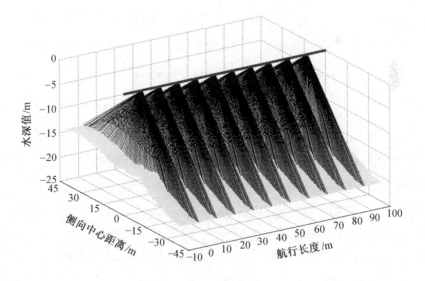

（b）组合地形剖面

图 3.17 多波束地形剖面

3.4.3　DVL 测深数据建模

DVL 作为一种载体速度测量装置，在绝大多数 AUV 中均有装备，有些作为航位推算系统的重要传感器，有些则与 INS 组合形成 INS/DVL 组合导航系统。通过对 DVL 的说明书进行解读发现，DVL 不仅能够测得载体的速度，还可以得到四个波束点和换能器之间的斜距。国外一些研究表明利用 DVL 可以在紧急情况下替代多波束测深系统用于水下地形匹配导航[25-27]。

利用 DVL 每次 ping 可获得四个点地形信息，类似于单波束测量，DVL 通过连续实时测量 AUV 下方的地形数据，得到局部海底"多点地形"和沿航迹方向上形成的"多线地形"。由于 DVL 和声学高度计一样在 AUV 潜航过程中可以长期开启，因此可以将声学高度计数据融入 DVL 数据中形成由 5 条线组成的"多线地形"用于地形匹配计算。

3.5　DTM 生成方法与存储模型

精确的先验 DTM 是构建地形匹配单元的一个重要内容，在实时测深数据精度确定的情况下，先验数字地图的精度和分辨率直接影响地形匹配结果的置信度。先验数字地图可由两方面得到：基于电子海图数据生成 DTM 和基于多波束测深数据生成 DTM。

3.5.1　基于电子海图数据生成 DTM

电子海图是以数字形式描述的，描写海域内地理以及航海信息的海图。公开发行的电子海图有多种格式标准，由美国环境系统研究所（Environmental Systems Research Institute，ESRI）制定的 Shapefile 格式标准海图包含点、线、多边形等多种存储要素，将几何要素和其拓扑关系存储于二进制文件中。Shapefile 中包含若干文件分离存储空间信息和属性信息[28]。由于 Shapefile 格式海图具有文件容量小、读取速度快、数据管理效率高等优点，其使用非常广泛，数据来源也较多，因此可以很方便地通过提取公开发行的 Shapefile 格式海图中水深数据构建 DTM。

Shapefile 格式标准电子海图文件结构如图 3.18 所示,其每一层要素都有对应的图形文件、索引文件和属性文件。控制文件包含海图的一些基本信息如名称、编号、投影方式、基准经纬度、坐标系类型、比例尺等。

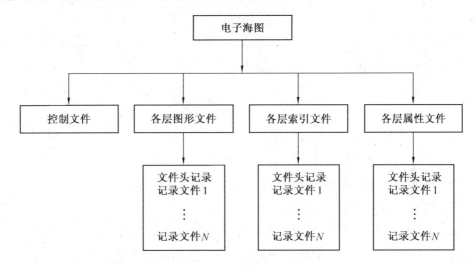

图 3.18　Shapefile 格式标准电子海图文件结构

本节使用的是公开发行的某区域电子海图数据,该电子海图覆盖的区域大小约为 50 km×30 km,基于 MapObject 控件所编写电子海图读取程序,电子海图数据如图 3.19 所示,其中黑色数据点为电子海图中存储的深度数据。

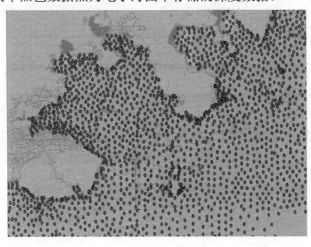

图 3.19　电子海图数据

将图中显示的深度数据和其对应的经纬度信息单独保存，即可得到应用于水下地形匹配导航研究的地形深度数据。由图可以看出，从电子海图数据中提取的深度数据是稀疏且不规则的，需要对其进行插值优化处理。

在现有的插值方法中，距离幂次反比法是滑动加权平均内插法的一种，具有方法简单、计算量小、估值精度较高等优点，因而在很多领域得到广泛应用。距离幂次反比法在对待插值点进行插值的过程中，充分考虑了样本和待插值点的空间位置关联，符合数据的分布规律，所以和其他插值方法相比，距离幂次反比法具有一定优势。

距离幂次反比法的使用需要满足以下3个条件。
（1）样本信息存在均值。
（2）插值邻域内各方向的数据具有相同的变化速度。
（3）样本在插值邻域内均匀分布。

从上面可以看出，水下地形数据满足距离幂次反比法使用的条件，因此可利用距离幂次反比法对电子海图数据进行插值细化。距离幂次反比法假设样本对待插值点的影响与它和插值点距离的幂次成反比，当搜索的样本点和待插值点之间的距离越大时，样本点的加权值越小，对插值点插值结果的影响越小。基于这一假设，待插值点 u_0 的值可以认为是若干邻域内的样本 u_i 的加权，距离幂次反比法的插值公式如下所示：

$$\Gamma(u_0) = \sum_{i=1}^{n} \lambda_i \Gamma(u_i) \quad (3.18)$$

$$\lambda_i = \frac{[d(u_0, u_i)]^{-p}}{\sum_{i=1}^{n}[d(u_0, u_i)]^{-p}} \quad (3.19)$$

式中，λ_i 为在距离幂次反比法中各样本点的权系数，且满足 $\sum_{i=1}^{n}\lambda_i = 1$；$d(u_0, u_i)$ 是第 i 个样本与待插值点之间的距离。指数 p 用来控制样本权系数的分布，随着指数 p 的增大，距离待插值点较近的样本权系数也随之增加，距离远的样本则会下降，通常情况取 $p=2$，此时称为距离平方反比法。

图 3.20 所示为由电子海图中提取的深度数据以 0.001°经纬度为插值间隔进行网格化插值并绘制等高线图,再与原始数据绘制的等高线图做比较的结果。

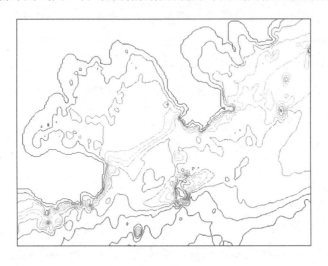

(a) 插值结果

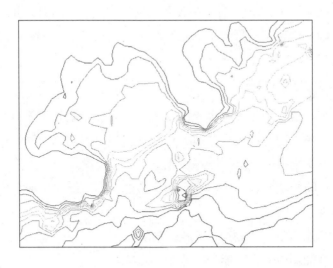

(b) 原始数据

图 3.20 地形插值结果和原始数据的对比

从图中可以看出，插值后的结果大体上和原始海图数据的变化趋势相仿，但数据等高线相对比较平滑。该海域深度变化剧烈区域主要集中在海岸和海中的一个暗礁附近，大部分区域深度变化非常平缓，与真实水下地形差距较大。这是由于现有电子海图深度数据相邻两点的间距超过数百米，因此用其插值得到的地形和真实水下地形并不完全相同，而是有着较大误差，用其得到的 DTM 仅能用于前期理论研究阶段，且若要使水下地形匹配导航实用化，必须使用基于多波束测深网格化得到的高精度 DTM。

3.5.2　基于多波束测深数据生成 DTM

由于电子海图相邻深度点间的间距较大，例如 3.5.1 节所用的大连附近海域电子海图相邻数据点间距平均为 900 m，其插值生成的 DTM 精确度较低，仅能用于理论研究，因此除非特殊情况并不推荐这种方法。且若要使海底地形匹配导航实用化，也需要精度更高的 DTM。由前面可知，多波束测深数据的测深精度较高且测深点密集，因此可以将多波束测深数据进行网格化处理从而形成更高精度的 DTM。基于多波束测深数据的 DTM 生成包括测深数据的潮位修正、空间归位和网格化处理等三个步骤，其中潮位修正可根据记录的实时潮位数据插值完成，因此这里重点讨论测深数据的空间归位和网格化处理方法。

1. 测深数据的空间归位

由于受到风、浪、流等外界因素的影响，搭载多波束的载体会产生摇荡，对多波束测深产生影响，因此在进行多波束测深数据的空间归位计算时需要考虑载体摇荡的影响，所以在空间归位时须计算换能器的动态位置。

测深数据空间归位的目的是将各个测深点的坐标从随船坐标系转换到大地坐标系当中，分为 3 个步骤[29]。

（1）计算换能器中心和测深点的相对位置。

（2）计算换能器中心在随船坐标系中的位置。

（3）根据随船坐标系和大地坐标系的关系将波束点坐标转换到大地坐标系当中。

对多波束测深数据进行空间归位是在考虑根据载体的位置、航向以及姿态等信息的基础上，对波束点空间坐标进行换算。首先需要计算测深点在随船坐标系中的位置,再将载体的位置、航向以及姿态信息与随船坐标系中心结合计算各波束点在大地坐标系中的位置。设在随船坐标系中,换能器的坐标为(x_0, y_0, z_0),波束脚印的坐标为(x, y, z)。为了简化推导过程,这里忽略声线弯曲,则测深点的随船坐标系坐标为

$$\begin{cases} x = x_0 \\ y = y_0 + \dfrac{C_0 T_p \sin\theta_0}{2} \\ z = z_0 + \dfrac{C_0 T_p \cos\theta_0}{2} \end{cases} \quad (3.20)$$

式中,C_0 为水体内的平均声速;T_p 为波束往返的双程旅行时间;θ_0 为波束入射角,考虑声线弯曲的波束脚印随船坐标可根据 3.2 节的相关内容计算得到。在确认波束脚印的随船坐标后,将其转换为大地坐标,其转换关系为

$$[x \quad y]_{\text{LLS}}^{\text{T}} = [x' \quad y']_{\text{LLS}}^{\text{T}} + R(r, p, h)[x \quad y]_{\text{VFS}}^{\text{T}} \quad (3.21)$$

式中,$[x \quad y]_{\text{LLS}}^{\text{T}}$、$[x \quad y]_{\text{VFS}}^{\text{T}}$ 分别为波束脚印在大地坐标系和随船坐标系中的坐标位置;$[x' \quad y']_{\text{LLS}}^{\text{T}}$ 为随船坐标系原点在大地坐标系内的坐标位置;$R(r, p, h)$ 为随船坐标系与大地坐标系的旋转关系,其中航向 h、横摇 r 和纵摇 p 是三个欧拉角,则有

$$R(r, p, h) = \begin{bmatrix} \cos h \cos p & \cos h \sin p \sin r - \sin h \cos r \\ \sin h \cos p & \sin h \sin p \sin r + \cos h \cos r \end{bmatrix} \quad (3.22)$$

z 是随船坐标系原点和海底的垂直距离,计算波束脚印的实际深度还应该考虑换能器的静吃水 h_{ss} 和动吃水 h_{ds}、当前的潮位数据 h_{tide}、其他因素对水深的影响 h_{a}。若潮位数据 h_{tide} 由某基准面确定,则

$$h_{\text{g}} = z + h_{\text{ss}} + h_{\text{ds}} + h_{\text{a}} - h_{\text{tide}} \quad (3.23)$$

这里换能器的静吃水 h_{ss} 在换能器安装完毕就可确定,并作为多波束测深数据处理单元的一个常量;换能器的动吃水是由载体升沉运动产生的,可由多波束测深系

统搭载的辅助传感器得到。同时载体的实时姿态也会对测深点的空间归位产生影响，它会使测深点绕 x 轴或 y 轴旋转，其旋转角度可由船姿与运动传感器得到，其对测深点坐标的影响可由式（3.22）转换得到。

2. 测深数据的网格化处理方法

多波束测深数据的数据量非常庞大，以 GS+多波束测深系统的测深数据为例，在经过滤波处理后其一条测线的测深点数目超过 200 万个，平均每平方米的测深数据有数百个之多。若直接利用多波束原始测深数据进行海底地形匹配，不仅严重占用计算机资源，且给地形匹配的实现带来一系列困难。事实上，这种利用多波束测深数据直接成图的方式只在地形测量时方便操作人员对测深数据的质量进行评估。但在实际应用中，这样做并不能显著提高制图精度，而且造成严重的资源浪费。通常的做法是根据实际需求，按照事先设定好的网格分辨率对多波束测深数据进行网格化处理，并在满足各项要求的前提下对多波束测深数据进行压缩[30-31]，从而满足地形匹配运算的需求。

通常所说的网格化都是希望利用插值加密数据点（例如 3.5.1 节），但由于多波束测深数据的密集分布，因此多波束测深数据的网格化包含了数据压缩思想，通过少数网格化的数据代替海量多波束测深数据描述海底地形特征，因此有着自身特点。

与从电子海图数据提取深度数据的网格化插值不同，多波束测深数据的网格化需要设置输出网格的分辨率、数据的读入范围等插值参数。同时在保证插值精度的前提下尽可能缩短网格化插值时间，需要控制搜索数据的数量和搜索数据的分布范围：①限制插值点的空象限数上限 N，若网格节点的插值中空象限数大于 N，则该节点插值是无效插值；②限制每个象限内搜索数据的上限 M，即在网格节点的插值计算中，当某个象限内搜索到的数据量大于 M 时，则结束此象限的搜索，开始搜索下一象限；③限定插值点搜索数据总量的下限 m，网格节点插值搜索的数据量应大于 m，若搜索到的数据量小于 m，则认为插值无效，此网格为空白点[2]。

在对本节所用到的多波束测深数据进行网格化处理时，假设网格节点间的间距为 r（单位为 m）（即网格分辨率为 r），在插值时将以待插值节点为圆心，半径为 r 的圆形区域作为该插值点的搜索范围，同时将搜索范围平均分为四个搜索象限，并限定搜索数据总量下限和每个象限内搜索数据个数的上限。为了避免读入过多不参与搜索的数据，提高网格化插值的效率，可利用原始多波束文件中解算的导航信息设定网格化计算的搜索区域，地形网格化插值的搜索区域示意图如图 3.21 所示。

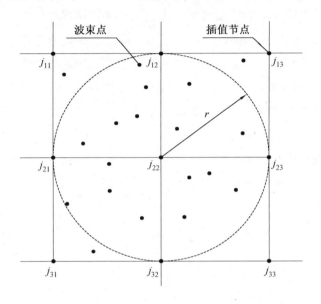

图 3.21 地形网格化插值的搜索区域示意图

自从数字地形模型在 20 世纪 50 年代末被提出后，地球科学家对内插问题进行了多年研究，并提出了多种插值方法还对其进行分类。一种是按照内插结果的特征分类，如 Lam 法把内插方法分为两类：确切法和近似法。确切法把内插结果和已知点的数据同时保存在插值文件中，如权重分析法、Kriging 插值法、样条插值法等；近似法指内插后的插值文件中不会保留已知点数据，如小波分析法、傅里叶分析法等。另一种是按照内插过程分类，如 Waston 把内插法分两类：第一类是方程式内插法，如样条插值法和趋势面插值法等，它们通过设计数学函数尽可能拟合网格曲面；第二类是试探性插值法，如权重分析法和 Kriging 插值法等，它们由事先得到的数据分布来推测插值点的数值[2]。

在海底地形匹配导航中，DTM 有两方面作用：一方面通过 DTM 了解 AUV 工作海域的地形特征，对地形匹配导航的路径进行规划；另一方面在地形匹配单元的 DTM 中提取局部区域的地形数据，以便与实时测深数据进行匹配分析，因此地形网格化插值的精度将直接影响到地形匹配的性能。由于多波束测深数据的密度很大，因此为了保证后续网格化插值的精度，多波束测深数据网格化所选用的内插方法的原则是：在保证多波束原始测深点的基础上使得网格化内插结果与原始测深点之间的误差最小。从内插方法的原则可知，多波束测深数据网格化内插应按照确切法进行插值。在保证内插精度的前提下，为了尽可能地减少插值计算量，比较几种在数据处理中常用的插值方法：距离加权内插法（IDW）、Kriging 内插法、多点平均内插法（MPA）、高斯加权平均内插法（GWA）对滤波后的测深数据进行插值，并比较它们在多波束测深数据网格化中的适用性[32-33]。

（1）距离加权内插法。

距离加权内插法利用每个待插值点邻域内的已知数据并赋予不同的权值来估计待插值点的数值，权重的大小为搜索点和待插值点距离的函数，距离加权内插法的插值公式为

$$\hat{z}_j = \frac{\sum_{i=1}^{n} \frac{z_i}{d_{i,j}^{\lambda}}}{\sum_{i=1}^{n} \frac{1}{d_{i,j}^{\lambda}}} \tag{3.24}$$

式中，$d_{i,j}$ 为网格节点 j 和其周围邻近点 i 的距离；λ 为距离的幂次，也称为权重参数；z_j 为待插节点 j 的插值深度值；z_i 为邻近点 i 的深度值。距离加权内插法是确切内插法的一种，插值时根据离插值点距离的不同，对邻域内搜索点都赋予不同的权重，并对权重归一化以保证所有搜索点权重之和为 1。其主要问题是当正好搜索点在网格节点处时，其权重为 1，产生"凸变"现象。为了减小"凸变"现象的影响，在计算时引入平滑因子 δ，用有效距离代替真实距离计算，有效距离定义为

$$d'_{i,j} = \sqrt{d_{i,j}^2 + \delta^2}$$

通常情况下，待插值的网格节点值主要与邻近点距离和方向有关，若邻近点在网格节点四周均匀分布，则可以不考虑方向因素。实践证明，权重参数 $\lambda = 2$ 是一个较优的选择，即权重大小与距离的平方成反比，此时这种内插法称为距离反比权重法。

（2）Kriging 内插法。

Kriging 内插法是由南非工程师 D.G.Krige 提出的，其原理和距离加权内插法类

似，都是利用已知点的数值插值加权估计待插值点的数值，但其计算结构较为复杂，具体的计算过程可参考文献[33]。Kriging 内插法的内插过程是，首先试探领域内已知点的随机变化情况，然后模拟这些点的随机情况，最后用前两步产生的信息估计内插时的权重系数。Kriging 内插法在计算过程中需要妥善选取插值领域内空间相关性的形状和大小，使得插值性能得到改善。另外，Kriging 内插法还能得到与内插值有关的误差估算值，这是其他插值方法所不具备的。

（3）多点平均内插法。

由于多波束测深属于全覆盖测深，特别是当多波束测深系统工作在浅水域内时，其测深点的密度很大。基于这一特征，多点平均内插法认为，相比大范围测深数据，待插值点的值可用其邻域内的样本点的平均值代替，其计算公式可表示为

$$\hat{z}(x,y) = \frac{1}{n}\sum_{i=1}^{n} z_i(x_i, y_i), \quad (x_i - x)^2 + (y_i - y)^2 < r \quad (3.25)$$

式中，$z_i(x_i, y_i)$ 是待插值点邻域内的测深序列。多点平均内插法忽略了搜索范围以外的样本影响，可以达到很快的插值速度。

（4）高斯加权平均内插法。

高斯加权平均内插法与距离加权内插法类似，也采用高斯函数作为内插的权函数，是一种经常用于大批量多波束测深数据的内插方法。GWA 方法的权函数为

$$\lambda_i = F \exp\left(-\left(\frac{r_i}{l}\right)^2\right) \quad (3.26)$$

式中，r_i 是待插值点和搜索样本点之间的距离；F 是保证所有搜索样本点权重和为 1 的归一化因子；l 是搜索样本权重降为最大权重 $\frac{1}{e}$ 的距离，这里取 $l = \frac{d}{2}$。

3. 插值结果对比

为了比较上述内插法应用于多波束测深数据网格化内插的性能，在对原始多波束测深数据进行滤波和空间归位后，截取多波束测线的一段，分别用以上方法进行网格化内插，网格为 1 m×1 m 均匀网格。将上述内插法得到的内插结果绘制等深线图进行比较，如图 3.22 所示。

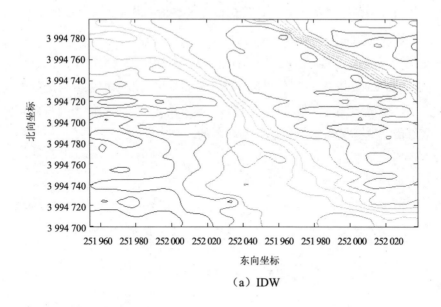

(a) IDW

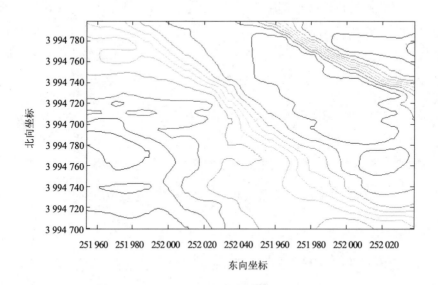

(b) Kriging

图 3.22 插值结果比较

第3章 多波束测深数据处理和地形匹配单元组建

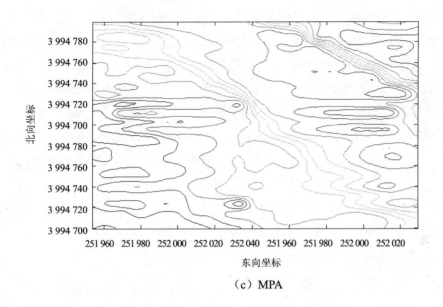

(c) MPA

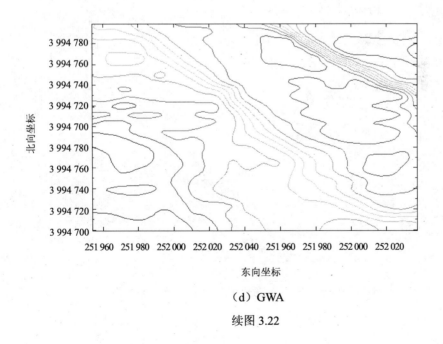

(d) GWA

续图 3.22

图 3.22 中四幅子图均为在深度最大值到深度最小值范围内，以相同深度间隔绘制的等深线图。可以看出，四种内插方法得到的地形数据都能较好地对水下地形特征做出描述。考虑到等深线的走向、连续性以及光滑程度，基于 Kriging 内插法和高斯加权平均内插法得到的等深线图更为合理，且不存在距离加权内插法和多点平均法中出现的小块凸起地形区域，可见 Kriging 内插法和高斯加权平均内插法可以有效抑制滤波后残留的少量野值数据。图 3.23 所示为四种插值方法在某地形剖面插值结果和原始测深数据的对比，从图中可以看出 Kriging 内插法和高斯加权平均内插法的插值结果更接近真实值，因此对于海量多波束测深数据的网格化问题，Kriging 内插法和高斯加权平均内插法均具有较好的内插效果。考虑到 Kriging 内插法的计算量相对较大，无疑高斯加权平均内插法的实用性更为突出，所以高斯加权平均内插法更适合多波束测深数据的网格化。

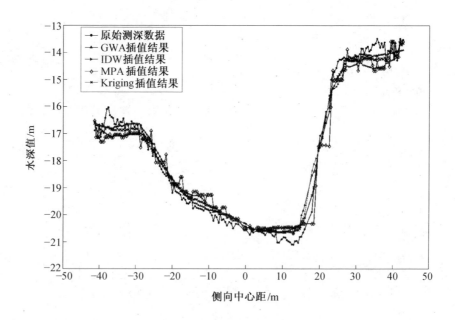

图 3.23　四种插值方法在某地形剖面插值结果和原始测深数据的对比

第 3 章　多波束测深数据处理和地形匹配单元组建

4. 大面积测深海域的地形成图

由于 GS+多波束测深系统是全覆盖式的水下地形测量设备，可以根据预先设定好的地形测量区域和测量路线实现对水下地形的覆盖，因此 GS+的测深数据包含多条测线，且测线间的距离满足地形覆盖要求。对各条测线经过解算、滤波以及空间归位后，将各条测线的测深数据进行拼接，得到区域内的 DTM。

图 3.24 所示为使用 GS+多波束测深系统勘测某海域的测线布设图，勘测区域为 1 km×1 km 的范围。从图中可以看出，原始测深数据共包括 21 条测线。在对各相邻的测幅进行合并后，即可进行区域地形插值网格化，得到大面积的海域地形图。

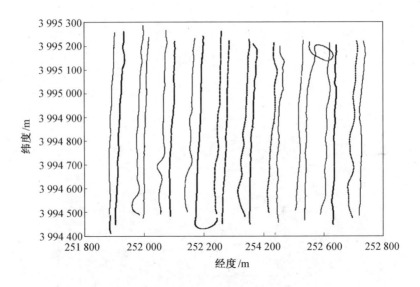

图 3.24　某海域 GS+多波束测深系统测区范围

图 3.24 所示区域形成的水下数字地形等深线图如图 3.25 所示，其中图 3.25（a）为自编软件 Contmap 处理后的结果，图 3.25（b）为 GS+多波束系统自带软件处理后的结果。从图 3.25 中对应的等深线图可以看出，两幅图在总体上相符，深沟区域和坑洼区域都吻合得很好，Contmap 处理后的细节更多，究其原因是，GS+在绘图时考虑了数据的平滑，而 Contmap 在处理时没有考虑数据的平滑。

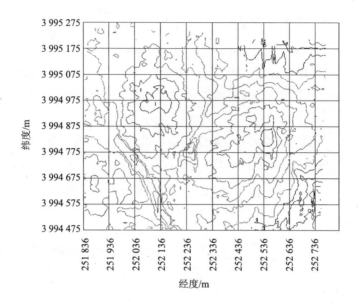

(a) Contmap 处理

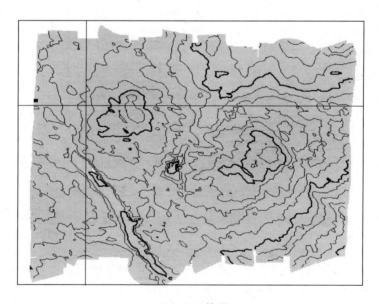

(b) GS+处理

图 3.25 水下数字地形等深线图

3.5.3 基于分层结构的 DTM 存储

传统的水下地形数据都是按照网格节点顺序依次存储在地形存储文件中,进行地形插值时,通过循环搜索的方式找到插值点的值,这样做的缺点是每次都要对所有的地形数据点进行操作,不仅耗时而且极大地占用计算机资源。而地形匹配时所用到的实时地形匹配特征点有时达到几百个,如果不进行快速高效的插值,将对地形匹配的实时性造成极大的影响。因此,设计一个有效的文件存储模型具有非常重要的意义。

传统的水下地形数据的存储是按照经度-纬度-水深格式将水下地形数据顺序存储在 DTM 文件中,在提取组建地形匹配单元的局部地形时,需要通过循环搜索逐一选取需要的局部地形数据,而循环搜索会占用大量的计算机资源,在搜索局部地形数据量较大时会对地形匹配运算的实时性造成不利影响。因此有必要设计一种有利于提高局部地形搜索效率的 DTM 存储结构模型。

传统的地形存储模型包括一致网格模型和树层次结构模型[34]。一致网格模型按照事先设定的网格分辨率和经纬度范围将地形数据按照矩阵形式存储,图 3.26(a)所示为一致网格模型。层次结构模型将地形数据按照分层形式排列,图 3.26(b)所示为树层次结构模型。

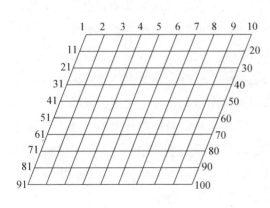
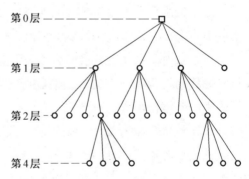

(a)一致网格模型　　　　　　　(b)树层次结构模型

图 3.26　地形存储模型

由于树层次结构模型具有结构简单、模型生成效率高等优点,因此在图像处理和实时三维地形绘制中得到了广泛的应用[35]。树层次结构模型通过等分地形数据,从而分层建立结构中根节点和叶节点之间的递归关系,实现大数据条件下的地形建模和可视化。图 3.26(b)所示为树层次结构模型中经常采用的四叉树结构模型,在四叉树结构的地形模型中,将每个根节点分为 4 个叶节点,地形特征由从粗糙到细分,分层建立地形的细节成分。

相比地形存储的一致网格模型,采用树层次结构模型存储地形数据,地形数据可以按不同分类存储,实现对数据的压缩,有效减小 DTM 文件的大小。但是树层次结构模型不利于编程时的指针操作,因此树层次结构模型并不能有效提高搜索计算的效率。因此,兼顾减小搜索空间和提高搜索计算效率的要求,本节将一致网格模型和层次结构模型相结合,兼顾分层思想和一致网格模型,提出一种基于分层结构的混合分辨率地形存储模型,对 DTM 中的地形数据进行重新组合和排序。

在构建 DTM 的存储结构模型时,引入一个假设:DTM 中存储的深度数据均为真实水深数据,其精度与网格间距大小无关。基于这一假设,这里称大网格间距条件下的地形为低分辨率地形;与此对应,高分辨率地形是小网格间距的地形。即在网格化地形存储中,网格间距越大,地形分辨率越低。

地形的混合分辨率是指将高分辨率地形分解成低分辨率地形和高分辨率地形的组合。本节提出的地形存储模型分为两层:索引层和数据层。其中索引层存储的是局部地形的索引号和低分辨率地形的节点数据,数据层以矩阵格式存储高分辨率地形的节点数据。DTM 的分层思想如图 3.27 所示。

图 3.27 中,"■"所示节点为索引层数据节点,"●"所示节点为数据层数据节点,虚线网格内为一个树形结构所存储的地形数据信息。地形存储时,将每个树形结构中的两层数据作为一个存储单元同时存储,其中索引层为根节点,数据层为叶节点。在 DTM 的存储中将索引层节点数据按照一致网格模型顺序存储,数据层节点数据以矩阵形式存储。本书的存储模型兼顾了一致网格模型和分层结构模型,因此可以在压缩存储空间的同时有效提高局部地形的搜索效率。

第 3 章　多波束测深数据处理和地形匹配单元组建

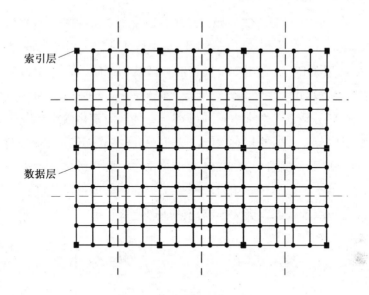

图 3.27　DTM 的分层思想

分层结构混合分辨率的 DTM 存储模型如图 3.28 所示。在图 3.28 所示存储模型中，文件头部分包含地形数据的经纬度范围、索引号和经纬度对应关系、网格分辨率（包含索引层节点分辨率和数据层节点分辨率）；索引层节点存储索引号和节点处的深度信息；数据层节点仅存储数据层节点处的深度信息，索引层和数据层中的所有数据均以二进制形式顺序存储以节省存储空间。

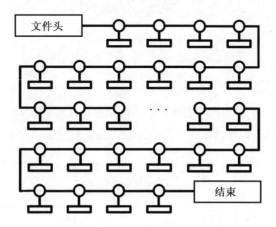

图 3.28　分层结构混合分辨率的 DTM 存储模型

例如，一个大小为 50 km×30 km，网格分辨率为 1 m×1 m 的 DTM，其具有约 $1.5×10^9$ 个数据点，若按照传统经度-纬度-水深格式存储，精度类型为 float，则其文件大小约为 16.76 GB；若采用本节提出的存储结构存储，仍以 float 精度为例，则其文件大小约为 5.59 GB，存储文件得到较大幅度减小，有利于局部地形的搜索，且对系统的要求也有所降低。由于水下地形在一定区域内变化较小，因此数据层数据可存储为与索引层节点数据的相对深度，以 short int 格式存储，此时文件大小约为 3 GB。由此可见，基于分层结构的 DTM 存储模型可大幅压缩文件大小，而且由于其存储格式固定，因此可以通过索引号和文件头中存储的地形经纬度范围方便地得到各节点位置和对应深度数据，大大提高局部地形搜索效率。

3.6 地形匹配搜索区域的选择

进行海底地形匹配时，需要在 DTM 中搜索最佳的匹配位置。因此搜索区域越大，地形匹配的可靠性越高，但搜索区域过大会带来繁重的计算量，从而影响地形匹配的实时性。因此搜索规则是否合理将直接影响海底地形匹配定位的精度和实时性。为了选择合适的搜索区域，依据概率准则获得以一定置信度包含 AUV 真实位置的椭圆区域，从而确定地形匹配导航的搜索区域[35]。

假设参考导航单元位于定位点 P 的定位误差在水平投影面上服从高斯分布，则参考导航单元在 P 点指示的参考位置 $(p_{c,x}, p_{c,y})$ 定位的协方差矩阵为

$$\boldsymbol{\Sigma} = \begin{bmatrix} \sigma_x^2 & \sigma_{xy} \\ \sigma_{xy} & \sigma_y^2 \end{bmatrix} \tag{3.27}$$

式中，σ_x^2、σ_y^2、σ_{xy} 分别为参考导航单元在东向、北向的定位方差和协方差，则 $\boldsymbol{\Sigma}$ 的特征值 λ_1 和 λ_2 可表示为

$$\begin{cases} \lambda_1 = \dfrac{1}{2}\left[\sigma_x^2 + \sigma_y^2 + \sqrt{(\sigma_x^2 - \sigma_y^2)^2 + 4\sigma_{xy}^2}\right] \\ \lambda_2 = \dfrac{1}{2}\left[\sigma_x^2 + \sigma_y^2 - \sqrt{(\sigma_x^2 - \sigma_y^2)^2 + 4\sigma_{xy}^2}\right] \end{cases} \tag{3.28}$$

根据多维高斯分布的性质，AUV 所处真实位置(x,y)的概率分布函数为

$$p(x,y) = \frac{1}{2\pi\sqrt{\det \boldsymbol{\Sigma}}} \exp\left\{-\frac{1}{2}[x-X \quad y-Y]\boldsymbol{\Sigma}^{-1}[x-X \quad y-Y]^{\mathrm{T}}\right\} \quad (3.29)$$

考虑常数 K，若要使(x,y)分布概率不小于 K，即 $p(x,y) \geqslant K$，则需要使得

$$[x-p_{c,x} \quad y-p_{c,y}]\boldsymbol{\Sigma}^{-1}[x-p_{c,x} \quad y-p_{c,y}]^{\mathrm{T}} \leqslant K' \quad (3.30)$$

式中，K'为与 K 相关的常量，因此(x,y)的分布范围是一个由 K'和特征值λ_1、λ_2确定，中心点为(x,y)的椭圆区域，这个椭圆也称为置信椭圆。为了简化计算，假设$p_{c,x} = p_{c,y} = 0$，式（3.30）可转化为

$$[x \quad y]\boldsymbol{\Sigma}^{-1}[x \quad y]^{\mathrm{T}} \leqslant K' \quad (3.31)$$

由于$\boldsymbol{\Sigma}$为对称阵，因此满足$\boldsymbol{\Sigma} = \boldsymbol{TDT}^{-1}$，其中 $\boldsymbol{D} = \mathrm{diag}(\lambda_1, \lambda_2)$，$\boldsymbol{T} = [\boldsymbol{v}_1 \quad \boldsymbol{v}_2]$，$\boldsymbol{v}_1$和$\boldsymbol{v}_2$是与$\lambda_1$、$\lambda_2$有关的单位正交特征向量，令$[w_1 \quad w_2]^{\mathrm{T}} = \boldsymbol{T}^{-1}[x \quad y]^{\mathrm{T}}$，由于$\boldsymbol{T}^{-1} = \boldsymbol{T}^{\mathrm{T}}$，式（3.31）变为

$$[w_1 \quad w_2]\begin{bmatrix} \lambda_1 & 0 \\ 0 & \lambda_2 \end{bmatrix}\begin{bmatrix} w_1 \\ w_2 \end{bmatrix} \leqslant K' \quad (3.32)$$

因此在新的由 w_1、w_2 定义的坐标系中，置信椭圆表示为

$$\frac{w_1^2}{K'\lambda_1} + \frac{w_2^2}{K'\lambda_2} \leqslant 1 \quad (3.33)$$

w_1-w_2 坐标系相对于 x-y 坐标系的旋转角为

$$\alpha = \frac{1}{2}\arctan\frac{2\sigma_{xy}}{\sigma_x^2 - \sigma_y^2}, \quad \sigma_x \neq \sigma_y \quad (3.34)$$

由于确定置信椭圆的计算量较大，因此在实际应用中通常选取置信椭圆的最小包围矩形区域作为地形搜索区域。矩形搜索区域的两个边长计算公式为

$$\begin{cases} l_x = 2\sqrt{K'\lambda_1 \cos^2\alpha + K'\lambda_2 \sin^2\alpha} \\ l_y = 2\sqrt{K'\lambda_1 \sin^2\alpha + K'\lambda_2 \cos^2\alpha} \end{cases} \qquad (3.35)$$

置信椭圆和矩形搜索区域的关系如图 3.29 所示。

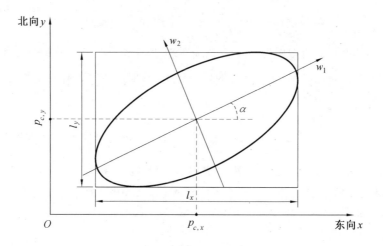

图 3.29 置信椭圆和矩形搜索区域的关系

本章参考文献

[1] 翟国君, 黄谟涛. 海洋测量技术研究进展与展望[J]. 测绘学报, 2017, 46(10): 1752-1759.

[2] 李家彪, 等. 多波束勘测原理技术与方法[M]. 北京: 海洋出版社, 1999.

[3] GeoAcoustics Limited. Geoswath plus operation manual [CD]. 2007: 15-24.

[4] 吴英姿. 多波束测深系统地形跟踪与数据处理技术研究[D]. 哈尔滨: 哈尔滨工程大学, 2001.

[5] 郭松林, 范东华, 高莹. 在疏浚工程检测中的多波束数据后处理方法研究[J]. 2007, 27(2): 30-33.

[6] 王海栋, 柴洪洲, 王敏. 多波束测深数据的抗差 Kriging 拟合[J]. 测绘学报, 2011, 2: 238-242, 248.

[7] 董江, 任立生. 基于趋势面的多波束测深数据滤波方法[J]. 海洋测绘, 2007, (6): 25-28.

[8] ANDREA T, MATTEO G, STEFANIA R, et al. Processing and analysis of underwater acoustic images generated by mechanically scanned sonar systems[J]. IEEE Transactions on Instrumentation and Measurement, 2009, 58(7), 2016-2071.

[9] HASAN R C, IERODIACONOU D, MONK J. Evaluation of four supervised learning methods for benthic habitat mapping using backscatter from multi-beam sonar[J]. Remote Sensing, 2012, 4, 3427-3443.

[10] 纪雪, 周兴华, 唐秋华, 等. 多波束测深异常数据检测与剔除方法研究综述[J]. 测绘科学, 2018, 43 (1): 38-44.

[11] 黄贤源, 翟国君, 隋立芬, 等. 最小二乘支持向量机在海洋测深异常值探测中的应用[J]. 武汉大学学报(信息科学版), 2010, 35(10): 1188-1191, 1196.

[12] 邢玉清, 刘铮, 郑红波. 相干声呐多波束与传统型多波束测深系统综合对比与实验分析[J]. 热带海洋学报, 2011, 30(6): 64-69.

[13] 尚俊平. 基于距离的聚类和孤立点检测算法研究[D]. 郑州: 郑州大学, 2005.

[14] 朱国红. 基于特征点选择的聚类算法研究与应用[D]. 烟台: 山东大学, 2010.

[15] 孙志伟. 一种能发现自然聚类的聚类算法[J]. 计算机应用研究, 2009, 26(8): 2871-2873.

[16] AKKIRAJU N, EDELSBRUNNER H, FACELLO M, et al. Alpha shapes: definition and software[C]. Baltimore：The 1st International Computational Geometry Software Workshop, 1995: 63-66.

[17] LI Y F, GAO G, GAO B, et al. Building boundaries extraction from point clouds using dual-threshold Alpha Shapes[J]. In Proceedings of 23rd International Conference on Geoinformatics. Wuhan, China, 2015, 1-4.

[18] DOS SANTOS R C, GALO M, CARRILHO A C. Building boundary extraction from LiDAR data using a local estimated parameter for alpha shape algorithm[J]. International Archives of the Photogrammetry, Remote Sensing and Spatial Information Sciences - ISPRS Archives, 2018, 42(1), 127-132.

[19] CALDER B R, MAYER L A. Automatic processing of highrate, high-density multibeam echosounder data[J]. Geochemistry, Geophysic, Geosystems, 2003, 4(6): 1048.

[20] 黄贤源, 隋立芬, 翟国君, 等. 利用 Bayes 估计进行多波束测深异常数据探测[J]. 武汉大学学报(信息科学版), 2010, 35(2):168-171, 214.

[21] 王海栋, 柴洪洲, 宋国大, 等. 多波束测深趋势面系数的主成分估计[J]. 海洋测绘, 2009, 29(5):5-7.

[22] 李志林, 朱庆. 数字高程模型[M]. 武汉: 武汉大学出版社, 2008.

[23] 张志衡, 彭认灿, 黄文骞, 等. 考虑自然邻点影响域的多波束测深数据趋势面滤波改进算法[J]. 测绘学报, 2018, 47(1): 35-47.

[24] 张兴伟, 潘国富, 张济博. 基于中值滤波加权修正的多波束声呐测深数据趋势面滤波方法[J]. 海洋科学, 2018, 42(7):32-39.

[25] MEDUNA D K, ROCK S M, MCEWEN R S. Closed-loop terrain relative navigation for AUVs with non-inertial grade navigation sensors[C]. Monterey：Autonomous Underwater Vehicles (AUV), 2010 IEEE/OES. IEEE, 2010: 1-8.

[26] ANONSEN K B, HALLINGSTAD O, HAGEN O K. Terrain aided AUV navigation -a comparison of the point mass filter and terrain contour matching algorithms[C]. In Proceedings of the Undersea Defence Technology Conference (UDT) Europe 2005, Amsterdam, the Netherlands, 2005: 1-10.

[27] HAGEN O K, ANONSEN K B. Using terrain navigation to improve marine vessel navigation systems [J]. Marine Technology Society Journal, 2014, 48(2): 45-58.

[28] 郝燕玲, 唐文静, 赵玉新, 等. Shapefile 格式电子海图数据集成存储研究[J]. 微计算机信息(管控一体化), 2008, 24(21): 26-28.

[29] 田勋, 肖付民, 朱小辰, 等. 多波束测深系统各误差的传播影响规律分析[J]. 海洋测绘，2011, 31(1): 23-27.

[30] 曹鸿博, 张立华, 朱穆华, 等. 海量多波束数据抽稀方法的比对分析[J]. 海洋测绘, 2010, 5: 81-83.

[31] 王玉鹏. 多波束测深系统数字海图技术研究[D]. 哈尔滨：哈尔滨工程大学, 2008.

第 3 章　多波束测深数据处理和地形匹配单元组建

[32] 缪坤, 李少梅, 郭健等. Surfer 软件中高程数据内插方法比较分析[J]. 测绘科学技术学报, 2014, 4: 431-435.

[33] 申静, 苏天赟, 王国宇, 等. 基于 Kriging 算法的海底地形插值设计与实现[J]. 海洋科学, 2012, 5: 24-28.

[34] 陆艳青. 海量地形数据实时绘制的技术研究[D]. 杭州：浙江大学, 2003.

[35] 常青, 杨东凯. 车辆导航定位方法及应用[M]. 北京: 机械工业出版社, 2005.

第 4 章　水下地形匹配算法

地形匹配算法是地形匹配单元的核心,也是 AUV 水下地形匹配导航研究的关键内容之一。地形匹配算法是将实时测量地形数据与参考地形数据库中数据进行比较,算法的好坏直接影响地形匹配定位的精度。本章首先分析地形匹配导航算法的分类,然后深入介绍几种典型的水下地形匹配导航算法,并讨论水下地形匹配算法的发展方向。

4.1　地形匹配导航算法概述

地形匹配导航系统的基本思想相似,但是采用不同的概念处理就造成不同的地形匹配算法,由于地形匹配导航系统本身是一种偏向于软件的系统,因此地形匹配算法成为衡量系统先进性和适应性的重要因素。现有典型的地形匹配导航系统包括 TERCOM 地形剖面匹配系统和 SITAN 地形辅助导航系统。

4.1.1　TERCOM 地形剖面匹配系统

TERCOM 地形剖面匹配系统原理框图如图 4.1 所示,其匹配过程为利用 AUV 搭载多波束侧扫声呐以及深度计等设备分别测得载体距离海底的高度 h_r,以及深度计所得载体的绝对深度 h,则该点的地形高度为两者之和。同时,当水下系统搭载的测深设备为多波束侧扫声呐时,可以通过考虑波束入射角 θ 的因素,测算得出更多点的高度,从而可以更好地适用于相关性匹配算法。

传统的 TERCOM 系统的匹配算法通常包括以下 3 种。

平均方差法(Mean Square Difference,MSD):

$$J_{\mathrm{MSD}} = \frac{1}{N} \sum_{i=1}^{N} [h_m(i,j) - h_t(i,j)]^2 \qquad (4.1)$$

平均绝对差法（Mean Absolute Difference，MAD）：

$$J_{\text{MAD}} = \frac{1}{N}\sum_{i=1}^{N} | h_m(i,j) - h_t(i,j) | \tag{4.2}$$

相关系数法（Cross Correlation，COR）：

$$J_{\text{COR}} = \frac{1}{N}\sum_{i=1}^{N} h_m(i,j) h_t(i,j) \tag{4.3}$$

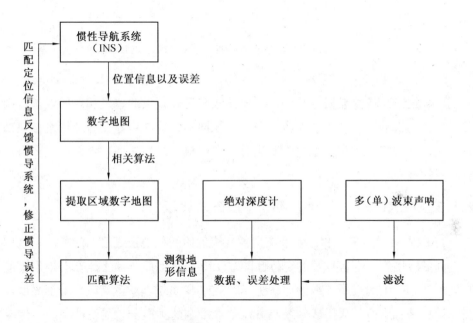

图 4.1　TERCOM 地形剖面匹配系统原理框图

4.1.2　SITAN 地形辅助导航系统

SITAN 地形辅助导航系统是一种典型的扩展卡尔曼滤波系统，利用测量地形的高度数据，通过卡尔曼滤波技术实现从起点到目标点连续不断地对 INS 进行修正，SITAN 地形辅助导航系统原理图如图 4.2 所示。

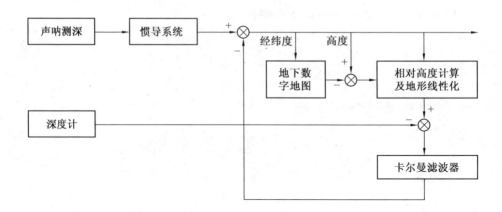

图 4.2　SITAN 地形辅助导航系统原理图

SITAN 地形辅助导航系统利用 INS 输出的定位信息，由数字地图导出地形斜率，并利用扩展卡尔曼滤波器进行处理。该方法允许有较大的速度和航向误差，同时允许载体作为机动飞行。为了克服地形的非线性，在算法中需要对地形进行局部随机线性化，当地形斜率正负号发生变化时，这种地形线性化处理容易产生多值，有可能引起滤波发散。

4.1.3　TERCOM 系统和 SITAN 系统的比较

TERCOM 系统和 SITAN 系统是各具特色的两种地形高度匹配方法，它们在各自不同的应用领域都有良好的定位性能。TERCOM 系统本质上是在对地形高度匹配简化模型基础上的最小二乘估计系统，而 SITAN 系统本质上是在对地形高度匹配模型线性化基础上的，采用线性最小方差估计准则的扩展卡尔曼滤波系统。这两种系统本质上对地形高度匹配模型做了不同的简化，采用了不同的最优估计系统处理简化后的地形匹配问题，它们的主要区别在于以下几点。

（1）TERCOM 系统简单，易于实现，便于 DSP 处理，而 SITAN 系统实现较为复杂。

（2）TERCOM 系统由于需要对地形高程序列进行相关分析，因此所得结果有一定时间的延迟，难以连续实时定位，而 SITAN 系统对 INS 的修正是实时和连续的。

（3）TERCOM 系统对航向和 INS 航向误差敏感。

（4）TERCOM 系统有可能存在伪定位现象，需要辅助的判断系统专门处理。

（5）TERCOM 系统对地形依赖性强，对航行任务规划系统的要求高，需要较长的准备时间。

（6）SITAN 系统对初始定位误差敏感，若搜索范围足够大，TERCOM 系统可以忽略初始误差的影响。

（7）TERCOM 系统的定位精度对 DTM 分辨率依赖性强。

（8）在高信噪比的情况下二者的精度相当，在低信噪比的情况下 SITAN 系统精度略高。

（9）TERCOM 系统不允许在地形数据采集过程中载体做机动航行，而 SITAN 系统对此没有要求。

（10）SITAN 系统需要进行地形局部线性化处理，因此在地形斜率变化剧烈的区域内容易造成滤波发散。

4.1.4 地形匹配导航算法分类

从以上分析可以看出，TERCOM 地形剖面匹配系统和 SITAN 地形辅助导航系统分别代表了两种地形匹配导航思路，即对声学传感器获得的地形数据进行批处理和对地形数据进行递推滤波。基于以上分析，地形匹配导航算法可分为两类：地形匹配搜索定位算法和地形辅助导航滤波算法[1]。

地形匹配搜索定位算法的实施过程为：载体沿航线每航行一定距离后，利用多波束测深系统等地形测量传感器测量一组水下地形数据，用批量处理算法进行后处理，并在 DTM 中搜索最为相似的地形，其对应的位置为地形匹配位置，其典型算法包括参数估计算法[2-3]、ICP 算法[4]、神经网络算法[5]、地形熵算法[6]等。地形辅助导航滤波算法在整个飞行任务期间只要测得水下地形数据就立即对其进行递归滤波操作，因此其可以实现连续的地形辅助导航，其算法包括扩展卡尔曼滤波算法[7]、粒子滤波算法[8-9]、点群滤波算法[10]等。下面就对研究的部分算法进行展开描述。

4.2 地形匹配搜索定位算法

地形匹配搜索定位算法通过对比实时测深数据和海底数字地形模型数据，寻找其相关性最大的点为最佳匹配点，进而用于导航数据的修正。因此地形匹配搜索定位不需要长时间的地形数据测量,就能有效降低 AUV 航行时的能耗并提高 AUV 的隐蔽性。

4.2.1 参数估计算法

地形匹配方法的实质是状态方程和观测方程都是非线性的状态估计问题[11],是一种状态估计方法。由于不同的估计方法使用不同的估计准则,因此得到的最优估计值也不相同。因此本节介绍了几种常用的参数估计方法在水下地形匹配中的应用。

1. 基于最小二乘估计的地形匹配算法

最小二乘估计的基本思想就是构造一个误差密度函数 $f(x)$,真值为 x,$(x_1, x_2, \cdots, x_n)$ 是 n 个相互独立的测量值,这些误差出现的概率为[11-12]

$$L(x) = L(x \mid x_1, x_2, \cdots, x_n) = \prod_{i=1}^{n} f(x_i - x) \qquad (4.4)$$

式(4.4)的最优估计就是要找出一个误差函数使得 $L(x)$ 达到极大。对(4.4)式两端取对数得

$$\ln L(x) = \sum_{i=1}^{n} \ln f(x_i - x) \qquad (4.5)$$

式(4.5)对 x 求导得

$$\frac{\mathrm{d} \ln L(x)}{\mathrm{d} x} = \sum_{i=1}^{n} \frac{f'(x_i - x)}{f(x_i - x)} \qquad (4.6)$$

令 $g(x) = \dfrac{f'(x)}{f(x)}$,则有 $\sum\limits_{i=1}^{n} g(x_i - \bar{x}) = 0$。式(4.6)中求 x_i 的偏导数 $\dfrac{\partial g}{\partial x_i} + \dfrac{\partial g}{\partial x_n} \dfrac{\partial x_n}{\partial x_i} = 0$,对任意 i 都有 $\dfrac{\partial g}{\partial x_i} = \dfrac{\partial g}{\partial x_n}$,即 $\dfrac{\partial g}{\partial x_i} = c$,$c$ 为常数,可得

$$g(x) = cx + b \qquad (4.7)$$

因此

$$\sum_{i=1}^{n} g(x_i - \bar{x}) = c \sum_{i=1}^{n} (x_i - \bar{x}) + nb \qquad (4.8)$$

第 4 章 水下地形匹配算法

由于 $\sum_{i=1}^{n}(x_i - \bar{x}) = 0$，因此 $b=0$，则

$$g(x) = \frac{f'(x)}{f(x)} = cx \qquad (4.9)$$

对式（4.6）进行积分可得

$$f(x) = k \exp\left(\frac{1}{2}cx^2\right) \qquad (4.10)$$

根据概率密度函数的概念，$\int_{+\infty}^{+\infty} f(x) = 1$，因此 $c<0$。

令 $c = -\frac{1}{\sigma^2}$，可得 $k = \frac{1}{\sqrt{2\pi}\sigma}$，则式（4.10）可转换为

$$f(x) = \frac{1}{\sqrt{2\pi}\sigma} \exp\left(-\frac{x^2}{2\sigma^2}\right) \qquad (4.11)$$

$(x_1, x_2, \cdots, x_n)$ 的误差密度函数为

$$f(x_1, x_2, \cdots, x_n) = \frac{1}{\left(\sqrt{2\pi}\sigma\right)^n} \exp\left[-\frac{1}{2\sigma^2}\sum_{i=1}^{n}(x_i - x)^2\right] \qquad (4.12)$$

要使式（4.12）达到最大，必须选取使表达式 $\sum_{i=1}^{n}(x_i - x)^2$ 达到极小值的 $(x_1, x_2, \cdots, x_n)$ 的序列，这就是最小二乘估计的基本原理。

在基于最小二乘估计的地形匹配定位中，为了简化分析，将第 2 章提出的地形匹配导航状态空间模型中的量测方程写成一维向量的形式为

$$\boldsymbol{y}_t = \boldsymbol{h}_t(\boldsymbol{x}_t) + \boldsymbol{e}_t \qquad (4.13)$$

由于测量误差与 $\boldsymbol{x}_t$ 处的水深值无关，因此在 $\boldsymbol{x}_t$ 处存在测量值 $\boldsymbol{y}_t$ 的可能性为

$$p(\boldsymbol{y}_t | \boldsymbol{x}_t) = p(\boldsymbol{e}_t)$$

概率密度函数可以表示为

$$L(\boldsymbol{y}_t | \boldsymbol{x}_t) = \frac{1}{\left(\sqrt{2\pi}\sigma\right)^n} \exp\left[\sum_{i=1}^{n}\left(-\frac{(y_i - \boldsymbol{h}_t(\boldsymbol{x}_t))^2}{2\sigma^2}\right)\right] \qquad (4.14)$$

选取最小二乘算子 $\|\delta\|_2^2 = \sum_{i=1}^{n}(y_i - h_t(\boldsymbol{x}_t))^2$，其中，$n$ 表示测量波束的个数。

最小二乘估计的优点是对于给定的数据集，总能在数值上求出结果，即当最小二乘算子取得最小值时，就可以得到最优估计，而且其计算机编程更容易，计算效率更高。对于水下地形匹配问题来说，当已知一组水下地形测量数据时，地形定位的最小二乘估计就是在定位点 $\boldsymbol{x}_t$ 可能存在的范围内，找到最小二乘算子最小的位置作为最佳定位点。

2. 基于极大似然估计的地形匹配算法

极大似然法的基本思想就是构造一个自变量为模型参数 θ 的函数 $L(\theta)$，这个函数是变量 Y 的联合概率密度函数 $f(Y,\theta)$。参数估计的极大似然法就是选择参数 $\hat{\theta}$，使得似然函数 $L(\theta)$ 达到最大值，则

$$L(\hat{\theta}) = \max_{\theta \in \Theta} L(\theta)$$

对给定的一组与参数 θ 有关的观测量 Y，由于观测结果是在被估计参数为某一定值的条件下取得的，因此 $f(Y,\theta)$ 实质上是条件概率密度函数（PDF），即

$$f(Y,\theta) = f(Y|\theta)$$

连续应用贝叶斯公式可得[13]

$$\begin{aligned}f(Y_N|\theta) &= f(y(N), Y_{N-1}|\theta)\\ &= f(y(N)|Y_{N-1},\theta)f(Y_{N-1}|\theta)\\ &= f(y(N)|Y_{N-1},\theta)f(y(N-1)|Y_{N-2},\theta)f(Y_{N-2}|\theta)\cdots \\ &= \prod_{i=1}^{N} f(y(i)|Y_{i-1})\end{aligned} \quad (4.15)$$

当观测数据组足够多时，根据概率论中心极限定理，可以合理地假定 $f(y(i)|Y_{i-1},\theta)$ 是正态分布，则有

$$f(y(i)|Y_{i-1}) = [2\pi\sigma^2(i)]^{-\frac{1}{2}} \exp\left(-\frac{[y(i)-\hat{y}(i)]^2}{2\sigma^2(i)}\right) \quad (4.16)$$

式中，$\hat{y}(i)$ 为条件均值，$\hat{y}(i) = E(y(i)|Y_{i-1})$；$\sigma^2$ 为条件协方差，$\sigma^2(i) = \text{cov}[y(i)|Y_{i-1}]$。

令偏差为 $\varepsilon(i) = y(i) - \hat{y}(i)$，则有

$$\ln[f(y(i)|Y_{i-1},\theta)] = -\frac{1}{2}\sum_{i=1}^{N}\left[\left(\frac{\varepsilon(i)}{\sigma(i)}\right)^2 + \ln\sigma^2(i)\right] - \frac{N}{2}\ln 2\pi \quad (4.17)$$

故参数的极大似然估计就是寻找参数 $\hat{\theta}$，使式 $J = \sum_{i=1}^{N}\left[\left(\frac{\varepsilon(i)}{\sigma(i)}\right)^2 + \ln\sigma^2(i)\right]$ 的 J 为极小值。参数辨识理论证明，参数的极大似然估计是渐近无偏、渐近一致和渐近有效的。对于多变量在正态情况下，即 $\varepsilon(i)$ 是 m 维，独立正态分布，且具有相同的协方差矩阵 $\boldsymbol{\Sigma}$，则似然函数为

$$\begin{aligned} L(\theta) &= \prod_{i=1}^{N}\left[(2\pi)^m \det\boldsymbol{\Sigma}\right]^{-\frac{1}{2}}\exp\left[-\frac{1}{2}\boldsymbol{\varepsilon}^{\mathrm{T}}(i,\theta)\boldsymbol{\Sigma}^{-1}\boldsymbol{\varepsilon}(i,\theta)\right] \\ &= \left[(2\pi)^m \det\boldsymbol{\Sigma}\right]^{-\frac{N}{2}}\exp\left[-\frac{1}{2}\sum_{i=1}^{N}\boldsymbol{\varepsilon}^{\mathrm{T}}(k,\theta)\boldsymbol{\Sigma}^{-1}\boldsymbol{\varepsilon}(k,\theta)\right] \end{aligned} \quad (4.18)$$

大多数情况下 $L(\theta)$ 关于 θ 可微，因此通常取 $\ln(L(\theta))$ 为似然函数，则 $\hat{\theta}$ 是方程 $\frac{\mathrm{d}}{\mathrm{d}\theta}\ln(L(\theta)) = 0$ 的解，此方程称为似然方程，极大似然的目的就是通过解似然方程的方法来得到 θ 的极大似然估计（Maximum-Likelihood Estimation，MLE）。

引入的量测方程的一维向量形式为

$$z_t = \boldsymbol{h}_t(\boldsymbol{x}_t) + \boldsymbol{e}_t \quad (4.19)$$

由于测量误差与 $\boldsymbol{x}_t$ 无关，因此在 $\boldsymbol{x}_t$ 处具有测量值 $\boldsymbol{y}_t$ 的可能性表示为

$$p(z_t|\boldsymbol{x}_t) = p(\boldsymbol{e}_t) \quad (4.20)$$

似然函数表示为

$$L(\boldsymbol{x}_t;z_t) = p(z_t - \boldsymbol{h}(\boldsymbol{x}_t)) = \frac{1}{(2\pi)^{\frac{N}{2}}\det(\boldsymbol{C}_e)}\exp\left[-\frac{1}{2}(z_t - \boldsymbol{H}_t(\boldsymbol{x}_t))^{\mathrm{T}}\boldsymbol{C}_e^{-1}(z_t - \boldsymbol{H}_t(\boldsymbol{x}_t))\right] \quad (4.21)$$

式中，N 表示测量的波束个数；$\boldsymbol{C}_e$ 表示测量误差的协方差矩阵。

式（4.21）表示对于一个给定的位置 $\boldsymbol{x}_t$ 处得到测量值 z_t 的似然概率。假设各波束测量误差是不相关的，则 $\boldsymbol{C}_e$ 为对角阵，同时如果各波束测量误差协方差相同，则 $\boldsymbol{C}_e$ 可表示为 $\sigma_e^2 \boldsymbol{I}_N$，式（4.21）的似然函数可写为

$$L(\boldsymbol{x}_t;\boldsymbol{z}_t) = \frac{1}{(2\pi\sigma_e^2)^{\frac{N}{2}}} \exp\left[-\frac{1}{\sigma_e^2}\sum_{k=1}^{N}(z_{t,k}-h_k(\boldsymbol{x}_t))^2\right] \quad (4.22)$$

式中，$z_{t,k}$ 和 $h_k(\boldsymbol{x}_t)$ 分别表示向量 $\boldsymbol{z}_t$ 和 $\boldsymbol{x}_t$ 的第 k 个分量，即在第 k 个波束下的水深测量值和相应的水深 DTM 插值。

MLE 的独特优点在于，对于给定的数据集，总能在数值上求出它，即当似然函数取得最大值时，MLE 就可以确定下来。显然，当已知一组地形测量数据时，地形定位的 MLE 即是要确定在定位点 $\boldsymbol{x}_t$ 可能的范围内，找到具有最大的似然函数值的位置作为最佳定位点。对于大量的观测数据而言，极大似然估计量是渐进有效的，在满足某些"正则"条件下，极大似然估计具有无偏的特性，可以达到克拉美–罗下界，并具有高斯概率密度分布，因此 MLE 可以称为是渐进最优的估计[14]。

3. 基于极大后验估计的地形匹配算法

极大后验估计的基本思想是利用量测数据来估计系统状态，它与费希尔提出的极大似然估计相近，不同的是极大后验估计扩充了优化的目标函数，其中融合了预估计量的先验概率密度函数，所以极大后验估计可以看作是正则化的极大似然估计[15]。

如果给出被估计量 $\boldsymbol{x}$ 的条件概率密度函数（后验概率密度函数）$p(\boldsymbol{x}|\boldsymbol{Z})$，则被估计量 $\hat{\boldsymbol{x}}$ 的极大后验估计为使后验概率密度函数达到极大的 $\boldsymbol{x}$ 的值。由贝叶斯公式可知，若已知 $p(\boldsymbol{Z}|\boldsymbol{x})$，则系统状态的后验概率密度函数可按下式计算[16]：

$$p(\boldsymbol{x}|\boldsymbol{Z}) = \frac{p(\boldsymbol{Z}|\boldsymbol{x})p(\boldsymbol{x})}{p(\boldsymbol{Z})} \quad (4.23)$$

式中，$p(\boldsymbol{x})$ 为 $\boldsymbol{x}$ 的先验概率密度；$p(\boldsymbol{Z})$ 为量测值 $\boldsymbol{Z}$ 的概率密度，$p(\boldsymbol{Z}|\boldsymbol{x})$ 可利用计算或者试验得到，记 $\hat{\boldsymbol{x}}_{\text{MAP}}$ 为极大后验估计值，为了便于计算，对式（4.1）两端求对数得

$$\ln p(\boldsymbol{x}|\boldsymbol{Z}) = \ln p(\boldsymbol{Z}|\boldsymbol{x}) + \ln p(\boldsymbol{x}) - \ln p(\boldsymbol{Z}) \quad (4.24)$$

极大后验估计的物理意义是：在量测值 $\boldsymbol{Z}$ 确定的情况下，被估计量 $\boldsymbol{x}$ 出现可能性的最大值，即估计量 $\boldsymbol{x}$ 出现在 $\hat{\boldsymbol{x}}_{\text{MAP}}$ 邻域内的概率比出现在其他任何值的相同邻域内的概率要大。显然极大后验估计应满足

第4章 水下地形匹配算法

$$\left. \frac{\partial}{\partial \boldsymbol{x}} \ln p(\boldsymbol{x}|\boldsymbol{Z}) \right|_{\boldsymbol{x}=\hat{\boldsymbol{x}}_{\text{MAP}}} = 0 \tag{4.25}$$

式（4.25）称为后验方程，$\hat{\boldsymbol{x}}_{\text{MAP}}$ 可由求解后验方程得到。由于 $p(\boldsymbol{Z}|\boldsymbol{x})$ 和 $\boldsymbol{x}$ 无关，结合式（4.24）和式（4.25），后验方程可改写为

$$\left[\frac{\partial}{\partial \boldsymbol{x}} \ln p(\boldsymbol{Z}|\boldsymbol{x}) + \frac{\partial}{\partial \boldsymbol{x}} \ln p(\boldsymbol{x}) \right]_{\boldsymbol{x}=\hat{\boldsymbol{x}}_{\text{MAP}}} = 0 \tag{4.26}$$

若被估计量 $\boldsymbol{x}$ 没有任何先验知识，也就是说 $\boldsymbol{x}$ 取任何值的可能性都相等，这时先验概率密度函数 $p(\boldsymbol{x})$ 可认为是方差阵趋于无限大的正态分布，此时可认为

$$p(\boldsymbol{x}) = \frac{1}{(2\pi)^{\frac{n}{2}} |\boldsymbol{P}_x|^{\frac{1}{2}}} \exp\left[-\frac{1}{2}(\boldsymbol{x}-\boldsymbol{\mu})^{\text{T}} \boldsymbol{P}_x^{-1}(\boldsymbol{x}-\boldsymbol{\mu}) \right] \tag{4.27}$$

式中 $\boldsymbol{P}_x \to \infty$，$\boldsymbol{P}_x^{-1} \to 0$，则

$$\frac{\partial}{\partial \boldsymbol{x}} \ln p(\boldsymbol{x}) = -\boldsymbol{P}_x^{-1}(\boldsymbol{x}-\boldsymbol{\mu}) \to 0 \tag{4.28}$$

此时的极大后验估计 $\hat{\boldsymbol{x}}_{\text{MAP}}$ 满足

$$\left. \frac{\partial}{\partial \boldsymbol{x}} \ln p(\boldsymbol{Z}|\boldsymbol{x}) \right|_{\boldsymbol{x}=\hat{\boldsymbol{x}}_{\text{MAP}}} = 0 \tag{4.29}$$

由此可见，在对 $\boldsymbol{x}$ 没有先验统计知识的情况下，即认为 $\boldsymbol{x}$ 均匀分布，此时极大后验估计退化为 MLE，或者说 MLE 是一种特殊的极大后验估计。由于极大后验估计考虑了被估计量 $\boldsymbol{x}$ 的先验统计知识，因此极大后验估计优于极大似然估计。

引入的量测方程的一维向量形式为

$$\boldsymbol{y}_t = \boldsymbol{h}_t(\boldsymbol{x}_t) + \boldsymbol{e}_t \tag{4.30}$$

假设测量误差与 $\boldsymbol{x}_t$ 处的水深值无关且每个测深数据的误差独立同分布，则在 $\boldsymbol{x}_t$ 处存在量测序列 $\boldsymbol{y}_t$ 的可能性为 $p(\boldsymbol{y}_t|\boldsymbol{x}_t) = p(\boldsymbol{e}_t)$，估计位置出现的先验概率函数可以表示为

$$p(\boldsymbol{y}_t | \boldsymbol{x}_t) = p(\boldsymbol{y}_t - \boldsymbol{h}_t(\boldsymbol{x}_t)) = \frac{1}{\left(\sqrt{2\pi}\sigma_e\right)^n} \exp\left[-\frac{1}{2\sigma_e^2}(\boldsymbol{y}_t - \boldsymbol{h}_t(\boldsymbol{x}_t))^2\right] \quad (4.31)$$

假设参考导航系统的定位误差服从 $v_t \sim N(0, \boldsymbol{\Sigma})$，则 $p(\boldsymbol{x}_t)$ 可表示为

$$p(\boldsymbol{x}_t) = \frac{1}{2\pi\sqrt{\det \boldsymbol{\Sigma}}} \exp\left[-\frac{1}{2}(\boldsymbol{x}_t - \boldsymbol{X})\boldsymbol{\Sigma}^{-1}(\boldsymbol{x}_t - \boldsymbol{X})^\mathrm{T}\right] \quad (4.32)$$

式中，$\boldsymbol{X} = (X, Y)$ 为参考导航系统的指示位置。将式（4.31）和式（4.32）代入式（4.26）即可得到用于地形匹配定位估计的后验方程，满足后验方程的点为地形匹配的极大后验估计位置。

4. 伪定位现象分析

从参数估计的原理上来讲，在搜索区域内总能找到满足后验方程的点从而确定地形匹配的最优估计位置，理论上最优估计位置具有最大的后验概率密度函数。但是匹配算法受到复杂的海底环境以及各种测量误差的干扰，在某些区域内满足后验方程条件的定位点并不唯一，即后验概率密度函数 $p(\boldsymbol{x}_t|\boldsymbol{y}_t)$ 存在多个波峰。把真实位置以外的波峰称为伪波峰，其对应的定位点为伪定位点。由于测深技术的限制与海底环境的复杂性，伪定位点在海底地形匹配定位中属于普遍现象，对匹配结果产生消极影响。特别是在地形变化较为平坦的区域，伪定位点会造成地形匹配性能的下降，甚至出现定位失败的现象[2,12]。下面就对伪波峰的存在特性进行分析，设 $\boldsymbol{y}_t$ 和 $\boldsymbol{h}(\boldsymbol{x}_t)$ 分别为地形匹配单元中的实时测深序列和 DTM 提取局部地形数据序列，根据式（4.30）得

$$\boldsymbol{y}_t = [\boldsymbol{h}(\boldsymbol{x}_t) + \boldsymbol{E}_t] = \begin{cases} h_{t,1} = h_1(\boldsymbol{x}_t) + e_1 \\ \vdots \\ h_{t,k} = h_k(\boldsymbol{x}_t) + e_k \\ \vdots \\ h_{t,n} = h_n(\boldsymbol{x}_t) + e_n \end{cases} \quad (4.33)$$

式中，e_k 为第 k 个实时测深数据的测量误差。

$h(x_k)$ 表示在 x_k 处从 DTM 提取的水深值，设 x_0 为真实匹配点位置，x_1 是伪定位

点位置，y_0、y_1 分别为 x_0 和 x_1 处的测深序列，假定测量误差满足独立同分布的分布规律，即

$$y_1 = y_0 - \Delta y = [h(x_0) - \Delta h + E_k] = \begin{cases} h_{t,1} = h_1(x_t) - \Delta h_1 + e_1 \\ \vdots \\ h_{t,k} = h_k(x_t) - \Delta h_k + e_k \\ \vdots \\ h_{t,n} = h_n(x_t) - \Delta h_n + e_n \end{cases} \quad (4.34)$$

由于 $p(x|y) = \dfrac{p(y|x)p(x)}{p(y)} \propto p(y|x)$，考虑式（4.11）中指数部分的幂次项为

$$J(x_t) = (y_t - h(x_t))^2 = \sum_{i=1}^{n}(y_{t,i} - h_i(x_t))^2 \quad (4.35)$$

则存在

$$\begin{aligned} J(x_1) - J(x_0) &= (y_1 - h(x_1))^\mathrm{T}(y_1 - h(x_1)) - (y_0 - h(x_0))^\mathrm{T}(y_0 - h(x_0)) \\ &= \sum_{k=1}^{n}(e_k - \Delta h_k)^2 - \sum_{k=1}^{n}e_k^2 = \sum_{k=1}^{n}(\Delta h_k^2 - 2e_k\Delta h_k) \end{aligned} \quad (4.36)$$

从式（4.36）可以看出，当 $\sum_{k=1}^{n}(\Delta h_k^2 - 2e_k\Delta h_k) \gg 0$ 时，后验概率密度函数不存在伪波峰，这时可以得出 x_0 为最优匹配位置；在存在伪波峰的情况下，随着实时测深数据数量的增加，$\sum_{k=1}^{n}(\Delta h_k^2 - 2e_k\Delta h_k)$ 的值将逐渐增大，因此在理论上当测深数据的个数足够多时，概率密度函数中将不存在伪定位 x_1，只存在真实定位 x_0。但是由于实时测量地形存在误差，同时海底地形存在相似性，所以只增加测深点的数目并不能很好地去除伪定位点，而且大量的测深数据将带来繁重的计算量，对地形匹配的实时性造成不利影响。

伪定位点的出现源于地形的相似性以及误差的影响，在满足相同误差分布的情况下，伪定位点实际上是由各个测深数据误差值的总和决定的。地形匹配时，假设所有测深数据的误差对地形匹配定位的影响是相同的，总体误差是个体误差的平均，没有考虑个体误差的差别，所以当地形特征不明显时，总体间的误差差别很小。此

时随着测深数据的增多,"误差均化"作用的干扰也随之增大,此时增加波束点的数目并不一定能够有效改善匹配定位的结果。因此若能剔除测深序列中误差较大的点,可以识别出地形匹配定位中的伪定位点,从而有效改善地形匹配的性能。针对这一问题,提出一种基于费希尔判据的伪定位点去除方法,从而有效剔除了地形匹配中的伪定位点。

5. 基于费希尔判据的伪定位点去除方法

费希尔判据作为一种主成分分析方法在很多领域得到了广泛的应用,它通过将一般多维统计量进行分类,得到降维后的数据集,从而对各个统计数据的类别归属进行有效的判断[17]。

费希尔判别的基本思想是投影,即用 p 维向量 $\boldsymbol{X} = [x_1, x_2, \cdots, x_p]^T$ 的少数几个线性组合(称为判别式或典型变量), $y_1 = \boldsymbol{a}_1^T \boldsymbol{x}, y_2 = \boldsymbol{a}_2^T \boldsymbol{x}, \cdots, y_r = \boldsymbol{a}_r^T \boldsymbol{x}$ (一般 r 明显小于 p)来代替原始的 p 个变量 $x_1, x_2, \cdots, x_p$,以达到降维的目的,并根据这 r 个判别式 $y_1, y_2, \cdots, y_r$ 对样品的归属做出判断。

在确定了需使用的 r 个判别式 $y_1, y_2, \cdots, y_r$ 之后,可制定相应的判别规则为

$$\boldsymbol{x} \in \pi_l, \text{ 若} \sum_{j=1}^{r}(y_j - \overline{y}_{lj})^2 = \min_{1 \leq i \leq k} \sum_{j=1}^{r}(y_j - \overline{y}_{ij})^2 \tag{4.37}$$

式中, $\overline{y}_{ij} = \boldsymbol{t}_j^T \overline{\boldsymbol{x}}_i$, $\overline{\boldsymbol{x}}_i = \frac{1}{n_i} \sum_{j=1}^{n_i} \boldsymbol{x}_{ij}$, $\overline{y}_{ij}$ 为第 j 判别式在组 π_i 的样本均值,这样根据式(4.37)就可以判定样本的归属。判别式 $\overline{y}_{ij} = \boldsymbol{t}_j^T \overline{\boldsymbol{x}}_i$ 的求解方法见本章参考文献[17]。

对于 $m \times n$ 个多波束测深点来说,可以将其看作为 $m \times n$ 维向量,表示为

$$\boldsymbol{U}_{m \times n} = \begin{bmatrix} h_{11} & h_{12} & \cdots & h_{1n} \\ h_{21} & h_{22} & \cdots & h_{2n} \\ \vdots & \vdots & & \vdots \\ h_{m1} & h_{m2} & \cdots & h_{mn} \end{bmatrix} \tag{4.38}$$

每一行可看作一个 1 维向量,表示为

$$\boldsymbol{H}_n = [h_{i1}, h_{i2}, \cdots, h_{in}]^T, \quad i = 1, 2, \cdots, m \tag{4.39}$$

则 $\boldsymbol{H}_{m \times n}$ 可用 m 个 1 维向量 $\boldsymbol{H}_n$ 来表示,根据费希尔判别思想,测量数据可分为

$\pi_1, \pi_2, \cdots, \pi_m$ 个组,将每个组的 n 维观测值进行投影,可得到投影点组合为

$$y = \boldsymbol{a}^{\mathrm{T}} \boldsymbol{h}_{ij}, \quad j = 1, 2, \cdots, n_i; \quad i = 1, 2, \cdots, m \tag{4.40}$$

$\boldsymbol{a} = [a_1, a_2, \cdots, a_n]^{\mathrm{T}}$ 为 n 维常数向量,表示投影方向,这样 n 维观测值全部转换为 1 维观测值。

多波束测量数据在每一维向量中,包含了特定有向结构化信息,经过费希尔方法提取之后,称为有向特征参量,用 ζ_i $(i=1,2,\cdots,m)$ 表示,ζ_i 初始值为 0。

在定义了式(4.35)、式(4.36)所示的基本量之后,可以确定去除伪定位点的判别规则和方法如下。

将峰值点处地形高程值划分为 $m \times n$ 维向量,分成 m 组,根据式(4.37)计算得到的测量值的 s 个判别式,对参数估计下的伪点分别进行判别,满足 π_i 组地形特征,则 $\zeta_i = 1$,满足组数条件最多的点即作为最佳估计位置,表述为

$$\boldsymbol{H}_{m \times n} \in \max\left(\sum_{i=0}^{m} \zeta_i\right)$$

则该点为最佳位置估计点。

参数估计强调了测深点的整体特性,当地形特征不足以区分总体上的差别时,伪点就会增多,费希尔判别式提取了地形特征个体组合之间的细微差别,并加以区分,弥补了算法的不足。

6. 仿真算例

仿真试验在基于 Vega 和 VC++设计的地形辅助导航仿真系统中进行(仿真系统详情见第 6 章),多波束测深系统的模拟由 Vega 的相交线检测实现。在同一帧渲染中,Vega 可同时检测的相交线数目上限为 31 条[18-19],因此用相邻几帧渲染实现完整的多波束模拟。

仿真试验所使用的 DTM 通过提取某海域公开发行的电子海图中的水深数据,并对其进行网格化插值得到,网格化得到的 DTM 如图 4.3(a)所示,其尺度大小为 5 km×5 km,索引层网格节点间距为 10 m,数据层网格间距为 2 m。得到 DTM 后,为了使相交线检测得到的数据和地形吻合,根据本章参考文献[19]建立视景仿真的地形模型并输入仿真系统。

AUV 按照预定路径定深航行,在规划的航行路径上选择 5 个特征不同的地形区

域作为匹配搜索区域,为了方便计算定位结果误差,规划的地形匹配定位点均为网格节点,匹配区域的选择如图4.3(b)所示。为了对地形特征的丰富程度进行量化,计算匹配区域内的局部地形熵。分别选用60×2和60×5的实时地形数据进行匹配试验,其中乘号前的数字表示每个地形剖面的地形数据量,乘号后的数字表示实时地形是多少测深剖面的组合,相邻两个地形剖面的间距为10 m,本节除特殊说明外,实时地形均按照此格式表示。

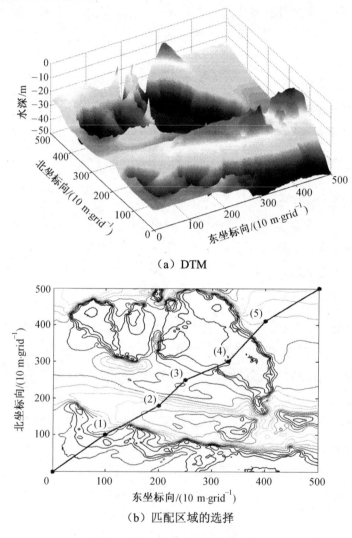

图4.3 DTM和匹配区域的选择

第4章 水下地形匹配算法

仿真试验的仿真参数见表 4.1。

表 4.1 仿真参数

仿真参数	数值
INS 在东向和北向定位误差的方差	$\sigma_x = \sigma_y = 15$ m
搜索区域置信度	0.95
模拟多波束的测量噪声	$N(0, 0.2)$
其他环境噪声	$N(0, 0.2)$

在设定好网格参数后,对于每个测深剖面组合,在每个匹配点处进行 500 次匹配定位仿真试验。分别利用 MLE 方法和 MAP 方法,以相同的仿真参数进行匹配定位仿真,基于电子海图数据的算法仿真结果见表 4.2。

表 4.2 基于电子海图数据的算法仿真结果

定位区域的序列号		1	2	3	4	5
定位区域的局部地形熵		2.12	2.25	3.39	3.82	4.45
60×2 未消除伪定位点	平均伪定位点个数(MAP/MLE)	0/0	0/0	1/5	5/16	11/30
	平均定位误差(MAP/MLE)/m	4.4/4.3	5.5/5.4	6.1/7.3	8.6/11.5	9.1/13.5
60×2 消除伪定位点	平均伪定位点个数(MAP/MLE)	0/0	0/0	0/0	0/0	0/0
	平均定位误差(MAP/MLE)/m	4.4/4.3	5.5/5.4	5.6/5.5	6.0/6.1	6.2/6.0
60×5 未消除伪定位点	平均伪定位点个数(MAP/MLE)	0/0	0/0	0/1	1/10	10/28
	平均定位误差(MAP/MLE)/m	3.5/3.6	3.9/4.1	4.0/4.1	4.5/5.2	8.7/12.2
60×5 消除伪定位点	平均伪定位点个数(MAP/MLE)	0/0	0/0	0/0	0/0	0/0
	平均定位误差(MAP/MLE)/m	3.5/3.6	3.9/4.1	4.0/3.9	4.5/4.7	5.7/5.9

从图 4.3(b)规划的几个定位点的位置可以看出,定位点 1~5 的地形特征变化趋于平缓,根据地形熵的定义可知,地形熵数值越小的区域地形特征越丰富,地形适配性越高,MAP 方法和 MLE 方法的匹配定位精度相近。随着地形熵数值的增加,二者地形匹配定位精度也随之下降,并相继开始出现伪定位点现象,但是需要注意的是在相同地形条件下,MAP 方法地形匹配定位出现的伪定位点数目远小于 MLE

方法，此时若不进行伪定位点的去除，MAP 方法地形匹配定位的精度将远高于 MLE 方法地形匹配定位精度，图 4.4 所示为利用 MAP 方法和 MLE 方法进行地形匹配定位的结果。可见相对 MLE 方法，利用 MAP 方法估计进行海底地形匹配具有一定的优势。但是由于 MAP 方法需要考虑先验 PDF，计算量相对较大，因此其在实时性方面不如 MLE 方法。

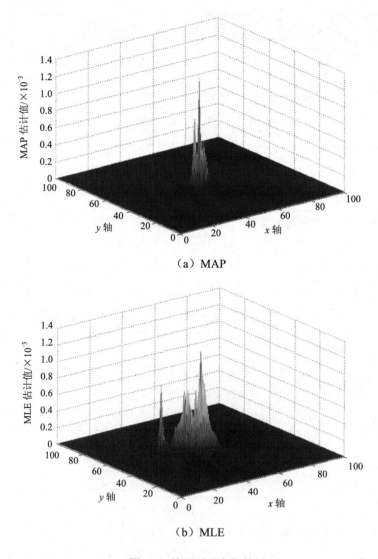

图 4.4　地形匹配定位结果

第 4 章 水下地形匹配算法

对比两种实时地形数据组合条件下的地形匹配定位结果，当实时地形数据较多时，地形匹配的定位精度均有所提高，在某些区域的伪定位点的数目明显减小（定位点 3 和定位点 4），但是在地形特征不明显区域（定位点 5），伪定位点数目并未明显减小，而地形匹配定位计算消耗的时间大幅度增加，此时若继续增加实时地形数据的数目，将对地形匹配定位的实时性产生严重影响。

图 4.5 所示为在定位点 5 处两次 MAP 匹配定位的后验概率密度函数图，由图可以看出，在地形平坦区域，增大实时地形数据数目后的地形匹配定位的概率密度函数的分布并未发生显著变化，增加测深点的效果十分不明显。而在利用费希尔判据去除伪定位点后，两种地形条件下的伪定位点均得到有效的剔除，定位精度大幅提高，算法简单实用。

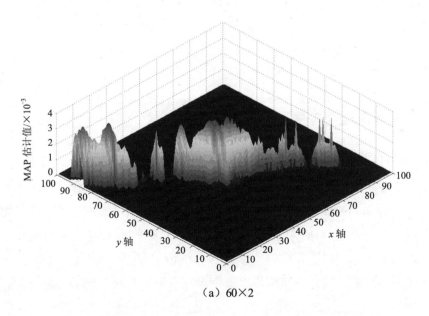

(a) 60×2

图 4.5 定位点 5 处不同实时地形数据的概率分布

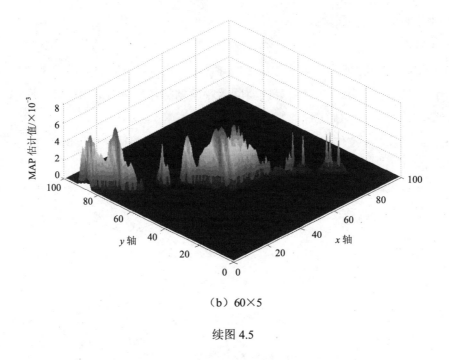

(b) 60×5

续图 4.5

4.2.2 邻域信息融合算法

1. 信息包的定义

地形匹配导航定位以 DTM 为定位基准,在 DTM 中存储的是每一个网格节点的高度信息[20],通常匹配算法是处理一系列的点序列,用数学的方法寻找出实测高度最一致的点序列,但是 DTM 制图的不精确性、信息的单一性,AUV 航速低测点少等原因,往往导致匹配定位存在偏差,更严重的还将导致输出误差高于 INS 和 DR 的累积误差。最新的研究热点是利用多波束测深系统提取水下地形信息的方法,多波束利用地形"面"代替地形"剖面"。实际上,多波束是通过提高单位时间获取的地形信息量[21],提高实测地形图的精度同时增加测点数量,从而提高了匹配的精度和效率,但节点信息在利用效率上没有得到提高,而且当节点数量过多时定位区间也会相应扩大,反而会降低算法效率。多波束和单波束地形有本质的区别,多波束所表达的是地形的面信息,是三维的,而单波束是二维的地形剖面信息,利用多波束就应该充分利用其所携带的曲面,如果只利用高度信息难以在定位效率和精度上有所突破。单个节点所包含的只是高度值，但放在多波束 DTM 中同时加入周围的曲面信息，单个节点的信息量将大大增加。

为了充分利用节点与邻近节点的信息，本节中提出了一种基于节点信息包的匹配方法，其基本的组成结构如图 4.6 所示，a_{ij} 是实测地形图 (i,j) 节点上的信息包，它是一个 ξ 维向量 $\boldsymbol{a}_{ij}=[\sigma_1, \sigma_2, \cdots, \sigma_\xi]$，$\sigma_\xi$ 是信息包中的信息单元。如图 4.6 所示是一个包含 4 个信息单元的信息包，其中信息单元包括节点领域内的点均值、节点高度、节点处地形梯度、节点领域内地形的粗糙度等。

由此可见，信息包集合了网格周围结点的信息，信息的多少可以人为加入，但是必须保证信息包内部信息的可靠性，与单一的节点高度值相比，其所携带的信息量更大，也可以说信息包是对节点信息的扩充和节点周围曲面信息的融合。

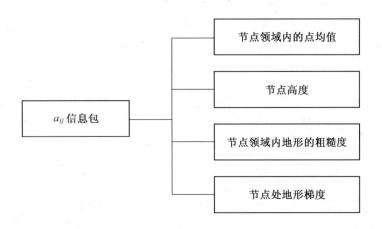

图 4.6　网格单元信息包结构

2. 信息包的构成与匹配原理

信息包的比较分为信息包的投递过程和信息包的信息匹配过程，被投递的信息包携带的是实测地形信息，投递的目的是 DTM 上与之对应的信息包（节点），目的不是唯一的，它存在于被匹配区子单元的同一位置。在实测地形图中每一个节点都会产生信息包，设有 n 个节点，而每一个信息包都要投向被匹配区子单元的相应节点上，设共有 m 个子单元，那么实测地形图将产生 $n \times m$ 个信息包，信息包的投递和接收都是一一对应的，图 4.7 所示为信息包投递过程。

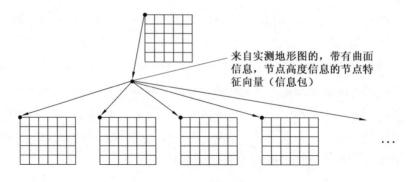

图 4.7 信息包投递过程

信息包的投递是从实测地图向 DTM 投递，这就如同一封没有署名地址的信件，信件上只有对收件人外貌的描述。首先将搜索地址确认到最小范围，在地形匹配导航中通常运用惯性导航系统给出的导航数据确认这一区域。然后按照信件上的描述对每一个可能的收件对象的外貌特征做一一对比，找出与描述最符合的并将邮件发出去。图 4.8 所示为信息投递、匹配、确认投递过程，S_{ij} 是来自于 DTM 中的节点信息包，有与之对应的 k 个来自于实时测深地形的节点信息包和它进行相似度比较，如果来自被匹配子单元 A^1 的节点信息包 a_{ij}^1 符合相似条件，那么 A^1 就会接收信息包 S_{ij}，当然其他被匹配子单元的相应节点如果满足相似条件同样可以接收 S_{ij}。

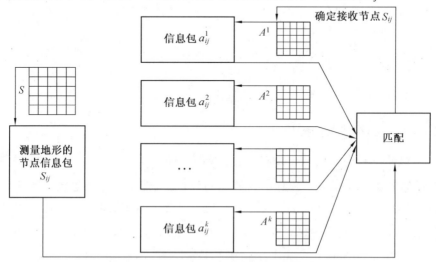

图 4.8 信息投递、匹配、确认投递过程

匹配过程就是实测地形图所发出的信息包与被匹配区域的子单元对应节点的信息包相比较,子单元节点根据匹配算法选择拒绝或者接收,实测地形节点中某个节点符合匹配算法所给出的条件,那么匹配子单元节点可以接收从实测地形图发出的信息包,比较过程将在下面详细叙述。匹配子单元的中心节点其实是一个二维向量,它包含了被匹配子单元中心点的位置信息和匹配子单元接收来自实测地形的信息包数量,数量越大与实测地形相似度越高。信息包的相似度比较是匹配定位的关键,信息包中包含了多种信息,这里假定每一个信息都是相互独立的,被匹配子单元位于搜索区,所有的被匹配子单元构成搜索区域,其位置和大小由惯性导航或推算导航提供的位置和误差确定。数字地图中匹配区子单元、搜索中心及范围如图 4.9 所示。

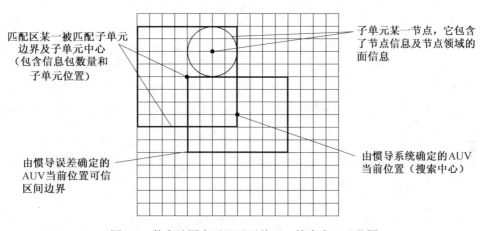

图 4.9 数字地图中匹配区子单元、搜索中心及范围

3. 节点信息的融合

如果由地形节点构成的曲面特征对于地形节点具有唯一的对应关系,那么该曲面特征具有定位信息。也就是说,如果能针对某一个节点提取 n 种特征,而且每一个节点对应的这些特征都是唯一的,那么每一种特征都能作为定位信息源(如高度特征,对于小范围单调变化的地形区域,每一个节点的高度具有唯一性)。下面将讨论如何对这些特征进行融合。

（1）基于逻辑关系的融合。

逻辑"与"融合是指，当匹配节点与匹配节点的所有特征量的相似度都大于阈值 $\lambda_{\text{threshold}}$ 时，实测地形节点才会接收该被匹配节点，其中实时测深地形和 DTM 中的节点包含的特征量就是高度值决定的 σ_1 和曲面特征决定的 σ_2，相似度度量函数表达式如下：

$$\lambda_{ij} = \exp\left[-\frac{1}{c^2}(\sigma_i(s) - \sigma_i(a))^2\right], \quad i = 1, 2 \quad (4.41)$$

数量函数为

$$A_{ij} = \sum_{i=1}^{m}\sum_{j=1}^{n}\delta_{ij}\begin{cases} 1, & \lambda_{ij}^{\sigma_1} > \lambda_{\text{threshold}}, \quad \lambda_{ij}^{\sigma_2} > \lambda_{\text{threshold}} \\ 0, & \text{其他} \end{cases} \quad (4.42)$$

式中，$\lambda_{ij}^{\sigma_1}$ 和 $\lambda_{ij}^{\sigma_2}$ 分别表示高度值和曲面信息确定的节点相似度。

（2）基于向量相似性的融合。

向量的相似性融合，即把节点的 n 特征量视为一个 n 维向量，两个节点的相似比较就可以看作两个向量的相似比较。而向量的相似比较通常是比较两个向量的夹角或者两个向量的长度，本节所涉及的是二维向量 σ_1、σ_2，其中 σ_1、σ_2 表示上面提到的表达节点高度和曲面的两个特征量。用二维向量表示为 $\boldsymbol{\Gamma} = [\sigma_1, \sigma_2]$，假设 $\boldsymbol{\Gamma}_s$ 和 $\boldsymbol{\Gamma}_a$ 是分别来自实时测深地形和 DTM 的两个对应的匹配节点，用欧拉距离表示两个向量的相似度度量值为

$$\Delta = ((\boldsymbol{\Gamma}_s - \boldsymbol{\Gamma}_a)^{\text{T}} c^{-1}(\boldsymbol{\Gamma}_s - \boldsymbol{\Gamma}_a))^{\frac{1}{2}} \quad (4.43)$$

c 是由实时测深地形和 DTM 中的测量误差构成的对角向量，相似性函数的表达式为

$$\lambda_{ij} = \exp\left[-\frac{\Delta^2}{c^2}\right] \quad (4.44)$$

$$A_{ij} = \sum_{i=1}^{m}\sum_{j=1}^{n}\delta_{ij}\begin{cases} 1, & \lambda_{ij}^{\Delta} > \lambda_{\text{threshold}} \\ 0, & \text{其他} \end{cases} \quad (4.45)$$

第 4 章 水下地形匹配算法

4. 匹配定位算法

某一被匹配子单元接收信息包数量的多少是衡量被匹配子单元与实测地形图相似度的衡量标准,由前面的分析可知,当实时测深地形中节点所携带的信息与 DTM 所携带的信息满足相似条件时,被匹配子单元节点才会接收信息,相应的子单元 A^i 的值增加 1,每一个节点所携带的信息构成一个向量,地形匹配过程实际上就是向量相似度的比较。

5. 仿真算例

基于本章参考文献[22]中使用的相似性度量函数和节点信息进行仿真试验。先验地形为某海域多波束测深数据,大小为 800 m×700 m 的实测地形取自先验地形区内大小为 200 m×200 m 的正方形区域,同时计入节点的圆概率误差和高度误差,其中圆概率误差为 σ_r=0.5 的高斯白噪声,高度误差为 σ_e=1 的高斯白噪声,先验地形数据和实时地形数据如图 4.10 所示。

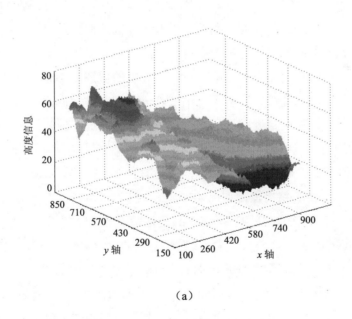

(a)

图 4.10 先验地形数据和实时地形数据

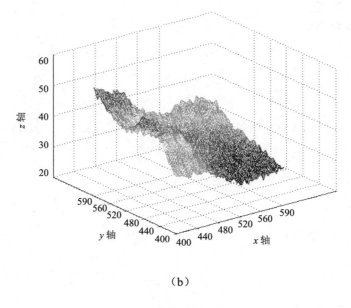

(b)

续图 4.10

由于节点信息的融合能够充分利用节点及其周围的曲面信息,因此对定位点附近的伪点有很好的抑制作用。与地形高度匹配相比,在同等地形环境下用信息融合方法得到的信息包数量分布更加集中,有利于位置的识别和抑制伪点。下面将对融合前和融合后的定位精度进行分析,讨论节点信息融合对定位精度的影响。为了比较三种方法在先验地形图精度较低、测量噪声较大的情况下的匹配定位精度,选用网格边长 6 m 的先验地形图,将其插值成 2 m 网格,测量噪声为零均值高斯噪声,方差 $\sigma_e=1$,节点圆概率误差 $\sigma_r=0.5$,计算各次定位的偏差 $\Delta d = 2 \times \sqrt{\Delta i^2 + \Delta j^2}$ (插值网格边长为 2 m),仿真结果输出如图 4.11 所示。

图 4.11 中 (a) ~ (c) 分别表示在 6 m 网格精度下,分别用"高度信息""高度信息-曲面信息逻辑融合""高度信息-曲面信息向量相似融合"三种方法的 10 次仿真结果,图 4.11 中 (d) 表示三种匹配形式定位结果在坐标中的分布,图 4.11 中 (e) 表示三种匹配方式在 10 次定位中得到的定位结果的均值和方差,表征定位结果的稳定性。从结果分析可以看出,通过节点多信息融合后的匹配定位效果比只依赖高度的匹配定位效果要好,因为定位精度受测量误差和插值误差的影响,在同等插值误差条件下,经过信息融合的定位位置较为稳定,也就是说定位精度对测量误差的抗

干扰能力提高了,根据仿真实验的结果可知,信息融合方法不仅能够有效地提高匹配定位的精度,同时还能提高算法的鲁棒性。

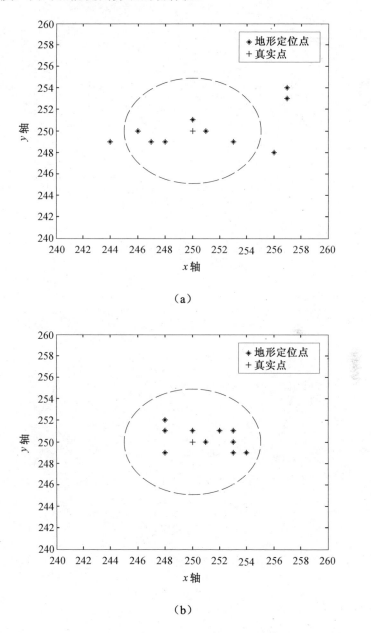

图 4.11 节点高度匹配和节点信息融合匹配结果精度和稳定性比较

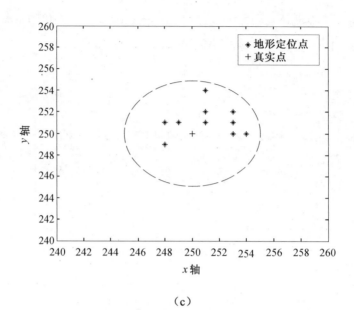

(c)

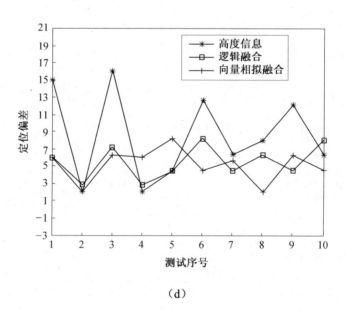

(d)

续图 4.11

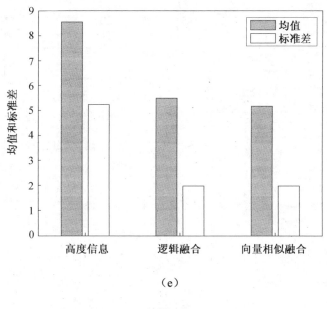

(e)

续图 4.11

4.2.3 脉冲耦合神经网络算法

由前面的描述可知,在地形特征变化不明显的区域,基于参数估计的地形匹配定位存在伪定位点现象,对地形匹配造成不利影响。为了尽可能消除伪定位点的不利影响,本节提出一种基于脉冲耦合人工神经网络(Pulse Coupled Neural Network,PCNN)模型的水下地形匹配定位方法,考虑地形数据间的相互关系,有效提高了在地形特征不明显区域的地形匹配性能。

1. PCNN 原理

通过研究哺乳动物的大脑皮层,Reinhard Eckhorn 等人建立了视觉区域的神经元传导特征模型,并进一步发展得到了 PCNN[23-24]模型。PCNN 模型是一种新型的单层人工神经网络模型,不需要提前训练样本数据,网络实现以迭代算法为主,是一种可以实现自主学习和自主监督的人工神经网络,这些都有别于传统的多层人工神经网络。

图 4.12 所示为脉冲耦合人工神经网络模型。

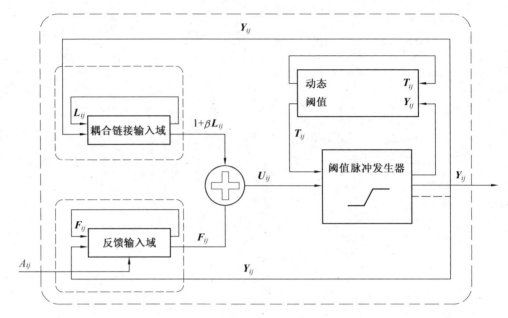

图 4.12 脉冲耦合人工神经网络模型

PCNN 模型包括反馈输入域、耦合链接输入域和阈值脉冲发生器三个相互耦合的功能单元。PCNN 模型在工作过程是基于以前神经元值的反复迭代过程。耦合链接输入域所输入的由与其相连的不同神经元之间的迭代输出所确定，即

$$L_{ij}(n) = e^{-\alpha_L} L_{ij}(n-1) + V_L Y_{ij}(n-1) \tag{4.46}$$

式中，$L_{ij}(n)$ 为与神经元 (i, j) 相关联的链接值；V_L、α_L 分别为放大系数和衰减时间常数；Y_{ij} 为神经元 (i, j) 的输出；n 为神经网络迭代次数。反馈输入域的输入来自前一次迭代的输出值，其执行方式为

$$F_{ij}(n) = e^{-\alpha_F} F_{ij}(n-1) + V_F Y_{ij}(n-1) + A_{ij} \tag{4.47}$$

式中，$F_{ij}(n)$ 为与神经元 (i, j) 相关联的反馈值；V_F、α_F 分别为放大系数和衰减时间常数；A_{ij} 为图像像素的灰度，本节表示的是对应坐标位置的深度值；n 为神经网络迭代次数。不同于原始 PCNN 模型，考虑一单一权重值 β，β 为用于连接反馈和链接输入域的突触权重。反馈和链接输入域的组合输出为

第 4 章 水下地形匹配算法

$$U_{ij}(n) = F_{ij}(n) + (1 + \beta L_{ij}(n)) \tag{4.48}$$

式中，U_{ij} 为神经元 (i,j) 的状态；F_{ij} 为与神经元 (i,j) 相关联的反馈值；L_{ij} 为与神经元 (i,j) 相关联的链接值；β 为常数；n 为迭代次数。如图 4.12 所示，决定神经元输出的阶梯函数为

$$Y_{ij}(n) = \begin{cases} 1, & U_{ij}(n) > T_{ij} \\ 0, & \text{其他} \end{cases} \tag{4.49}$$

式中，T_{ij} 为动态阈值，其计算并更新表达式为

$$T_{ij}(n) = e^{-\alpha_T} T_{ij}(n-1) + V_T Y_{ij}(n) \tag{4.50}$$

式中，V_T、α_T 为阈值门限的放大系数和衰减时间常数。由式（4.49）～（4.53）可知，PCNN 模型的输出结果取决于 V_L、α_L、V_F、α_F、β、V_T、α_T 等系数。因此，为了得到更好的输出需要对以上参数进行调整。

传统 PCNN 模型的关键思想是其非线性调制耦合机制和阈值指数衰变机制，而非线性调制耦合机制是 PCNN 模型的核心。在传统 PCNN 模型中，其阈值在呈指数衰降的同时也会出现反复变化。即经过一段时间的衰降后必然会出现因神经元激活所造成的突然上升-突然下降-又是突然上升的变化。PCNN 的这种阈值机制使得处理后的大量特征信息包含在激活周期和激活相位中，而直接输出的图像中包含的信息量并不多。为了克服上述缺陷，对阈值函数进行改进，将随时间反复衰降的指数函数的改进称为随时间单调递减衰降的指数函数，并对 PCNN 模型进行简化，得表达式如下：

$$F_{ij}(n) = I_{ij} \tag{4.51}$$

$$L_{ij}(n) = V_L \times Y_{ij}(n-1) \tag{4.52}$$

$$T_{ij}(n) = e^{-\alpha_T} T_{ij}(n-1) \tag{4.53}$$

$U_{ij}(n)$ 和 $Y_{ij}(n)$ 的表达式不变，用改进 PCNN 模型进行水下地形匹配定位时，有以下几个关键概念。

（1）PCNN 神经元的外部输入是与其相关联坐标的水深值，即 $F_{ij}(n) = I_{ij}$。

（2）所有 PCNN 神经元结构相等且参数一致。

（3）每个深度点对应的 PCNN 神经元只能激活一次。

测深误差会给匹配结果带来不利影响，尤其是在地形特征不明显区域这种影响更大，这也是在地形特征不明显区域容易出现伪定位点的原因。传统情况下采用增加测深数据的个数以降低测量误差较大的测深数据对定位结果的影响，但这样会带来繁重的计算量，且不能保证带入的测深数据精度能够满足需求。对此，本节利用 PCNN 对测深数据进行筛选处理，整个判别过程分为两步：一是利用初次匹配结果与脉冲耦合神经网络结合进行节点的筛选，二是利用筛选节点进行地形匹配的二次迭代匹配判别运算。

2. 基于 PCNN 的测深数据筛选

传统 PCNN 的输入是一个二维矩阵，而地形匹配输入的参数至少是 3 个二维矩阵，为了简化描述过程，这里假设实时测深数据也为规则的网格化地形，则地形搜索与匹配过程如图 4.13 所示。输入的矩阵包括地形搜索点对应的 DTM 提取水深数据矩阵和实时测深数据矩阵。若在经过 MAP 地形匹配搜索定位后，一共得到 m 个定位点，则一共有 $m+1$ 个地形数据矩阵，而由 PCNN 原理可知，其每次只能处理一个矩阵的数据且激活后的输出值是"0"和"1"。因此在设计 PCNN 结构时，需要将地形匹配定位的结果与之对应，考虑到 PCNN 输出是布尔型数据，因此将"0"和"1"表示为 PCNN 对提取水深数据和实时测深数据之间是否相似："0"表示"不相似"，"1"表示"相似"。PCNN 的输入是与提取水深数据和实时测深数据相似度有关的量，于是将实时测深数据与 DTM 提取水深数据的差值矩阵作为输入序列并将其规范化到[0, 1]区间内，得到相似性度量序列 $\{\lambda_i\}_{i=1}^n$，λ_i 定义为

$$\lambda_i = \exp\left[\frac{-(y_{t,i} - h_{t,i})^2}{\sigma_e^2}\right] \tag{4.54}$$

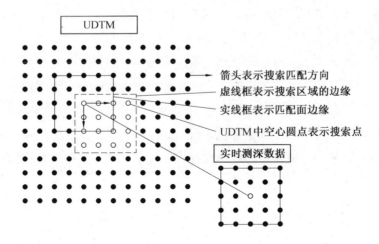

图 4.13　地形搜索与匹配过程

m 个定位点经过上述处理可得到 m 个输入矩阵，矩阵中的每一个元素代表 DTM 在搜索区域内的节点与相应的实时测深数据中节点的相似性度量。将这个矩阵输入 PCNN 中进行降噪处理，在得到的输出矩阵中，输出"1"表示该数据测深误差较小，该数据在二次判别中应得以保留；输出"0"则表示该数据测深误差较大，在二次判别中应予以剔除。换句话说，PCNN 点火过程是一个相似地形的筛选过程，图 4.14 所示为 PCNN 数据筛选示意图。

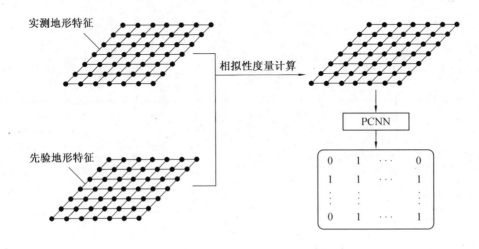

图 4.14　PCNN 数据筛选

假设通过 N 次迭代之后获得稳定的 PCNN 点火图，每一个搜索点对应的匹配面上的节点结果经 PCNN 网络处理之后输出"0"或者"1"，"0"和"1"代表匹配面上的节点与测量地形上对应的节点之间是否相似。对每一个匹配面上的节点的点火值求和，得到匹配面上被点火的节点的总和，被点火的节点数越多表明测深地形和提取地形的相似度越高，当前位置为 AUV 真实位置的可能性越大。设在地形匹配中使用的实时地形包含 N 个深度数据，经过 MAP 匹配定位后共有 m 个满足后验方程的定位点，对每个定位点处的地形进行相似地形筛选，则整个数据筛选的程序流程如图 4.15 所示。

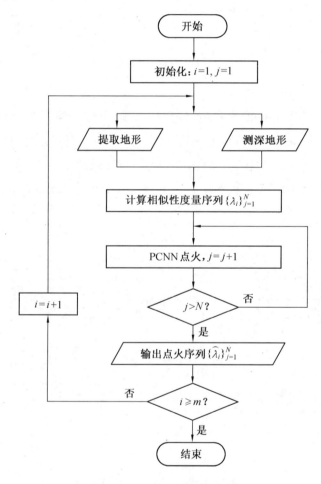

图 4.15　PCNN 数据筛选流程

3. 筛选数据的判别

上节中得到的 PCNN 点火序列中点火的数目仅表示实时测量地形和 DTM 提取地形中差值较小点的数目，并不代表二者真实的相似度即该定位点是真实定位点还是伪定位点，还需要进一步判别计算。由于 PCNN 处理得到的点火序列是筛选误差较小测深数据的判别矩阵，因此判别中选用判定为"1"的数据进行判别，换句话说就是在判别过程中利用 $\{\hat{\lambda}_j\}_{j=1}^N$ 对 $(y_t - h(x_t))^2$ 中的数据进行"0"或"1"权重处理，可得

$$W = \sum_{j=1}^{N} \hat{\lambda}_j (y_{t,j} - h_{t,j}(x_t))^2 \tag{4.55}$$

用 W 代替 $(y_t - h(x_t))^2$ 计算先验概率密度函数式（4.31），并进行归一化处理，可得到加权概率密度函数式为

$$p(y_t | x_t) = \left(\sqrt{2\pi}\sigma_e\right)^{-K} \exp\left[-\frac{1}{2\sigma_e^2}W\right] \tag{4.56}$$

式中，K 为经过筛选后数据点的个数，即 PCNN 点火后判定为"1"的点数目。分别对每个搜索点的概率密度值进行计算，概率值最大的定位点即作为最佳估计位置。

4. 仿真算例

由 PCNN 地形匹配的原理可知，利用 PCNN 判定伪定位点计算消耗的时间与搜索点的个数以及实时地形的数据量成正比，随着搜索点数目和实时地形数据量的增加，地形匹配定位所需要的时间大幅增加，不利于地形匹配定位的实时性。选取上节参数估计仿真算例中的定位区域 5 处进行 PCNN 地形匹配运算，匹配搜索区域与上节相同。在匹配运算中，实时地形数据为 60×5，PCNN 地形匹配定位结果如图 4.16 所示。从图中可以看出，采用 PCNN 进行地形匹配定位在参数估计性能大大下降的地形平坦区域也不存在伪定位点现象，地形匹配定位效果较好。但 PCNN 地形匹配算法为筛选-判定过程，匹配计算量较大，完成匹配运算时间超过 200 s，在计算实时性上是完全不能接受的。随着计算机性能的发展，采用 PCNN 进行地形匹配运算有着极大的优势。

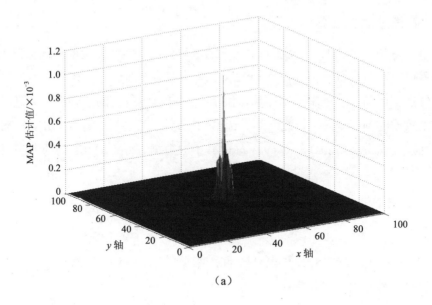

(a)

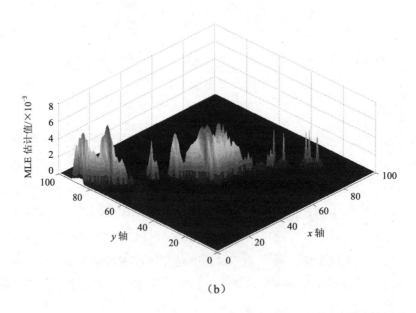

(b)

图 4.16 PCNN 地形匹配定位结果

4.2.4 马尔可夫随机场算法

1. 基于马尔可夫随机场的地形匹配定位模型

若假设实时测深数据是与分辨率、DTM 相同的网格化数据，并假设由实时测深数据构成的实时地形图和从 DTM 中所提取的基准地形图的马尔可夫随机场（Markov Random Field，MRF）的结构如图 4.17 所示[25-26]。

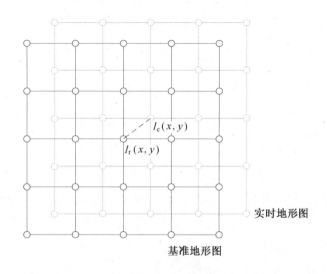

图 4.17 马尔可夫随机场的结构

图中，$I_r(x,y)$ 和 $I_c(x,y)$ 分别为基准地形图和实时地形图的测深数据分布，(x,y) 为地形数据坐标位置，$I_r(x,y)$ 和 $I_c(x,y)$ 的关系[27]可以表示为

$$I_r(x,y) = I_c[x+d_x(x,y), y+d_y(x,y)] + n(x,y) \tag{4.57}$$

在式（4.57）中，$d_x(x,y)$ 和 $d_y(x,y)$ 为实时地形图的位置偏差，$n(x,y)$ 为随机噪声，因此很容易看出基于 MRF 的地形匹配定位目的就是要确定 d_x 和 d_y。为了建立基于 MRF 的海底地形匹配定位模型，本节引入以下 4 个假设。

假设 1：在短时间内获得的 INS 累积误差非常小，这比多波束数据误差要准确得多[28]。因此，假设在地形测量中不存在相对位置误差。

假设 2：由于水下地形的连续性，因为地形图的相邻测深数据之间具有很强的相关性，即地形图中各位置的深度值具有一定的概率依存关系，这一特征可以由 MRF 模型来描述。

假设 3：在局部地形匹配面中的基准地形图和实时地形图各对应深度数据的位置相互固定，且 d_x 和 d_y 为常量。

假设 4：$n(x, y)$ 为高斯白噪声，即 $n(x, y) \sim N[0, \sigma_n^2]$。

根据 MAP 准则，基于 MRF 的海底"面地形"匹配定位问题可以描述为在已知实时地形图和基准地形图地形分布的情况下，确定实时地形图和基准地形图的位置估计偏差 d_x 和 d_y，使得以基准地形图为条件的后验概率分布 $P(\hat{I}_c | I_r)$ 最大，其中：

$$\hat{I}_c(x, y) = I_r(x + d_x, y + d_y) \tag{4.58}$$

根据贝叶斯公式可以得到

$$P(\hat{I}_c | I_r) = \frac{P(I_r | \hat{I}_c) P(\hat{I}_c)}{P(I_r)} = \frac{P(\phi = I_r - \hat{I}_c) P(\hat{I}_c)}{P(I_r)} \propto P(\phi = I_r - \hat{I}_c) P(\hat{I}_c) \tag{4.59}$$

后验概率分布 $P(\hat{I}_c | I_r)$ 也服从 MRF 分布，式（4.59）中 $\phi(x, y) = I_r(x, y) - \hat{I}_c(x, y)$ 是测量误差，这里表现为实时地形图与基准地形图之间的深度偏差。因此 $P(\hat{I}_c | I_r)$ 的极大后验概率估计问题可以用式（4.59）表示。由式（4.59）可知，位置估计偏差 d_x 和 d_y 的估计值与测量误差的概率分布 $P(\phi)$ 和实时地形图的概率分布 $P(I_c)$ 有关。因此基于 MRF 的海底地形定位问题的关键在于如何确定 $P(\phi)$ 和 $P(I_c)$。

根据 Harmmersley-Glifford 定理和假设 1，实时地形图的联合概率密度 $P(I_c)$ 可用 Gibbs 分布表示：

$$P(I_c) = Z^{-1} \exp\left[-\frac{1}{T} U(I_c)\right] \tag{4.60}$$

式中，Z 为归一化常量；T 为温度常量，通常取 $T=1$；$U(I_c)$ 为与 I_c 有关的能量函数。

根据本章参考文献[29]，可以建立描述 I_c 的马尔可夫特征的能量函数 $U(\hat{I}_c)$ 为

$$U(\hat{I}_c) = \sum_{x, y \in W} \sum_{\substack{m, n = -1 \\ |m| + |n| = 1}}^{1} [I_c(x + d_x, y + d_y) - I_c(x + m + d_x, y + n + d_y)]^2 \tag{4.61}$$

可根据式（4.61）确定后验概率 Gibbs 分布的邻域类型。

2. 测量误差的概率分布函数

在实时地形图和与其对应的基准地形图中选取大小相等的匹配窗口 W_c 和 W_r。由假设 2 可知，$d_x(x,y)$ 和 $d_y(x,y)$ 是等于 d_x 和 d_y 的常数，即地形数据间不存在相对位置偏差，即理论上 W_r 和 W_c 中对应点的深度值相等。由于噪声的存在，因此 W_r 和 W_c 中对应点的测量误差为

$$\phi(x,y) = I_r(x,y) - I_c(x+d_x, y+d_y) \tag{4.62}$$

将 $I_c(x+d_x(x,y), y+d_y(x,y))$ 在 $(x+d_x, y+d_y)$ 处泰勒展开，并代入式（4.62）得

$$\phi(x,y) = [d_x(x,y) - d_x]\frac{\partial I_c}{\partial x} + [d_y(x,y) - d_y]\frac{\partial I_c}{\partial y} + n(x,y) \tag{4.63}$$

假设 y 方向的位置偏差为 0，即只考虑 x 方向存在位置偏差，由于 d_x 为常量，则

$$\phi_x(x,y) = n(x,y) \tag{4.64}$$

由假设 4 可知，$n \sim N[0, \sigma_n^2]$。假设 $n(x,y) \sim N(0, \sigma_n^2)$，则 $\phi_x(x,y)$ 也服从高斯分布，$\phi_x(x,y)$ 的均值方差分别为 $E(\phi_x(x,y)) = 0$，$\sigma^2[\phi_x(x,y)] = \sigma_n^2$。

根据式（4.63）和式（4.64），可将 $\phi_x(x,y)$ 转化为关于 d_x 的函数，则

$$\phi_x(x,y) = I_r(x,y) - I_c(x,y) - d_x \frac{\partial I_c}{\partial x} \tag{4.65}$$

因此可得 $\phi_x(x,y)$ 的概率密度函数形式为

$$p[\phi_x(x,y)] = \frac{1}{\sqrt{2\pi\sigma_n^2}} \exp\left[-\frac{[\phi_x(x,y)]^2}{2\sigma_n}\right] \tag{4.66}$$

同理，只考虑 y 方向有位置偏差时，$\phi_y(x,y)$ 的概率密度函数为

$$p[\phi_y(x,y)] = \frac{1}{\sqrt{2\pi\sigma_n^2}} \exp\left[-\frac{[\phi_y(x,y)]^2}{2\sigma_n}\right] \tag{4.67}$$

3. 位置偏差的估计

同样只考虑 x 方向有位置偏差时，由式（4.66）可得

$$p(\phi_x) = p[\phi_x(x,y),(x,y) \in W] = \prod_{x,y \in W} p[\phi_x(x,y),(x,y) \in W] = \frac{1}{K_x}\exp[-E_1(d_x)] \quad (4.68)$$

式中，$K_x = \prod_{x,y \in W}\sqrt{2\pi}\phi_x(x,y)$；$E_1(d_x) = \sum_{x,y \in W}\frac{[\phi_x(x,y)]^2}{2\sigma_n}$。

联立式（4.60）～（4.62）和式（4.68）得

$$P(\hat{I}_c \mid I_r) \propto \frac{1}{K_x}\exp\{-[E_1(d_x) + U(I_c)]\} \quad (4.69)$$

在式（4.69）中，K_x 与 d_x 无关，所以式（4.69）的极大后验概率的问题可以转换为求 $E(d_x) = E_1(d_x) + U(I_c)$ 的极小值问题，即 d_x 的估计值为

$$\hat{d}_x = \arg\min\left\{\sum_{x,y \in W}\frac{[\phi_x(x,y)]^2}{2\sigma_n} + \sum_{x,y \in W}\sum_{\substack{m,n=-1 \\ |m|+|n|=1}}^{1}[I_c(x+d_x,y) - I_c(x+m+d_x,y+n)]^2\right\} \quad (4.70)$$

同理，可得 d_y 的估计值为

$$\hat{d}_y = \arg\min\left\{\sum_{x,y \in W}\frac{[\phi_y(x,y)]^2}{2\sigma_n} + \sum_{x,y \in W}\sum_{\substack{m,n=-1 \\ |m|+|n|=1}}^{1}[I_c(x,y+d_y) - I_c(x+m,y+n+d_y)]^2\right\} \quad (4.71)$$

由于 Harmmersley-Glifford 定理规定 MRF 处理的数据为网格化数据，因此若有精确定位需求，需要在地形测量时对实时地形网格化，形成与 DTM 具有相同网格分辨率的实时地形图。

4. 仿真算例

匹配区域同样选择 4.2.6 节仿真试验的 5 个地形区域，实时地形图选取单独测线中地形测量得到数据网格化的 50×50 的网格化地形，基准地形图选取以真实地形位置为中心，大小为 60×60 的网格化地形，分别对实时地形图赋予不同的初始偏差进行多次匹配试验，初始误差对匹配定位的平均定位结果见表 4.3。

表 4.3　地形匹配平均定位结果

偏差赋值/m	匹配定位误差/m				
	定位区域 1	定位区域 2	定位区域 3	定位区域 4	定位区域 5
1	0.092	0.132	0.123	0.114	0.103
1.5	0.125	0.179	0.162	0.132	0.152
2	0.189	0.257	0.229	0.232	0.221
2.5	0.546	0.812	0.792	0.801	0.788
3	1.123	1.689	1.526	1.498	1.522
4	2.252	2.988	2.763	2.458	2.558
5	3.892	4.202	4.013	4.122	3.957

由表 4.3 可以看出，当初始偏差较小（小于 2 m）即初始偏差小于两个网格间距时，基于 MRF 的地形匹配定位可以达到非常高的定位精度（小于 0.2 m），而且不同的地形特征对定位误差的影响并不是很大。但是随着初始偏差的增大，MRF 的地形匹配定位的误差也越来越大；当初始偏差达到 5 m 时，匹配误差已经达到 4 m 左右，此时 MRF 算法几乎没有起到匹配定位的作用。因此若想使用 MRF 实现精确的海底地形匹配定位，需要给予较小的初始偏差，即利用传统地形匹配方法得到较高精度的匹配结果后，再利用 MRF 方法实现精确的海底地形定位。

4.2.5　搜索定位的有效性判定

在 AUV 水下地形匹配导航中，地形匹配定位信息作为对基本导航的修正量，必须保证其可靠性，错误的定位信息不仅不会提高导航的精度，还会对原有的导航数据造成污染，严重影响导航的精度。本节基于搜索定位结果和参考导航数据间的简单数据关联，提出一种有效性判定方法，对搜索定位结果是否为有效匹配进行判定。

1. 有效性判定模型

为了建立地形匹配搜索定位的有效性判定模型，本节引入以下两个假设。

（1）参考导航单元的精度随 AUV 的导航距离缓慢变化，在 AUV 航行中的小段距离之内导航误差很小。

（2）局部区域内的地形特征具有唯一性。

地形匹配搜索定位有效性是指地形匹配搜索定位结果和参考导航数据、路径跟踪数据满足置信度要求。由假设（1）可得，在数据采集的小段距离内参考导航数据的位置误差较小，可以作为判定基准；根据假设（2），在局部区域内的地形匹配定位是唯一的。假设在 t 时刻开始进行地形匹配搜索定位，定位的有效性判定的关联模型建立如下：

$$\begin{cases} X(t_k) = X(t_{k-1}) + \Delta X(t_k) + v(t_k) \\ \hat{X}(t_k) = \hat{X}(t_{k-1}) + \Delta \hat{X}(t_k) \\ \Delta X(t_k) = [x(t_k) \quad y(t_{k-1})] \\ \Delta \hat{X}(t_k) = [\hat{x}(t_k) \quad \hat{y}(t_{k-1})] \end{cases} \quad (4.72)$$

式中，t_k 为搜索定位中第 k 次匹配的时间；$X(t_k)$ 为第 k 次匹配结果；$\Delta X(t_k)$ 为第 k 次匹配与第 $k-1$ 次匹配之间匹配位置的变化；$\hat{X}(t_k)$ 为第 k 次匹配时的参考导航位置；$\Delta \hat{X}(t_k)$ 为两次匹配之间参考导航指示的位移；$v(t_k)$ 为参考导航单元在两个定位时刻的误差特性，假设 $v(t_k)$ 是高斯白噪声。由于地形匹配导航和参考导航之间相互独立，二者输出的导航位置也相互独立，因此有效的地形匹配搜索定位结果和参考导航指示的位置之间应保持一致性。根据数据关联的相关知识可知[30-31]，搜索定位有效性判定的数据关联问题可表示为判断 ΔX_{t_k} 和 $\Delta \hat{X}_{t_k}$ 间的相似度问题。由本节假设可知，在有效性判定中，地形匹配搜索定位结果是唯一的观测信息，属于单一目标的关联问题，且信息量少，信噪比高，因此地形匹配搜索定位结果位于关联门限[32]内即可认为地形匹配搜索定位是有效定位。

2. 有效性判定条件

式（4.72）的两个方程可以分别表示状态方程和观测方程，假设 $F = X(t_{k-1}) + \Delta X(t_k)$ 是系统的状态模型，用来预测系统的状态。设 t_k 时刻系统的状态向量为 $X(t_k | t_{k-1})$，观测值为 $\hat{X}(t_k)$，则系统的预测观测值 $X_p(t_k)$ 可表示为

$$X_p(t_k) = F[X(t_k | t_{k-1})] + v(t_k) \quad (4.73)$$

式中，$v(t_k)$ 是均值为零的高斯白噪声。令 $V(t_k | t_{k-1})$ 表示地形匹配搜索定位结果和参考导航数据间的残差向量，则

$$V(t_k\mid t_{k-1})=\hat{X}(t_k)-X_p(t_k) \tag{4.74}$$

残差向量的协方差矩阵为

$$S(t_k)=F_k S(t_k\mid t_{k-1})F_k^{\mathrm{T}}+R \tag{4.75}$$

式中，R 是高斯白噪声，用 $v(t_k)$ 的加权范数 D_k^2 表示检验统计量，以度量观测量与预测值的关联程度，D_k^2 定义如下：

$$D_k^2=V^{\mathrm{T}}(t_k\mid t_{k-1})S(t_k\mid t_{k-1})V(t_k\mid t_{k-1}) \tag{4.76}$$

式中，D_k^2 服从自由度为 m 的 χ^2 分布，m 为观测值的维数。设 D_k^2 满足 $D_k^2<\eta$ 时的地形匹配搜索定位结果有效，η 为事先设定的阈值。令 α 为代表显著性水平的小正数，则置信区间可表示为 $1-\alpha$，这时判定定位结果有效范围（即关联门限）的概率为

$$P(\chi_{n_z}^2\leqslant\eta)=1-\alpha \tag{4.77}$$

根据 3.6 节可知，定位结果有效的置信区间是一个置信椭圆，因此若地形匹配定位结果和参考导航输出位置（预测位置）间的残差向量满足 $D_k^2<\eta$，则判定的地形匹配搜索定位结果有效。

3. 有效性判定流程

通过不断判断参考导航单元输出位置和地形匹配搜索定位结果间是否关联，从而判定地形匹配搜索定位结果是否有效。当定位结果判定为有效匹配时，地形匹配搜索结果用于修正参考导航单元和初始化对导航路径跟踪模式。地形匹配搜索定位的有效性判定步骤如下。

（1）t_0 时刻，第一次地形匹配搜索定位得到定位结果为 $\hat{X}(t_0)$、参考导航位置 $X(t_0)$，判断 $\hat{X}(t_0)$ 与 $X(t_0)$ 是否关联，若关联则执行步骤 2，若不关联则重复执行步骤 1。

（2）t_1 时刻，航行距离为 $\Delta X(t_1)$，第二次地形匹配搜索定位的匹配位置为 $\hat{X}(t_1)$、参考导航位置为 $X(t_1)$，判断 $\hat{X}(t_1)$ 与 $X(t_1)$ 是否关联，若关联则执行步骤 3，若不关联则重复执行步骤 2。

（3）t_2 时刻，航行距离为 $\Delta X(t_2)$，第三次地形匹配搜索定位的匹配位置为 $\hat{X}(t_2)$、参考导航位置为 $X(t_2)$，判断 $\hat{X}(t_2)$ 是否和 $X(t_2)$ 关联，若关联则判定匹配定位结果有效，将 $\hat{X}(t_2)$ 用于对导航系统进行修正；若不关联则重复执行步骤（3），直到出现三次满足关联条件的匹配结果为止。

有时可能出现连续几次匹配结果不满足关联条件的情况，因此可以设有效性判定的最大航行距离为 $\Delta X_{\max}$，即开始判定后若 AUV 航行距离超出 $\Delta X_{\max}$ 时若仍未出现三次匹配定位结果满足关联条件，则重新定位初始点，重复步骤（1）。

由于多波束测深系统在较短的航行距离内获取海底地形数据就可以依次完成地形匹配搜索定位，因此在有效性判定过程中 $\Delta X(t_k)$ 上的累计误差可以忽略；参考导航数据最初由导航路径跟踪结果的修正结果得到，参考导航单元的初始误差较小，因此将参考导航数据作为判定基准是可行的。

4. 仿真算例

基于参数估计方法进行连续地形匹配定位，并利用关联可靠性对匹配定位结果进行有效性判定，试验数据为真实多波束海上试验数据，回放的同时进行连续匹配定位试验，仿真参数如下。

航迹起始点匹配关联间距为 20 m。

起始点最大关联距离 $\Delta X_{\max}$ 为 100 m。

显著性水平为 α =0.005，查表可得关联门限为 η =10.597。

航迹跟踪关联距离为 50 m。

兼顾实时性与匹配精度，本节仿真算例中的匹配算法采用 MLE 算法。匹配面组合的方式由三部分组成，如"2-10-30"表示两个地形剖面组成匹配面，剖面间距为 10 m，进行一次匹配面采样时所航行的距离为 30m。图 4.18 所示为不同匹配面组合模式下的地形匹配航迹与真实航迹，其中●为真实航迹点，▲为经过有效性判定后的有效点，■为不符合有效性检测而没有采用的点。从图中可以看出，经过有效性检测后，当匹配误差较大不满足关联有效性时，算法会自动地舍弃无效定位结果，从而避免了大的匹配误差对参考导航系统的影响，实现连续高精度的地形导航修正。

从不同匹配面下的连续导航结果可以看出，无效点的个数随着匹配面中的地形剖面间距的增大和剖面个数的增多而减少，图 4.18 中 4-10-30 组合时只出现一次无效定位点，3-20-30 和 4-15-30 组合时所有的匹配定位均为有效值。从匹配结果来看，匹配面中地形剖面个数比剖面间距对匹配结果的影响大。

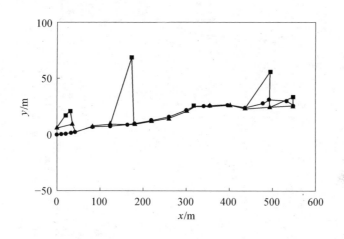

(a) 2-10-30

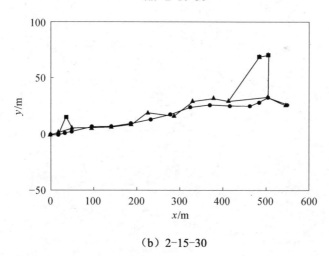

(b) 2-15-30

图 4.18 不同匹配面组合模式下的地形匹配航迹与真实航迹

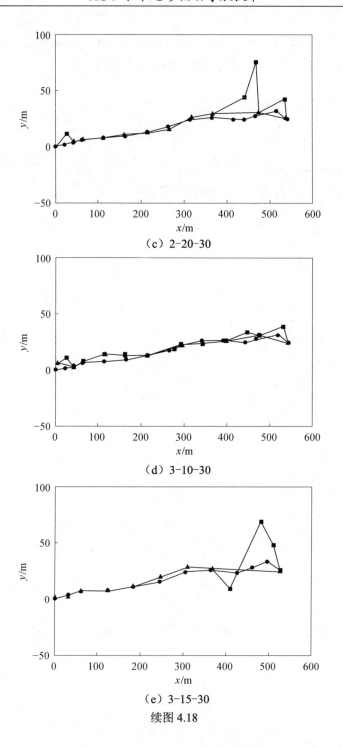

(c) 2-20-30

(d) 3-10-30

(e) 3-15-30

续图 4.18

第 4 章 水下地形匹配算法

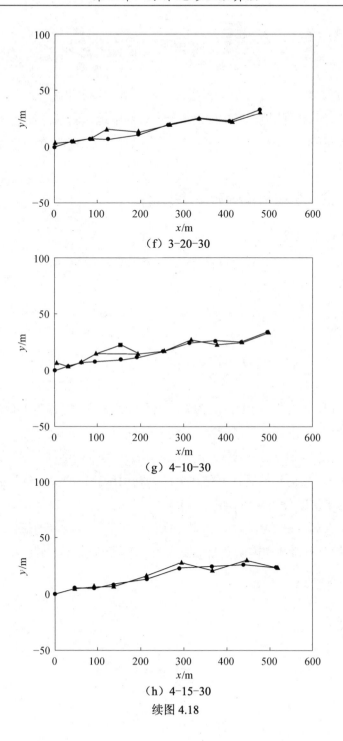

（f）3-20-30

（g）4-10-30

（h）4-15-30

续图 4.18

4.3　地形辅助导航滤波算法

在地形匹配搜索定位模式下，根据每一次有效的地形匹配定位结果来进行导航修正，这是一种间断性的地形匹配辅助导航。当水下地形测量设备可以连续工作时，可以对测量的地形数据进行实时处理滤波，实现实时、高精度的水下地形辅助导航滤波。

4.3.1　地形辅助导航的贝叶斯滤波模型

1. 贝叶斯滤波原理

设离散时间条件下非线性系统的状态方程和量测方程分别为

$$x_{k+1} = f(x_k, u_k, w_k), \quad k = 0,1,\cdots \quad (4.78)$$

$$z_k = h(x_k, u_k, v_k), \quad k = 1,2,\cdots \quad (4.79)$$

式中，x_k 为 k 时刻系统的状态值；u_k 为 k 时刻系统的输入值；z_k 为 k 时刻系统的量测值；w_k、v_k 分别为状态噪声和量测噪声；$f(\cdot)$ 和 $h(\cdot)$ 为非线性函数。

假定初始状态的概率分布 $p(x_0)$ 已知，w_k、v_k 均为零均值高斯白噪声，且二者相互独立。所谓贝叶斯滤波问题，就是在 k 时刻利用所获得的实时量测值 z_k 求系统状态 x_k 的后验概率密度分布函数 $p(x_k | Z^k)$，$Z^k = \{z_1, z_2, \cdots, z_k\}$，从而推算出 k 时刻的状态估计 $\hat{x}_k$ 和状态估计误差的协方差矩阵 $P(k|k)$。若已知 k 时刻的最优贝叶斯估计为 $\hat{x}_{k|k}$，其对应的后验概率密度函数为 $p(x_{k+1} | z_{k+1})$，则在 $k+1$ 时刻的状态估计可由以下滤波估计公式表示：

$$\begin{cases} p(\boldsymbol{x}_{k+1}|\boldsymbol{x}_k) = \int \delta[\boldsymbol{x}_{k+1} - \boldsymbol{f}_k(\boldsymbol{x}_k)]r(\boldsymbol{x}_k)\,\mathrm{d}\boldsymbol{x}_k = r[\boldsymbol{x}_{k+1} - \boldsymbol{f}_k(\boldsymbol{x}_k)] \\ p(\boldsymbol{x}_{k+1}|\boldsymbol{Z}^k) = \int p(\boldsymbol{x}_{k+1}|\boldsymbol{x}_k)p(\boldsymbol{x}_k|\boldsymbol{Z}^k)\,\mathrm{d}\boldsymbol{x}_k \\ p(\boldsymbol{z}_{k+1}|\boldsymbol{x}_{k+1}) = \int \delta[\boldsymbol{z}_{k+1} - \boldsymbol{h}_{k+1}(\boldsymbol{x}_{k+1})]u(\boldsymbol{z}_{k+1})\,\mathrm{d}\boldsymbol{z}_k = u[\boldsymbol{z}_{k+1} - \boldsymbol{h}_{k+1}(\boldsymbol{x}_{k+1})] \\ p(\boldsymbol{z}_{k+1}|\boldsymbol{Z}^k) = \int p(\boldsymbol{z}_{k+1}|\boldsymbol{x}_{k+1})p(\boldsymbol{x}_{k+1}|\boldsymbol{Z}^{k-1})\,\mathrm{d}\boldsymbol{x}_{k+1} \\ p(\boldsymbol{x}_{k+1}|\boldsymbol{z}_{k+1}) = p(\boldsymbol{x}_{k+1}|\boldsymbol{Z}^k, \boldsymbol{z}_{k+1}) = \dfrac{u[\boldsymbol{z}_{k+1} - \boldsymbol{h}_{k+1}(\boldsymbol{x}_{k+1})]p(\boldsymbol{x}_{k+1}|\boldsymbol{Z}^k)}{\int u[\boldsymbol{z}_{k+1} - \boldsymbol{h}_{k+1}(\boldsymbol{x}_{k+1})]p(\boldsymbol{x}_{k+1}|\boldsymbol{Z}^k)\,\mathrm{d}\boldsymbol{x}_{k+1}} \\ \hat{\boldsymbol{x}}_{k+1|k+1} = \int \boldsymbol{x}_{k+1}p(\boldsymbol{x}_{k+1}|\boldsymbol{Z}^{k+1})\,\mathrm{d}\boldsymbol{x}_{k+1} \\ \boldsymbol{P}_{k+1|k+1} = \int (\boldsymbol{x}_{k+1} - \hat{\boldsymbol{x}}_{k+1|k+1})(\boldsymbol{x}_k - \hat{\boldsymbol{x}}_{k+1|k+1})^{\mathrm{T}} p(\boldsymbol{x}_{k+1}|\boldsymbol{Z}^{k+1})\,\mathrm{d}\boldsymbol{x}_{k+1} \end{cases} \quad (4.80)$$

式中，$\delta(\cdot)$ 是狄拉克 δ 函数（Dirac Delta Function）。由式（4.80）可知，贝叶斯滤波通过递归地计算当前状态的条件概率密度函数（Probability Density Function，PDF），从而得到系统状态的最优状态[29,33]。

2. 地形辅助导航的贝叶斯滤波模型

不考虑 AUV 在垂直面的坐标变化，假定在每个采样时刻导航系统都进行一次数据更新，以 AUV 的水平面坐标为状态变量，水下地形匹配导航系统模型可表示为

$$\boldsymbol{x}_{t+1} = \boldsymbol{x}_t + \boldsymbol{u}_t + \boldsymbol{v}_t \quad (4.81)$$

$$\boldsymbol{y}_t = \boldsymbol{h}(\boldsymbol{x}_t) + \boldsymbol{e}_t \quad (4.82)$$

式（4.81）和式（4.82）分别为系统的状态方程和量测方程，其中，$\boldsymbol{x}_t$ 是 AUV 载体在 t 时刻所处的平面位置；$\boldsymbol{u}_t$ 是参考导航系统（一般为 INS 或者 DR）表示在相邻两个采样时刻位置的改变量；$\boldsymbol{v}_t$ 是参考导航系统的误差；$\boldsymbol{y}_t$ 是实时水深测量序列；$\boldsymbol{h}(\boldsymbol{x}_t)$ 是 DTM 中 $\boldsymbol{x}_t$ 处的水深值；$\boldsymbol{e}_t$ 是测深传感器的测量误差。为了方便计算，假设 $\boldsymbol{v}_t$、$\boldsymbol{e}_t$ 是均值为零的高斯白噪声。由于实时测深数据的误差为独立高斯白噪声，因此 t 时刻的先验概率密度函数可写为

$$p(\boldsymbol{y}_t|\boldsymbol{x}_t) = \dfrac{1}{\sqrt{(2\pi\sigma_e^2)^N}} \exp\left[-\dfrac{1}{2\sigma_e^2}\sum_{k=1}^{N}(y_{t,k} - h_k(\boldsymbol{x}_t))^2\right] \quad (4.83)$$

根据现有测深序列 y_t 估计地形匹配导航定位系统误差,根据贝叶斯原理,需要确定后验概率密度函数 $p(y_t|x_t)$,假设条件独立,根据贝叶斯理论可得到状态更新方程为

$$p(x_t|y_t) = \frac{p(y_t|x_t)p(x_t)}{\int p(y_t|x_t)p(x_t)\mathrm{d}x_t} = \frac{p(x_t|Y^{t-1})p(y_t|x_t)}{\int p(x_t|Y^{t-1})p_{e_t}[y_t - h_t(\hat{x}_{t-1}+u_{t-1})]\mathrm{d}x_t} \quad (4.84)$$

式(4.84)为后验概率密度函数,其分母为与 x_t 无关的归一化常量。由系统的状态方程可得,状态预测的概率密度函数 $p(x_t|y_{t-1})$ 可由 $p(x_{t-1}|y_{t-1})$ 通过位置更新得到,假定位置变量相互独立,则

$$p(x_t|y_{t-1}) = p(x_t|x_{t-1}, Y^{t-1}) = \int p(x_{t-1}|Y^{t-1})p_{v_t}(x_t - x_{t-1} - u_{t-1})\mathrm{d}x_{t-1} \quad (4.85)$$

根据 AUV 水下地形匹配导航模型即式(4.81)和(4.82),以及系统状态预测方程(4.85)和状态更新方程(4.84),可以递推得到地形匹配的贝叶斯最优滤波估计为

$$\hat{x}_{t|t} = \int x_t p(x_t|Y^t) \mathrm{d}x_t \quad (4.86)$$

$$P_{t|t} = \int (x_t - \hat{x}_{t|t})(x_t - \hat{x}_{t|t})^\mathrm{T} p(x_t|Y^t) \mathrm{d}x_t \quad (4.87)$$

贝叶斯滤波的最大困难是概率密度函数的计算,对于非线性、非高斯的随机系统,很难得到其真正的概率密度分布函数的解。对于线性高斯系统,即使知道概率密度分布函数的解,但其求解过程仍然面临着高维积分问题,计算难度较大[33]。近年来随着研究的深入,人们提出了多种贝叶斯滤波的数值解法,大体可分为两类:基于线性化的近似解法(如扩展 Kalman 滤波和无迹 Kalman 滤波等)与基于随机采样的滤波方法(如粒子滤波、点群滤波等)。

4.3.2 地形辅助导航贝叶斯滤波模型的线性化近似

1. 基于扩展 Kalman 滤波的地形辅助导航

扩展 Kalman 滤波算法(Extended Kalman Filter,EKF)是贝叶斯滤波的近似解法,可用于处理非线性滤波问题,由于地形曲面函数是一个非线性函数,因此可以运用 EKF 算法进行地形匹配导航,因为这个过程是递推的,所以获得了连续的修正

第 4 章 水下地形匹配算法

能力[34]。扩展卡尔曼滤波器以下列状态模型和测量值表示：

$$\begin{cases} x_t = x_{t-1} + G_{t-1}u_{t-1} + v_{t-1} \\ Z_t = h(X_t, e_t) \end{cases} \tag{4.88}$$

（1）地形的线性化表示。

为了满足 EKF 滤波中的地形线性化要求，必须对先验地形曲面方程 $h(\cdot)$ 进行处理，使其线性化成为状态向量 X 的线性方程。EKF 滤波方法采用 Taylor 方程将地形曲面方程在当前预测位置展开为

$$h(x_t) = h(\hat{x}_{t|t-1}, 0) + G^{x_t}_{t|t-1}(x_t - \hat{x}_{t|t-1}) + G^{e_t}_{t|t-1}e_t + (x_t - \hat{x}_{t|t-1})^T H_{t|t-1}(x_t - \hat{x}_{t|t-1}) + \cdots \tag{4.89}$$

式中，$G_{t|t-1}$ 表示在 $\hat{x}_{t|t-1}$ 位置地形的梯度向量；$H_{t|t-1}$ 表示预测位置 $\hat{x}_{t|t-1}$ 的 Hessian 矩阵。保留 Taylor 方程的线性项得到线性化地形方程：

$$h(x_t) = h(\hat{x}_{t|t-1}, 0) + G^{x_t}_{t|t-1}(x_t - \hat{x}_{t|t-1}) + G^{e_t}_{t|t-1}e_t \tag{4.90}$$

式中

$$\tilde{X}_{t|t-1} = X_t - \hat{X}_{t|t-1}$$

$$G^{x_t}_{t|t-1} = \frac{\partial h_{t|t-1}(X_t, e_t)}{\partial X_t}\bigg|_{\substack{x_t = \hat{x}_{t|t-1} \\ e_t = 0}}, \quad G^{x_t}_{t|t-1} = \frac{\partial h_{t|t-1}(X_t, e_t)}{\partial v_t}\bigg|_{\substack{x_t = \hat{x}_{t|t-1} \\ e_t = 0}}$$

（2）EKF 算法的实现过程。

基于 EKF 算法分为两个阶段：搜索阶段和跟踪阶段。EKF 算法在地形匹配系统上实现的具体流程如下。

对 t 时刻状态提前一步预测为

$$\hat{X}_{t|t-1} = \hat{X}_{t-1} + G_{t-1}u_{t-1} \tag{4.91}$$

对 t 时刻的量测提前一步预测为

$$\hat{Z}_{t|t-1} \approx h_t(\hat{x}_{t|t-1}, 0) \tag{4.92}$$

预测误差为

$$\tilde{Z}_{t|t-1} = Z_t - \hat{Z}_{t|t-1} \approx h_t^{x_t} \tilde{x}_{t|t-1} + h_t^{e_t} e_t \tag{4.93}$$

量测预测误差的协方差阵为

$$R_{\tilde{Z}_{t|t-1}\tilde{Z}_{t|t-1}} = \mathrm{cov}(\tilde{Z}_{t|t-1}) \approx h_t^{x_t} P_{t|t-1} (h_t^{x_t})^{\mathrm{T}} + h_t^{e_t} R_t (h_t^{e_t})^{\mathrm{T}} \tag{4.94}$$

状态预测误差与量测误差的协方差矩阵为

$$R_{\tilde{X}_{t|t-1}\tilde{Z}_{t|t-1}} = \mathrm{cov}(\tilde{X}_{t|t-1}, \tilde{Z}_{t|t-1}) \approx P_{t|t-1} (h_t^{x_t})^{\mathrm{T}} \tag{4.95}$$

在 t 时刻得到新的量测 Z_t，状态滤波的更新公式表示为

$$\hat{X}_{t|t} = \hat{X}_{t|t-1} + K_t (Z_t - h_t^{x_t} \hat{X}_{t|t-1}) \tag{4.96}$$

$$P_{t|t} = P_{t|t-1} - P_{t|t-1} (h_t^{x_t})^{\mathrm{T}} (h_t^{x_t} P_{t|t-1} (h_t^{x_t})^{\mathrm{T}} + h_t^{e_t} R_t (h_t^{e_t})^{\mathrm{T}})^{-1} h_t^{x_t} P_{t|t-1} \tag{4.97}$$

在 t 时刻的 Kalman 滤波增益矩阵为

$$K_t = P_{t|t-1} (h_t^{x_t})^{\mathrm{T}} (h_t^{x_t} P_{t|t-1} (h_t^{x_t})^{\mathrm{T}} + h_t^{e_t} R_t (h_t^{e_t})^{\mathrm{T}})^{-1} \tag{4.98}$$

2. 基于无迹 Kalman 滤波的地形匹配导航

基于 EKF 的地形匹配导航方法需要将非线性过程线性化，故对于观测量变化较小的情况，可以通过局部线性化来较好地完成定位估计。当观测量起伏波动较剧烈时，EKF 算法在进行局部线性化过程中，线性化直线不能很好地拟合曲线，导致引入了较大误差，这样就会降低定位精度。在实际应用中有时需要对一片比较大的区域进行线性化，这就需要对这块区域进行平滑处理，而平滑处理最大的缺点就是会丢失很多有用的信息，这样更有可能会导致 EKF 不稳定。由于 AUV 载体正下方的地形深度只与 AUV 所在的水平面上的地理位置信息有关，因此在建立数学模型时，系统状态取潜艇的位置信息。在东北坐标系下，系统状态取为东向位置和北向位置，则其状态方程为

$$x_t = x_{t-1} + G_t u_{t-1} + v_{t-1} \tag{4.99}$$

x 表示东向位置；y 表示北向位置；v_x 表示东向速度；v_y 表示北向速度；$v_{t-1} \sim (0, v_{t-1})$ 为系统噪声。系统观测方程为

第4章 水下地形匹配算法

$$Z_t = h(X_t) + R_t \qquad (4.100)$$

式中，$h(X_t)$ 是地形深度值关于位置 (x,y) 的非线性函数。$R_{t-1} \sim (0, R_{t-1})$ 为量测误差，其包括测深测潜仪噪声以及数字地图制作噪声。

(1) 无迹变换。

无迹变换（Unscented Transform，UT）是无迹 Kalman 滤波（Unscented Kalman Filter，UKF）的基础[35]，UT 的思想是用固定数量的参数去近似一个高斯分布，这比近似任意的非线性函数或变换更容易。其实现原理为：在原状态分布中按某一规则取一些点，使这些点的均值和方差近似等于原状态分布的数学期望和方差；将这些点代入非线性函数中，相应得到非线性函数值点集，并求取变换后点集的均值和方差。

假设一个非线性变换 $y = F(x)$，状态向量 x 为 n 维随机变量，并已知其均值 $\bar{x}$ 和方差矩阵 P_x，则可通过 UT 变换得到 $2n+1$ 个西格玛（SIGMA）点 x_i 和相应的权值 W_i 来计算 y 的统计特性，UT 变换原理如图 4.19 所示。

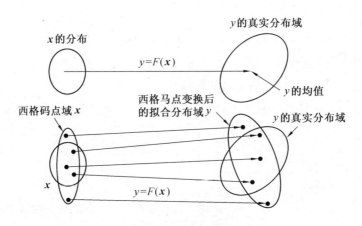

图 4.19 UT 变换原理

实际上 UT 就是将状态向量 x 的取值范围 X 近似为高斯分布，假设均值 $\bar{x}$ 为高斯分布的数学期望，方差矩阵 P_x 为 $\mathrm{diag}[\sigma_1^2, \sigma_2^2, \cdots, \sigma_n^2]$，然后通过在这个分布下的采样产生有限个西格玛点 $x_i (i=1, 2, \cdots, 2n+1)$ 来代替全体 $x \in X$。将有限个西格玛点 x_i 经过非线性变换 $y_i = F(x_i)$ 得到变换点 $y_i (i=1, 2, \cdots, 2n+1)$，并假设全体变换点 y_i 所

构成的值域 y 仍然近似服从高斯分布,通过对变换点 y_i 取加权均值和求加权方差,从而近似得到真实值域 $y = F(X)$ 分布的数学期望和方差。

UT 的具体公式为

$$\begin{cases} x_0 = \overline{x} \\ x_i = \overline{x} + \left(\sqrt{(n+\lambda)P_x}\right)_i, & i = 1, 2, \cdots, n \\ x_i = \overline{x} + \left(\sqrt{(n+\lambda)P_x}\right)_i, & i = n+1, n+2, \cdots, 2n \end{cases} \quad (4.101)$$

其均值和方差的相关权值计算公式为

$$\begin{cases} W_i^x = \dfrac{\lambda}{n+\lambda} \\ W_i^x = \dfrac{1}{2(n+\lambda)}, & i = 1, 2, \cdots, 2n \\ W_0^p = \dfrac{\lambda}{n+\lambda} + (1 - \alpha^2 + \beta) \\ W_i^p = \dfrac{1}{2(n+\lambda)}, & i = 1, 2, \cdots, 2n \end{cases} \quad (4.102)$$

式中,λ 是一个比例因子,$\lambda = \alpha^2(n+\kappa) - n$,$\alpha$ 决定 x 周围的西格马点的分布状态,调节 α 使高阶项的影响达到最小,通常选择 $0 \leqslant \alpha \leqslant 1$。$\beta$ 用来合并随机变量分布的先验知识,对于高斯分布,其最优值为 2。

对于高斯分布的情况,当状态变量为单变量时,选择 $\kappa = 2$;当状态变量为多变量时,选择 $\kappa = 3 - n$。$\left(\sqrt{(n+\lambda)P_x}\right)_i$ 是矩阵 $\sqrt{(n+\lambda)P_x}$ 的第 i 列(当 $P = A^T A$ 时,取 $(\sqrt{P})_i$ 的第 i 行;当 $P = AA^T$ 时,取 $(\sqrt{P})_i$ 的第 i 列)。

(2)UKF 算法。

基于 EKF 的算法分为两个不同的阶段,基于 UKF 的地形匹配算法可以不需要进行搜索便能有很好的匹配定位性能。UKF 算法在地形匹配系统上实现的具体流程如下。

①预测。计算预测状态均值 $X_{k|k-1}$ 和预测方差矩阵 $P_{k|k-1}$,$\tilde{X}$ 表示西格马粒子矩阵:

第 4 章 水下地形匹配算法

$$\begin{cases} \tilde{X}_{t-1} = (x_{t-1}, \cdots, x_{t-1}) + \sqrt{c}(0, \sqrt{P_{t-1}}, -\sqrt{P_{t-1}}) \\ \tilde{X}_t = \tilde{X}_{t-1} + G_{t-1}u_{t-1} \\ X_{t|t-1} = \hat{X}_t w_m \\ P_{t|t-1} = \hat{X}_t W \hat{X}_t^{\mathrm{T}} + V_{t-1} \end{cases} \quad (4.103)$$

② 更新。计算量测平均值 $Z_{t|t-1}$，量测方差矩阵 S_t 以及状态量和量测量的互相关方差矩阵 C_t：

$$\begin{cases} \tilde{X}_{t|t-1} = (x_{t|t-1}, \cdots, x_{t|t-1}) + \sqrt{c}(0, \sqrt{P_{t|t-1}}, -\sqrt{P_{t|t-1}}) \\ \tilde{Z}_{t|t-1} = \tilde{Z}_{t|t-1} w_m \\ Z_{t|t-1} = \tilde{Z}_{t|t-1} w_m \\ S_t = \tilde{Z}_{t|t-1} W \tilde{Z}_{t|t-1}^{\mathrm{T}} + R_t \\ C_t = X_{t|t-1} W \tilde{Z}_{t|t-1}^{\mathrm{T}} \end{cases} \quad (4.104)$$

③ 计算滤波增益矩阵 K_t 和更新后的状态均值 X_t 以及方差矩阵 P_t：

$$\begin{cases} K_t = C_t S_t^{-1} \\ X_t = X_{t|t-1} + K_t(Z_t - Z_{t|t-1}) \\ P_t = P_{t|t-1} - K_t S_t K_t^{\mathrm{T}} \end{cases} \quad (4.105)$$

X_k 即为 k 时刻更新的状态估计值，其中

$$\begin{cases} c = \alpha^2(n+\kappa) \\ w_m = (W_0^x, W_1^x, \cdots, W_{2n}^x)^{\mathrm{T}} \\ W = (I - (w_m, w_m, \cdots, w_m))^{\mathrm{T}} \\ \mathrm{diag}(W_0^p, W_1^p, \cdots, W_{2n}^p) \quad (I - (w_m, w_m, \cdots, w_m))^{\mathrm{T}} \end{cases} \quad (4.106)$$

3. 仿真算例

海底地形为真实海底地形数据，为了便于比较，对同一航迹使用了 EKF 和 UKF 两种匹配算法，这样就可以清楚地看到基于 UKF 的地形匹配算法相比基于 EKF 算法的优势，如图 4.20 所示。从图中可以看出，与传统 EKF 的 SITAN 方法相比，基于 UKF 的地形匹配方法不需要线性化，能够有效克服地形测量的非线性给系统带来的不利影响，系统稳定性较好。此外可以发现即使没有经过搜索阶段，基于 UKF

的地形匹配算法也能够很快地收敛,而且匹配性能好于 EKF 算法。

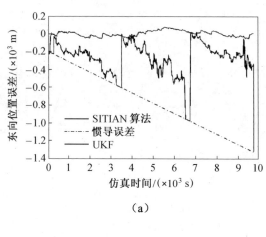

(a)

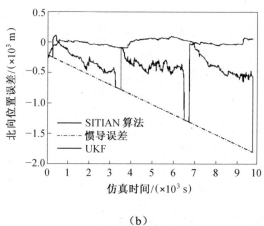

(b)

图 4.20　基于 UKF 的地形匹配算法与基于 EKF 算法的比较

4.3.3　基于粒子滤波的地形辅助导航

在贝叶斯滤波的数值解法中,粒子滤波(Particle Filtering,PF)作为一种近似最优的方法得到了越来越多的关注[8, 36-39]。本节提出一种基于粒子滤波的 AUV 水下地形辅助导航方法,利用粒子滤波近似贝叶斯滤波实现实时、连续的水下地形匹配导航。

1. 序贯重要性采样

在粒子滤波中，通常采用序贯重要性采样算法（Sequential Important Sampling, SIS）选择样本。SIS 的关键思想是：利用有权值的随机样本集近似估计后验 PDF，并基于这些加权样本对系统的状态进行估计，它是一种蒙特卡洛采样方法。当样本数据量取值很大时，蒙特卡洛描述可近似等价于用普通函数描述的后验 PDF。

假设难以采样的待求概率密度函数 $p(x)$ 与另一概率密度函数 $\pi(x)$ 成一定比例。同时假设 $\hat{x}^i \sim q(x)$ $(i=1, 2, \cdots, N)$ 是由另一概率密度函数 $q(\cdot)$ 采样产生的一组采样粒子，$q(\cdot)$ 称为重要性密度函数。那么 $p(x)$ 的加权近似可表示为

$$p(x) \approx \sum_{i=1}^{N} \lambda^i \delta(x - \hat{x}^i), \quad \lambda^i \propto \frac{\pi(\hat{x}^i)}{q(\hat{x}^i)} \tag{4.107}$$

式中，λ^i 是第 i 个粒子的正则权值，且满足 $\sum_{i=1}^{N} \lambda^i = 1$。

假设从开始直至 t 时刻系统的状态向量为 $X^t = [x_1, x_2, \cdots, x_t]$，量测向量为 $Y^t = [y_1, y_2, \cdots, y_t]$，用 $\{x_t^i\}_{i=1}^N$ 表示 t 时刻对所有状态采样得到的样本，$\{\lambda_t^i\}_{i=1}^N$ 表示样本对应的权值，样本容量为 N，则这时系统的后验 PDF 可近似表示为

$$p(X^t | Y^t) \approx \sum_{i=1}^{N} \lambda_t^i \delta(X^t - X_i^t) \tag{4.108}$$

式中，$X_i^t = [x_0^i, x_1^i, \cdots, x_k^i]$，这样真实的后验 PDF $p(X^t | Y^t)$ 可由离散样本加权近似，若样本 $\{\hat{x}_{0:t}^i\}_{i=1}^N$ 是由重要性密度函数 $q(X^k | Z^k)$ SIS 采样得到，则根据式（4.107）可得

$$\lambda_t^i \propto \frac{p(\hat{x}_{0:t}^i | Y^t)}{q(\hat{x}_{0:t}^i | Y^t)}, \quad i=1, 2, \cdots, N \tag{4.109}$$

假设重要性密度函数可以分解，且满足

$$q(X^t | Y^t) = q(x_t | X^{t-1}, Y^t) q(X^{t-1} | Y^{t-1}) \tag{4.110}$$

则新的粒子集 $\{\hat{x}_{0:t}^i\}_{i=1}^N$ 可由已有粒子集 $\{\hat{x}_{0:t-1}^i\}_{i=1}^N \sim q(X^{t-1}|Y^{t-1})$ 和新的状态采样得到的粒子集 $\{\hat{x}_t^i\} \sim q(x_t|X^{t-1},Y^t)$ 得到。若 $q(x_t|X^t,Y^{t-1}) = q(x_t|x_{t-1},y_{t-1})$，则重要性密度函数仅依赖 x_{t-1} 和 y_t，即在计算时只存储粒子集 $\{\hat{x}_t^i\}_{i=1}^N$，而粒子集 $\{\hat{x}_{0:t-1}^i\}$ 和量测值 Y^{t-1} 则不做考虑。根据贝叶斯公式有

$$p(X^t|Y^t) = \frac{p(y_t|X^t,Y^{t-1})p(X^t|Y^{t-1})}{p(y_k|Y^{k-1})} = \frac{p(y_t|x_t)p(x_t|x_{t-1})p(X^{t-1}|Y^{t-1})}{p(y_k|Y^{k-1})} \quad (4.111)$$

$$\propto p(y_t|x_t)p(x_t|x_{t-1})p(X^{t-1}|Y^{t-1})$$

此时粒子 i 的正则权值可表示为

$$\lambda_t^i \propto \frac{p(\hat{x}_{0:t}^i|Y^t)}{q(\hat{x}_{0:t}^i|Y^t)} = \frac{p(y_t|\hat{x}_t^i)p(\hat{x}_t^i|\hat{x}_{t-1}^i)p(\hat{x}_{t-1}^i|Y^{t-1})}{q(\hat{x}_t^i|\hat{x}_{t-1}^i,y_t)q(\hat{x}_{t-1}^i|Y^{t-1})} \propto \lambda_{t-1}^i \frac{p(y_t|\hat{x}_t^i)p(\hat{x}_t^i|\hat{x}_{t-1}^i)}{q(\hat{x}_t^i|\hat{x}_{t-1}^i,y_t)} \quad (4.112)$$

在标准粒子滤波算法中，易于实现的先验 PDF 作为重要性密度函数，即 $q(x_t|x_{t-1},y_{t-1}) = p(x_t|x_{t-1})$，则归一化的正则权值可表示为

$$\lambda_t^i = \frac{\lambda_{t-1}^i p(y_t|\hat{x}_t^i)}{\sum_{i=1}^N \lambda_{t-1}^i p(y_t|\hat{x}_t^i)} \quad (4.113)$$

此时系统的后验 PDF $p(x_t|Y^t)$ 可近似表示为

$$p(x_t|Y^t) \approx \sum_{i=1}^N \lambda_t^i \delta(x_t - \hat{x}_t^i) \quad (4.114)$$

当粒子数很大时，即当 $N \to \infty$ 时，式（4.114）的加权近似和真实 PDF $p(x_t|Y^t)$ 等价近似，因此 SIS 滤波是近似最优贝叶斯滤波。

2. 重采样法

SIS 滤波最大的缺陷是存在粒子退化现象，即 SIS 滤波在经过一定次数的迭代计算后，权重集中在少数几个粒子上，而绝大部分粒子的权重很小，对后验概率密度函数的贡献可以忽略不计。研究表明，粒子重要性权值的方差随着迭代次数的增加而增大，因此必然存在粒子退化现象。出现退化的粒子严重影响地形匹配的精度，从而导致地形导航结果发散。为了对粒子退化进行度量，引入的有效样本容量 N_{eff}，定义为

$$N_{\text{eff}} = \frac{N}{1+\text{var}(\lambda_t^i)} \approx \frac{1}{\sum_{i=1}^{N}(\lambda_t^i)^2} \qquad (4.115)$$

由式（4.115）可知，$N_{\text{eff}} \leqslant N$，当 $N_{\text{eff}} \ll N$ 时表示粒子产生严重退化现象。粒子的退化现象在粒子滤波中是一个不期望的影响作用。为了避免粒子退化，引入重采样技术，通过淘汰低权值的粒子并复制高权值的粒子，从而限制粒子退化现象的发生。重采样技术的过程描述如下。

（1）对于给定 PDF 的近似离散表示 $p(\boldsymbol{x}_t|\boldsymbol{Y}^t) \approx \sum_{i=1}^{N} \lambda_t^i \delta(\boldsymbol{x}_t - \hat{\boldsymbol{x}}_t^i)$ 中每个粒子按照其权值生成 N_i 个样本，且使得 $\sum N_i = N$。

（2）若有 $N_i = 0$，说明该粒子已退化，淘汰该粒子。

（3）通过重采样（图 4.21）产生新的粒子集 $\{\hat{\boldsymbol{x}}_t^i\}_{i=1}^{N}$，使得 $p(\hat{\boldsymbol{x}}_t^i = \tilde{\boldsymbol{x}}_t^i) = \lambda_t^j$，由于重采样是独立同分布的，因此权值被重新设置为 $\lambda_t^j = \dfrac{1}{N}$。

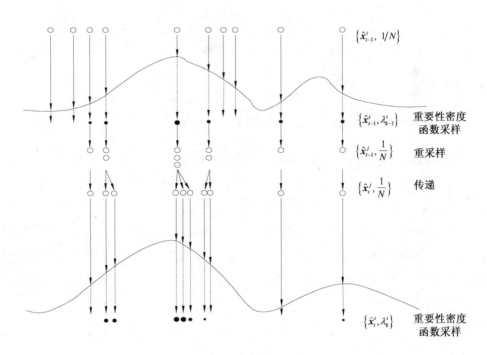

图 4.21　重采样示意图

3. 基于 PF 的地形匹配方法

通过上述推导和相关理论，可以归纳基于标准粒子滤波的地形匹配导航算法如下。

（1）初始化。$t=0$，根据先验概率 $p(\boldsymbol{x}_0)$ 分布采样产生粒子集合 $\{\tilde{\boldsymbol{x}}_0^i\}_{i=1}^N$，且所有粒子的权值 $\lambda_0^i = \dfrac{1}{N}$。

（2）在 t 时刻测深传感器采集实时测深数据 $\boldsymbol{y}_t$，并从 DTM 中提取 $\boldsymbol{x}_t$ 处的水深值 $h(\boldsymbol{x}_t)$。

（3）重要性权值更新。在 t 时刻，粒子的归一化重要性权值更新为

$$\lambda_t^i = \frac{\lambda_{t-1}^i p(\boldsymbol{y}_t \mid \boldsymbol{x}_t)}{\sum_{i=1}^N \lambda_{t-1}^i p(\boldsymbol{y}_t \mid \boldsymbol{x}_t)} = \frac{\lambda_{t-1}^i p_{e_k}(\boldsymbol{y}_t^i - h(\boldsymbol{x}_t^i))}{\sum_{i=1}^N \lambda_{t-1}^i p_{e_k}(\boldsymbol{y}_t^i - h(\boldsymbol{x}_t^i))}$$

（4）由式（4.115）计算有效样本容量，若 $N_{\text{eff}} < N_{\text{th}}$（$N_{\text{th}}$ 是设定阈值），进行重采样，将原来带权粒子集 $\{\tilde{\boldsymbol{x}}_t^i, \lambda_t^i\}_{i=1}^N$ 映射为等权粒子集 $\left\{\hat{\boldsymbol{x}}_t^i, \dfrac{1}{N}\right\}_{i=1}^N$。

（5）输出地形匹配的状态估计和方差估计如下。

状态估计为 $\hat{\boldsymbol{x}}_t \approx \sum_{i=1}^N \lambda_t^i \boldsymbol{x}_t^i$。

方差估计为 $\boldsymbol{P}_{t|t} = \sum_{i=1}^N \lambda_t^i (\boldsymbol{x}_t^i - \hat{\boldsymbol{x}}_t)(\boldsymbol{x}_t^i - \hat{\boldsymbol{x}}_t)^{\text{T}}$。

（6）由系统状态方程对位置参数 $\boldsymbol{x}_{t+1}$ 进行预估。

（7）$t=t+1$，转到步骤（2）。

基于 PF 的地形匹配导航方法流程如图 4.22 所示。

基于重采样技术的标准粒子滤波虽然能够避免粒子退化问题，但其负作用是经过一定次数的迭代后会造成"粒子贫化"问题，即较大权值的粒子被多次复制，而权值较小的粒子被淘汰，粒子集将不再具有多样性，这是标准粒子滤波在实际应用中的主要问题[40]。

第 4 章 水下地形匹配算法

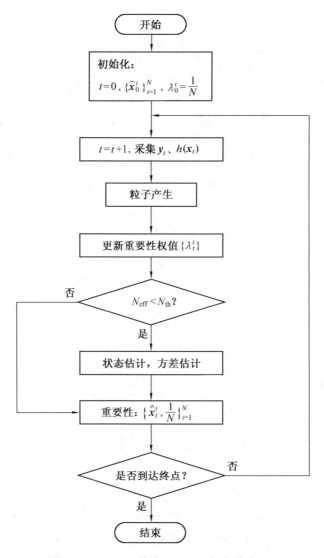

图 4.22 基于 PF 的地形匹配导航方法流程

4. PF 方法的改进

本节提出一种多样化调整的粒子滤波方法（Diversify Adjustment Particle Filtering，DAPF），在标准粒子滤波中加入粒子的多样化调整，使粒子进入高概率密度区域，提高样本多样性，从而避免"粒子贫化"问题。粒子的多样化调整包括高权值的粒子变异和低权值粒子的调整。

(1) 高权值的粒子变异。

为了避免某些高权值粒子被多次复制产生的"样本枯竭",将这些高权重粒子作为父代粒子进行变异繁殖[41]。本节采用粒子繁殖的基本思想是：通过计算粒子选取复制的次数,当某些高权值粒子被多次复制时,为了保证粒子多样性,这些粒子将不只是单纯复制,而是对其进行繁殖产生子代粒子,并用子代粒子代替父代粒子用于状态估计。

假设在 t 时刻粒子 i 被复制的次数为 n_t^i（n_t^i 可以直接从重采样算法流程中获取),假设生成的子代粒子对称分布在父代粒子两侧,则假设子代粒子为

$$\begin{aligned}&x_t^i-\gamma, x_t^i-\frac{(n_t^i-1)\gamma}{n_t^i}, x_t^i-\frac{(n_t^i-2)\gamma}{n_t^i}, \cdots, x_t^i-\frac{\gamma}{n_t^i},\\&x_t^i+\frac{\gamma}{n_t^i}, \cdots, x_t^i+\frac{(n_t^i-2)\gamma}{n_t^i}, x_t^i+\frac{(n_t^i-1)\gamma}{n_t^i}, x_t^i+\gamma\end{aligned} \quad (4.116)$$

式中,γ 为扩散因子,其决定了子代粒子的扩散程度,γ 越大,则生成的子代粒子变异越明显,分布范围也更广。子代粒子的重要性权值可由式（4.113）近似计算得到。通过这一方法可使子代粒子近似分布在父代粒子两侧,使得总有一部分粒子接近真实位置,减少了"粒子贫化"现象。但繁殖产生的子代粒子的权值有高低之分,若取子代粒子状态的平均权重为估计值,会对估计精度产生不利影响,因此将子代粒子与父代粒子进行比较,选取权值较大的粒子进行估计。高权值粒子的变异步骤如下。

①计算在 t 时刻粒子被选取的次数 n_t^i。
②根据式（4.116）计算子代粒子的变异情况和发生变异的父代粒子数 p。
③根据式（4.113）计算子代粒子的重要性权值。
④比较子代粒子与父代粒子的重要性权值,选取权值最大的粒子用于状态估计。
⑤在权值变异后,粒子集 $\{x_t^i, \lambda_t^i\}$ 变为 $\{\tilde{x}_t^i, \tilde{\lambda}_t^i\}$,$\{\tilde{x}_t^i, \tilde{\lambda}_t^i\}$ 为权值降序排列的粒子集。

(2) 低权值粒子的调整。

美国的 Kennedy 和 Eberhart 受鸟群觅食行为启发,在 1995 年共同提出了粒子群优化（Particle Swarm Optimization,PSO）算法,其是一种模拟群体智能行为的优化

第 4 章 水下地形匹配算法

算法[42]。PSO 算法的数学表述为:在 n 维空间内定义一组由 m 个粒子组成的粒子群 $\boldsymbol{x}=[\boldsymbol{x}_1, \boldsymbol{x}_2, \cdots, \boldsymbol{x}_m]$,其中粒子 i 的位置和速度分别表示为 $\boldsymbol{x}_i=[x_{i1}, x_{i2}, \cdots, x_{in}]$,$\boldsymbol{v}_i=[v_{i1}, v_{i2}, \cdots, v_{in}]$,从初始到当前迭代的最优解(个体极值)$\boldsymbol{p}_i=[p_{i1}, p_{i2}, \cdots, p_{in}]$,整粒子群目前的最优解(全局极值)为 $\boldsymbol{p}_g=(p_{g1}, p_{g2}, \cdots, p_{gn})$。在找到上述两个极值后,粒子 i 的速度和位置更新可表示为

$$\boldsymbol{v}_{(t+1)i} = \omega \boldsymbol{v}_{ti} + c_1 \text{rand}(\cdot)(\boldsymbol{p}_{ti} - \boldsymbol{x}_{ti}) + c_2 \text{rand}(\cdot)(\boldsymbol{p}_{tg} - \boldsymbol{x}_{ti}) \tag{4.117}$$

$$\boldsymbol{x}_{(t+1)i} = \boldsymbol{x}_{ti} + \boldsymbol{v}_{(t+1)i} \tag{4.118}$$

式中,c_1、c_2 为粒子的学习因子,二者相互独立,其中 c_1 调节飞向局部最优位置方向的步长,c_2 调节飞向全局最优位置的步长,通常一般取 $c_1 = c_2 = 2$;$\text{rand}(\cdot)$ 为介于 (0, 1) 的随机数;ω 为惯性权重,ω 较大有利于进行全局最优,ω 较小则有利于局部最优,可加快算法的收敛。取权值由小到大的 q 个粒子,对其进行调整,使权值较小的粒子向真实状态移动。定义误差函数为

$$\varepsilon = \frac{1}{2} \sum_{i=1}^{q} (\tilde{\lambda}_{t,k+1}^i - \tilde{\lambda}_{t,k}^i)^2 \tag{4.119}$$

式中,$\tilde{\lambda}_{t,k}^i$ 为 PSO 调整前的权值;$\tilde{\lambda}_{t,k+1}^i$ 为 PSO 调整后的权值。经过若干次迭代,若误差函数 ε 的取值小于设定的阈值时,则认为粒子被调整至真实位置附近。由式 (4.117) 和式 (4.118) 可得

$$\boldsymbol{v}_{t,k+1}^i = \omega \boldsymbol{v}_{t,k}^i + c_1 |\text{rand}(k)|(\boldsymbol{p}_{t,k}^i - \boldsymbol{x}_{t,k}^i) + c_2 |\text{Rand}(k)|(\boldsymbol{p}_{tg} - \boldsymbol{x}_{t,k}^i) \tag{4.120}$$

$$\boldsymbol{x}_{t,k+1}^i = \boldsymbol{x}_{t,k}^i + \boldsymbol{v}_{t,k+1}^i \tag{4.121}$$

式中,$\boldsymbol{v}_{t,k}^i$ 为粒子 i 在第 k 次调整时的步长;$\boldsymbol{x}_{t,k}^i$ 为第 k 次调整后的粒子;$|\text{rand}(k)|$ 和 $|\text{Rand}(k)|$ 为服从高斯分布的随机数,$|\text{rand}(k)|>0$,$|\text{Rand}(k)|>0$,且由 $\text{abs}[N(0, 1)]$ 产生,粒子的重要性权值可由式 (4.113) 计算得到。低权值粒子的调整方法如下。

① 在粒子集 $\{\tilde{\boldsymbol{x}}_t^i, \tilde{\lambda}_t^i\}$ 中选取权值较小的 q 个粒子,设定终止迭代条件:误差函数小于设定阈值或达到最大迭代次数。

②根据式（4.119）、式（4.120）、式（4.113）计算第 k 次调整的粒子权值。

③判断是否达到终止迭代条件，若达到则终止粒子调整。

④对所有粒子进行权值归一化，得到权值调整后的粒子集 $\{\breve{x}_t^i, \breve{\lambda}_t^i\}$。

（3）基于 DAPF 的地形辅助导航方法。

根据上述粒子调整方法和标准粒子滤波理论，可以归纳基于 DAPF 的地形匹配导航算法如下。

①初始化。$t=0$，根据先验概率 $p(x_0)$ 分布采样产生粒子集合 $\{\hat{x}_0^i\}_{i=1}^N$，且所有粒子的权值 $\lambda_0^i = \dfrac{1}{N}$。

②在 t 时刻，测深感器采集实时测深数据 y_t，并从 DTM 中提取 x_t 处的水深值 $h(x_t)$。

③重要性权值更新。在 t 时刻粒子的归一化重要性权值更新为

$$\lambda_t^i = \frac{\lambda_{t-1}^i p(y_t \mid x_t)}{\sum_{i=1}^N \lambda_{t-1}^i p(y_t \mid x_t)} = \frac{\lambda_{t-1}^i p_{e_k}(y_t^i - h(x_t^i))}{\sum_{i=1}^N \lambda_{t-1}^i p_{e_k}(y_t^i - h(x_t^i))}$$

④由式（4.115）计算有效样本容量，若 $N_{\text{eff}} < N_{\text{th}}$，进行粒子多样化调整，将原粒子集 $\{x_t^i, \lambda_t^i\}_{i=1}^N$ 映射为调整粒子集 $\{\breve{x}_t^i, \breve{\lambda}_t^i\}_{i=1}^N$。

⑤输出地形匹配的状态估计和方差估计如下。

状态估计为 $\hat{x}_t \approx \sum_{i=1}^N \lambda_t^i x_t^i$。

方差估计为 $P_{t|t} = \sum_{i=1}^N \lambda_t^i (x_t^i - \hat{x}_t)(x_t^i - \hat{x}_t)^{\text{T}}$。

⑥由系统状态方程对位置参数 x_{t+1} 进行预估。

⑦$t=t+1$，转到步骤②。

基于 DAPF 的地形匹配导航方法流程如图 4.23 所示。由图 4.23 可以看出，基于 DAPF 的 AUV 海底地形匹配导航流程与基于标准粒子滤波的地形匹配导航流程类似，其区别是 DAPF 利用粒子的多样化调整代替了标准粒子滤波中的粒子重采样过程，提高了样本的多样性，有效缓解了粒子重采样带来的"粒子贫化"问题。

第4章 水下地形匹配算法

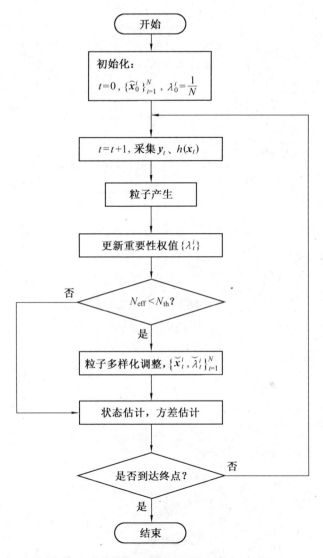

图 4.23 基于 DAPF 的地形匹配导航方法流程

5. 仿真算例

仿真试验数据为真实多波束海上试验数据,对数据进行回放的同时进行粒子滤波下的航迹跟踪试验,仿真参数见表 4.4。

表 4.4 仿真参数

仿真参数	数值
INS 的误差特性	$N(0, (0.05t)^2)$，t 是航行时间
模拟多波束的测量噪声	$N(0, 0.2)$
其他环境噪声	$N(0, 0.2)$
AUV 航速	4 kn
传感器数据采集周期	0.5 s

仿真中航迹起始点误差：东向、北向为 30 m、80 m；粒子数为 1 000 个。DAPF 的地形匹配导航路径跟踪的滤波结果如图 4.24 所示。

由图 4.24 可以看出，与标准 PF 相比，基于 DAPF 的路径跟踪收敛时间短，收敛后的误差区间相对稳定。DAPF 滤波收敛后的路径跟踪的平均精度为 6.23 m，与标准粒子滤波 7.17 m 的滤波精度相比提高了 16%。

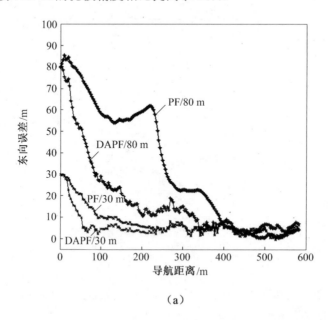

(a)

图 4.24 DAPF 的地形匹配导航路径跟踪的滤波结果

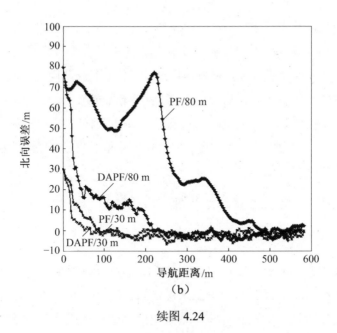

续图 4.24

经过对滤波过程中的有效粒子数进行统计发现，本节提出的粒子多样性调整可以有效提高粒子滤波中的有效粒子数，图 4.25 所示为某次滤波过程中粒子多样化调整前后的粒子的分布。

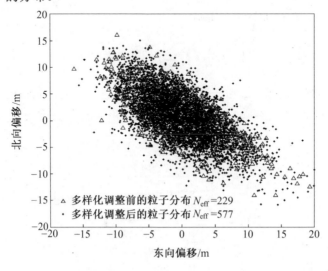

图 4.25　某次滤波过程中粒子多样化调整前后的粒子的分布

从分布云图可以看出,在粒子多样化调整后,粒子的分布更均匀,有效粒子 N_{eff} 的数目从 229 个增加到 577 个,弥补了重采样带来的粒子多样性损失,缓解了因父代粒子直接复制代入的重叠误差,有效地缓解了"粒子贫化"问题。因此基于 DAPF 对地形特征有着较强的适应性,有效提高了地形匹配导航的精度。但是由于粒子的多样性调整的主要问题是多样化调整的计算量要比重采样过程大很多,利用 DAPF 和标准 PF 完成一次匹配所消耗的时间平均为 0.77 s 和 0.24 s,因此利用 DAPF 进行地形匹配导航的实时性不如标准 PF。

4.3.4 基于高斯和粒子滤波的地形辅助导航

1. 高斯和滤波器

高斯和滤波器(Gaussian Sum Filtering,GSF)通过有限个高斯混合密度函数近似状态的后验概率密度函数[43],理论上来说,只要选取的高斯分量足够多,其滤波结果可无限逼近后验概率的真实分布,达到贝叶斯估计的效果。考虑式(4.81)和式(4.82)描述的系统模型,其噪声均为高斯白噪声,假设其在 t 时刻的概率密度分布可由高斯混合 $p(\cdot)$ 近似表示,则地形匹配的高斯和滤波可表示为如下几点。

(1)量测更新。

假设在 t 时刻,系统的预测分布为

$$p(\boldsymbol{x}_t | \boldsymbol{Y}^{t-1}) = \sum_{i=1}^{G} \hat{\omega}_{ti} N(\boldsymbol{x}_t, \hat{\boldsymbol{\mu}}_{ti}, \hat{\boldsymbol{\Sigma}}_{ti}) \qquad (4.122)$$

式中,G 为并行 GSF 的个数。$\hat{\boldsymbol{\mu}}_{ti}$、$\hat{\boldsymbol{\Sigma}}_{ti}$ 可基于先验信息得到,具体的求解方法稍后叙述。在获取 t 时刻的地形测量值后,后验概率密度函数可由下式得到

$$\begin{aligned} p(\boldsymbol{x}_t | \boldsymbol{Y}^t) &= \sum_{i=1}^{G} \hat{\omega}_{ti} \frac{p(\boldsymbol{y}_t | \boldsymbol{x}_t) p(\boldsymbol{x}_t | \boldsymbol{Y}^{t-1})}{p(\boldsymbol{y}_t | \boldsymbol{Y}^{t-1})} \\ &= \sum_{i=1}^{G} \hat{\omega}_{ti} \frac{p(\boldsymbol{y}_t | \boldsymbol{x}_t) N(\boldsymbol{x}_t, \hat{\boldsymbol{\mu}}_{ti}, \hat{\boldsymbol{\Sigma}}_{ti})}{p(\boldsymbol{y}_t | \boldsymbol{Y}^{t-1})} \\ &\propto \sum_{i=1}^{G} \hat{\omega}_{ti} p(\boldsymbol{y}_t | \boldsymbol{x}_t) N(\boldsymbol{x}_t, \hat{\boldsymbol{\mu}}_{ti}, \hat{\boldsymbol{\Sigma}}_{ti}) \end{aligned} \qquad (4.123)$$

由本章参考文献[44]可知,后验分布 $p(x_t|Y^t)$ 可近似由高斯和 $\sum_{i=1}^{G}\omega_{ti}N(x_t,\mu_{ti},\Sigma_{ti})$ 近似分布,其中 μ_{ti}、Σ_{ti}、ω_{ti} 可由下式得到

$$\begin{cases} \mu_{ti} = \hat{\mu}_{ti} + K_{ti}[y_t - h_t(x_t)] \\[6pt] \Sigma_{ti} = \hat{\Sigma}_{ti} - K_{ti}H_{ti}\hat{\Sigma}_{ti} \\[6pt] \omega_{ti} = \dfrac{\hat{\omega}_{ti}N[y_t, h(\hat{\mu}_{ti}), H_{ti}^T\hat{\Sigma}_{ti}H_{ti} + \sigma_e^2 I]}{\sum_{j=1}^{G}\hat{\omega}_{ti}N[y_t, h(\hat{\mu}_{ti}), H_{ti}^T\hat{\Sigma}_{ti}H_{ti} + \sigma_e^2 I]} \\[10pt] K_{ti} = \hat{\Sigma}_{ti}H_{ti}(H_{ti}^T\hat{\Sigma}_{ti}H_{ti} + \sigma_e^2 I)^{-1} \\[6pt] H_{ti} = \dfrac{\partial h_t(x)}{\partial x}\bigg|_{x=\hat{\mu}_{ti}} \end{cases} \quad (4.124)$$

(2)时间更新。

由于前面假设 $p(x_t|Y^t)$ 可由高斯和表示,因此进一步假设 $p(x_{t+1}|Y^t)$ 也是一个高斯混合,即

$$\begin{aligned} p(x_{t+1}|Y^t) &= \int p(x_{t+1}|x_t)p(x_t|Y^t)dx_t \\ &\approx \int p(x_{t+1}|x_t)\sum_{i=1}^{G}\omega_{ti}N(x_t,\mu_{ti},\Sigma_{ti})dx_t \\ &= \sum_{i=1}^{G}\omega_{ti}\int p(x_{t+1}|x_t)N(x_t,\mu_{ti},\Sigma_{ti})dx_t \\ &= \sum_{i=1}^{G}\hat{\omega}_{(t+1)i}N(x_{t+1},\hat{\mu}_{(t+1)i},\hat{\Sigma}_{(t+1)i}) \end{aligned} \quad (4.125)$$

式中,$\hat{\mu}_{(t+1)i}=\mu_{ti}$,$\hat{\Sigma}_{(t+1)i}=\Sigma_{ti}+\sigma_v^2 I$,$\hat{\omega}_{(t+1)i}=\omega_{ti}$。由此,可以得到地形匹配结果的状态估计和方差估计为

$$\hat{x}_t = \sum_{i=1}^{G}\omega_{ti}\mu_{ti} \quad (4.126)$$

$$\hat{\Sigma}_t = \sum_{i=1}^{G} \omega_{ti} [\Sigma_{ti} + (\hat{x}_t - \mu_{ti})(\hat{x}_t - \mu_{ti})^T] \tag{4.127}$$

2. 地形辅助导航方法

由上面可知，GSF 利用有限高斯混合密度近似系统状态的后验密度，其求解思想是通过线性化过程，利用多个并行的扩展卡尔曼滤波器（Extended Kalman Filter，EKF）对状态进行估计，而在 EKF 的线性化过程中舍弃了高阶项，从而导致在某些情况下滤波器发散。本节用粒子滤波代替高斯和滤波中的并行 EKF，提出一种基于高斯和粒子滤波（Gaussian Sum Particle Filtering，GSPF）的地形匹配导航方法，其过程如下。

（1）初始化。$t=0$，初始时刻的先验分布 $p(x_0) = \sum_{j=1}^{G} \omega_{0j} N(x_0, \hat{x}_0, \Sigma_{0j})$，$\omega_{0j} = \frac{1}{G}$，分布采样产生粒子集合 $\{x_{0j}^i\}_{i=1,j=1}^{N,G}$，且所有粒子的权值 $\lambda_{0j}^i = \frac{1}{NG}$。

（2）在 t 时刻，测深传感器采集实时测深数据 y_t，并从 DTM 中提取 x_t 处的水深值 $h(x_t)$。

（3）量测更新。

①t 时刻粒子的重要性权值更新为

$$\lambda_{tj}^i = \frac{p(y_t | x_{tj}^i) N(x_t = x_{tj}^i, \hat{\mu}_{tj}, \hat{\Sigma}_{tj})}{q(x_{tj}^i | Y^k)}$$

②对于每个高斯分量 j，其滤波均值和协方差分别为

$$\mu_{tj} = \frac{\sum_{i=1}^{N} \lambda_{tj}^i x_{tj}^i}{\sum_{i=1}^{N} \lambda_{tj}^i}, \quad \Sigma_{ti} = \frac{\sum_{i=1}^{N} \lambda_{tj}^i (x_{tj}^i - \mu_{tj})(x_{tj}^i - \mu_{tj})^T}{\sum_{i=1}^{N} \lambda_{tj}^i}$$

③高斯分量 j 的权值可表示为

$$\hat{\omega}_{tj} = \frac{\hat{\omega}_{(t-1)j} \sum_{i=1}^{N} \lambda_{tj}^i}{\sum_{i=1}^{N} \sum_{j=1}^{G} \lambda_{tj}^i}$$

第4章 水下地形匹配算法

④权值归一化 $\omega_{tj} = \dfrac{\hat{\omega}_{tj}}{\sum_{j=1}^{G}\hat{\omega}_{tj}}$。

(4) 输出地形匹配的状态估计和方差估计如下。

状态估计为 $\hat{x}_t = \sum_{j=1}^{G}\omega_{tj}\boldsymbol{\mu}_{tj}$。

方差估计为 $\hat{\boldsymbol{\Sigma}}_t = \sum_{i=1}^{G}\omega_{tj}[\boldsymbol{\Sigma}_{tj} + (\hat{x}_t - \boldsymbol{\mu}_{tj})(\hat{x}_t - \boldsymbol{\mu}_{tj})^{\mathrm{T}}]$。

(5) 预测更新。

①对于高斯分量 j，选取重要性密度函数 $q(\cdot) = \hat{\omega}_{tj}N(\boldsymbol{x}_t, \hat{\boldsymbol{\mu}}_t, \hat{\boldsymbol{\Sigma}}_{tj})$，同时从中抽样得到样本集 $\{\boldsymbol{x}_{tj}^i\}$。

②由状态转移分布 $p(\boldsymbol{x}_{(t+1)j} | \boldsymbol{x}_{tj} = \boldsymbol{x}_{tj}^i)$ 得到 $t+1$ 时刻的粒子集 $\{\boldsymbol{x}_{(t+1)j}^i\}$。

③更新权值 $\hat{\omega}_{(t+1)j} = \omega_{tj}$。

④对于每个高斯分量 j，更新预测均值和预测方差。

$$\hat{\boldsymbol{\mu}}_{(t+1)j} = \frac{1}{N}\sum_{i=1}^{N}\hat{\omega}_{(t+1)j}\boldsymbol{x}_{(t+1)j}^i$$

$$\hat{\boldsymbol{\Sigma}}_{(t+1)i} = \frac{1}{N}\sum_{i=1}^{N}(\boldsymbol{x}_{(t+1)j}^i - \hat{\boldsymbol{\mu}}_{(t+1)j})(\boldsymbol{x}_{(t+1)j}^i - \hat{\boldsymbol{\mu}}_{(t+1)j})^{\mathrm{T}}$$

(6) 由状态方程 (4.4) 预测位置参数 x_{t+1}。

(7) $t=t+1$，转到步骤 (2)。

基于 GSPF 的地形匹配导航方法流程如图 4.26 所示。

高斯粒子滤波器利用粒子滤波代替传统 GSF 中的并行 EKF，避免了 EKF 线性化过程带来的误差；与标准粒子滤波相比，GSPF 通过滤波和预测获得粒子，并用这些粒子和它们的权重代表状态的后验分布。因此采用 GSPF 可以避免粒子退化问题，从而避免重采样过程，从原理上避免了"粒子贫化"的发生。同时由于 GSPF 没有重采样过程，因此其计算量小于 PF，实时性较好。

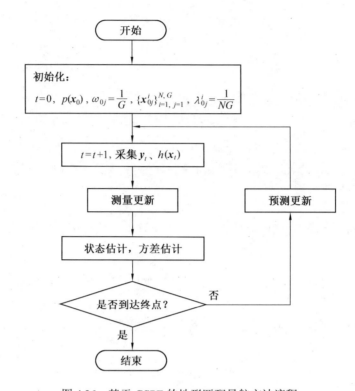

图 4.26 基于 GSPF 的地形匹配导航方法流程

3. 仿真算例

仿真参数的设定与 4.3.3 节相同，分别选取不同的高斯分量 Gcn 个数、不同粒子数、不同滤波周期以及不同初始定位误差进行地形匹配导航仿真。

（1）初始定位误差为 30 m，滤波时间间隔为 2 s，粒子总数为 2 000，高斯分量 Gcn 个数分别选取为 4、8、12、16、20 得到的滤波结果。高斯分量数目对路径跟踪的影响如图 4.27 所示。

从图 4.27 中可以看出，高斯分量的个数对滤波收敛速度的影响很小，但是高斯分量数目较少时，滤波精度与标准粒子滤波相比偏低；当高斯分量数目增加时，GSPF 的滤波精度与标准 PF 一致；但当高斯分量分别为 8、10、16、20 时，GSPF 滤波精度并未明显增加。在粒子数目一定的条件下，GSPF 的计算量与高斯分量的个数成正比，因此应选择恰当的高斯分量个数，本节选择高斯分量个数为 8 个，此时 GSPF 的滤波精度为 7.22 m，略低于标准 PF7.17 m 的滤波精度。

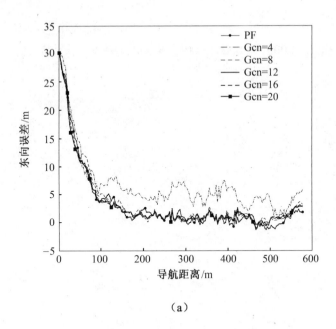

（a）

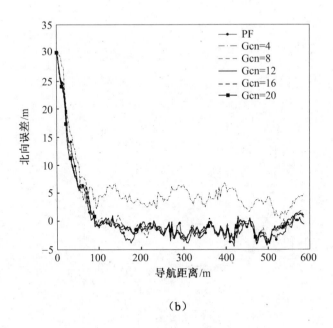

（b）

图 4.27 高斯分量数目对路径跟踪的影响

（2）初始定位误差为 30m，高斯分量个数为 8，滤波时间间隔为 2 s，粒子总数 N 分别选取为 1 000、2 000、4 000、6 000、8 000、10 000 得到的滤波结果。粒子数目对路径跟踪的影响如图 4.28 所示。

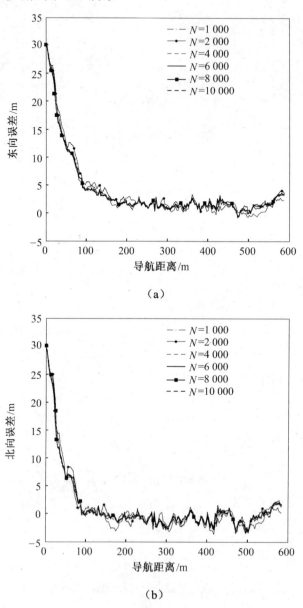

图 4.28　粒子数目对路径跟踪的影响

从图 4.28 中可以看出，不同的粒子数目对路径跟踪的结果影响很小，粒子数目的增加并未使得收敛速度和收敛后误差区间的稳态有显著改善，而粒子滤波的计算量与粒子数目呈正比关系，因此在地形匹配中尽可能选择较少的粒子数目，本节选择粒子个数为 1 000。

（3）初始定位误差为 30 m，高斯分量个数为 8，粒子总数为 1 000，滤波时间周期 t 分别选取为 1 s、2 s、4 s、8 s、16 s、32 s 得到的滤波结果。滤波周期对路径跟踪的影响如图 4.29 所示。

从图 4.29 中可以看出，滤波收敛的时间与滤波周期成反比，当滤波周期为 1 s 时，在航行约 50 m 时滤波即收敛；与此相反，当滤波周期达到 32 s 时，直到导航结束滤波仍无法收敛。但是也要看当滤波周期为 1 s 时，虽然滤波处于收敛状态，但收敛后的误差区间有着较大波动，因此在滤波时需要选择合适的滤波周期以保证滤波迅速收敛的同时保证收敛后的误差区间相对稳定。

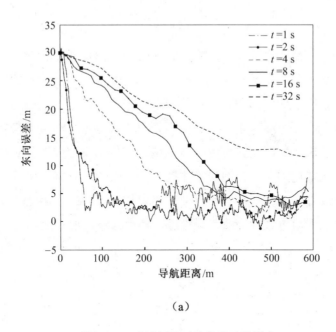

(a)

图 4.29 滤波周期对路径跟踪的影响

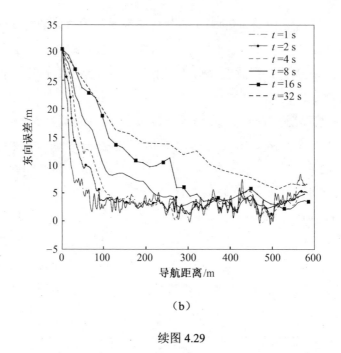

(b)

续图 4.29

（4）高斯分量个数为 8，粒子总数为 1 000，滤波时间间隔为 2 s，东向和北向的初始定位误差 e 分别选取为 5 m、10 m、20 m、40 m、80 m 得到的滤波结果。初始定位误差对路径跟踪的影响如图 4.30 所示。

从图 4.30 中可以看出，初始定位误差的不同对滤波收敛时间有着较大的影响。当初始定位误差比较小时，滤波可以快速收敛；随着初始定位误差的增加，滤波收敛所需的时间也大幅增加；当初始误差达到 80 m 时，AUV 航行须超过 400 m 滤波才能达到收敛状态。由于导航路径跟踪对初始定位误差敏感，因此可以利用搜索定位缩小初始定位误差后再进行导航路径跟踪，使得滤波快速收敛。

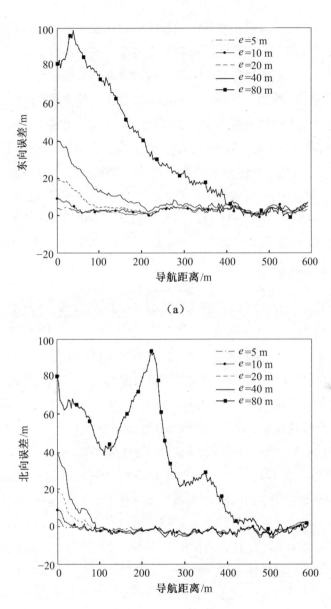

图 4.30 初始定位误差对路径跟踪的影响

由上述仿真试验可以看出，在影响滤波性能的因素中，滤波周期和初始定位误差对导航路径跟踪性能的影响最大，滤波周期越短，初始定位误差越小，滤波收敛所需要的时间越短，导航路径跟踪的精度也相对越高。这是因为在滤波过程中量测更新和预测更新是相对应的，较小的初始定位误差使得粒子在更新时的分布范围接近真实范围，同时较小的滤波周期使得迭代后的粒子权值更接近于真实情况。由于GSPF是利用高斯和估计、近似贝叶斯估计，因此滤波周期和初始定位误差也是影响基于标准PF的地形匹配方法性能的重要因素。在GSPF中，高斯分量的个数也对滤波性能产生影响，理论上高斯分量个数越多，高斯和估计结果越接近贝叶斯估计结果，但是当高斯分量个数达到一定量时，再增加高斯分量的个数并不能有效提高滤波性能。一般来说，高斯分量的数目取8~10个时，GSPF即可较好地近似标准PF，且没有"粒子贫化"现象[43]。

4.4 地形匹配导航算法研究的发展方向

（1）高实时性的地形匹配算法。本章提出的地形匹配算法虽然有较好的匹配效果，但其计算量仍然较大，对地形匹配计算机的计算能力要求相对较高。考虑到AUV搭载的小型计算机计算能力远不如计算机，因此如何进一步完善地形匹配算法，提高算法的效率和运行速度是AUV海底地形匹配算法研究的重要方向。可以考虑的方法包括算法自身结构的改进、算法的降维和并行化处理等。

（2）将地形匹配和即时定位与地图构建方法（Simultaneous Localization and Mapping，SLAM）相结合。SLAM技术具有不需要先验地图辅助、对信息获取传感器的要求较低等优点，将SLAM用于水下环境可以在实现导航定位的同时获得途经海域的增量式海底数字地图，具有较大的理论优势和应用前景。SLAM的缺点在于平台位姿估计和相关的地图估计会因缺少全局位置信息而导致误差增大，而与此相比海底地形辅助导航的误差并不随时间增加而增大，可用地形辅助导航限制SLAM因缺少全局位置信息而导致的误差增大。因此将海底地形辅助导航与SLAM技术相结合，可结合二者的优点，利用不精确先验地形数据进行导航修正，导航传感器可共用多波束测深系统，同时可获得途经海域的高精度海底地形数据，有效提高深海区域内的导航性能，具有巨大的优势。

（3）多源导航数据的决策级融合方法。通常海底地形匹配导航系统需要与参考导航系统组合成海底地形辅助导航系统，需要对组合导航数据进行融合处理。虽然利用数据关联模型可以对地形匹配搜索定位的有效性进行判断，但其基于参考导航系统误差内具有缓变性这一假设，并未深入研究参考导航数据存在野值情况下的数据融合。因此在深入分析多源导航结果误差的特性基础上，建立多源导航结果的决策级融合方法将是地形匹配导航算法下一阶段的重点发展方向之一。

本章参考文献

[1] 冯庆堂. 地形匹配新方法及环境适应性研究[D]. 长沙：国防科学技术大学, 2004.

[2] 陈小龙，庞永杰，李晔，等. 基于极大似然估计的 AUV 水下地形匹配定位方法[J]. 机器人，34(5): 559-565.

[3] CHEN P Y, ZHANG P F, MA T, et al. Underwater terrain positioning method using maximum a posteriori estimation and PCNN model[J]. Journal of Navigation, 2019, 72(5): 1233-1253.

[4] 刘承香. 水下潜器的地形匹配辅助定位技术研究[D]. 哈尔滨：哈尔滨工程大学, 2003.

[5] 张涛，徐晓苏，李佩娟. 改进 BP 网络的海底地形辅助导航算法[J]. 中国惯性技术学报, 2008(5): 566-570.

[6] CHEN X L, LI Y. Terrain aided navigation for autonomous underwater vehicle[C]. Shanghai：Proceedings - 2011 7th International Conference on Natural Computation, ICNC 2011, 3: 1785-1789.

[7] 彭东东，周天，徐超，等. 基于非线性滤波的水下地形辅助导航方法[J]. 海洋测绘, 2019, 39(4): 22-26.

[8] 韩月，陈鹏云，沈鹏. 基于改进粒子滤波的 AUV 海底地形辅助定位方法[J]. 智能系统学报, 2020, 15(3): 553-559.

[9] CHEN P Y, CHANG J L, HAN Y J, et al. Underwater terrain-aided navigation method based on improved Gaussian sum particle filtering[J]. International Journal of Advanced Robotic Systems, 2018, 16(1): 1-7.

[10] 徐振烨，张静远，王鹏，等. 基于 PMF 算法的水下地形辅助导航性能研究[J].

水下无人系统学报, 2019, 27(6): 614-623.

[11] 张洪钺, 黄劲东, 范文雷. 全最小二乘法及其在参数估计中的应用[J]. 自动化学报, 1995, 21(1): 40-47.

[12] CHEN P Y, LI Y, SU Y M, et al. Underwater terrain positioning method based on least squares estimation for AUV[J]. China Ocean Engineering, 2015, 6:859-874.

[13] 刘建成, 刘学敏, 徐玉如. 极大似然法在水下机器人系统辨识中的应用[J]. 哈尔滨工程大学学报, 2001, 22(5): 1-4.

[14] STEVEN M K. 统计信号处理基础[M]. 罗鹏飞, 译. 北京: 电子工业出版社, 2003.

[15] 大魁. 最大似然估计和最大后验概率 [EB/OL]. [2013-08-21]. http://blog.csdn.net/lzt1983/article/details/10131839.

[16] 王志贤. 最优状态估计与系统辨识[M]. 西安: 西北工业大学出版社, 2004.

[17] 王学民. 应用多元分析[M]. 上海: 上海财经大学出版社, 2004.

[18] Multigen-Paradigm Inc.Vega Programmer's Guide[CD]. Multigen-Paradigm Inc, 2001.

[19] LI Y, CHEN P Y, DONG Z P. Sensor simulation of underwater terrain matching based on sea chart[J]. Communications in Computer and Information Science, 2011, 216: 89-94.

[20] 陈小龙. AUV 水下地形匹配辅助导航技术研究[D]. 哈尔滨: 哈尔滨工程大学, 2013.

[21] NYGERN I. Terrain navigation for underwater vehicles[D]. Stockholm: PhD Thesis of Royal Institute of Technology, 2005.

[22] LI Y, WANG R P, CHEN P Y, et al. Terrain matching positioning method based on node multi-information fusion[J]. Journal of Navigation, 2017, 70(1): 82-100.

[23] LINDBLAD T, KINSER J. Image processing using pulse-coupled neural networks: applications in python[M]. Berlin: Springer Science & Business Media, 2013.

[24] 马义德, 李廉, 绽琨, 等. 脉冲耦合神经网络与数字图像处理[M]. 北京: 科学出版社, 2008.

[25] 韩崇昭, 朱红艳, 段战胜, 等. 多源信息融合[M]. 2 版. 北京: 清华大学出版社,

2010.

[26] ARASHLOO S R, KITTLER J. Energy normalization for pose-invariant face recognition based on MRF model image matching[J]. IEEE Transactions on Pattern Analysis and Machine Intelligence, 2011, 33(6): 1274-1280.

[27] MATTHIES L, OKUTOMI M. A bayesian foundation for active stereo vision1[C]. Philadelphia：1989 Advances in Intelligent Robotics Systems Conference. International Society for Optics and Photonics, 1990: 62-74.

[28] MA T, LI Y, WANG R P, et al. AUV robust bathymetric simultaneous localization and mapping[J]. Ocean Engineering, 2018, 166: 336-349.

[29] GEMAN S, GEMAN D. Stochastic relaxation, Gibbs distributions, and the Bayesian restoration of images [J]. IEEE Transactions on Pattern Analysis and Machine Intelligence. 1984(6): 721-741.

[30] 韩崇昭, 朱红艳, 段战胜, 等. 多源信息融合[M]. 2 版. 北京：清华大学出版社, 2010.

[31] 曾文静. 基于水下机器人 EKF-SLAM 的数据关联算法研究[D]. 哈尔滨：哈尔滨工程大学, 2009

[32] 权太范. 目标跟踪新理论与技术[M]. 北京：国防工业出版社, 2009.

[33] BLAKE A, KOHLI P, ROTHER C. Markov random fields for vision and image processing [M]. Boston：Mit Press, 2011.

[34] 田峰敏. 基于先验地形数据处理的水下潜器地形辅助导航方法研究[D]. 哈尔滨：哈尔滨工程大学, 2007.

[35] 潘晓宏, 赵龙. 基于 Unscented 卡尔曼滤波算法在水下地形辅助导航中的应用[J]. 应用科技, 2015, 1:49-52, 56.

[36] 唐现国, 何祖军. 一种基于正则粒子滤波器的目标跟踪算法[J]. 舰船科学技术, 2008, 30(4): 134-137.

[37] 袁广林, 薛模根, 谢恺, 等. 基于核函数粒子滤波和多特征自适应融合的目标跟踪[J]. 计算机辅助设计与图形学学报, 2009, 21(12): 1774-1784.

[38] 牛长锋, 陈登峰, 刘玉树. 基于 SIFT 特征和粒子滤波的目标跟踪方法[J]. 机器人, 2010, 32(2): 241-247.

[39] 胡广. 基于粒子滤波的移动机器人导航技术研究[D]. 武汉：华中科技大学, 2017.

[40] 张琪, 胡昌华, 乔玉, 坤. 基于权值选择的粒子滤波算法研究[J]. 控制与决策, 2008, 23(1): 117-120.

[41] 于春娣, 丁勇, 李伟, 等. 一种基于改进重采样的粒子滤波算法[J]. 计算机应用与软件, 2013, 2: 296-299.

[42] 李丽, 牛奔. 粒子群优化算法[M]. 北京：冶金工业出版社, 2009.

[43] KOTECHA J H , DJURIC P M. Gaussian sum particle filtering[J]. IEEE Transactions on Signal Processing, 2003, 51(10):2602-2612.

[44] 占荣辉, 张军, 欧建平, 等. 非线性滤波理论与目标跟踪应用[M]. 北京：国防工业出版社, 2013.

第 5 章　水下地形可导航区域分析

地形匹配的结果与匹配区域内的地形信息量密切相关,若 AUV 长时期处于地形特征不明显区域会导致匹配定位精度较低甚至不能匹配的情况,因此在 AUV 水下地形匹配中需要使 AUV 的航行路径尽可能处于地形特征丰富区域。因此需要分析水下地形的适配性,在进行地形匹配导航时应尽可能远离低适配性区域。

5.1　地形特征的衡量

传统地形特征的描述有地形的高低起伏、变化急缓、谷峰交替、等高变化、断层分布等相关方面,具有这些或少量特征的地形区域所含的地形信息量也有所不同,有的变化丰富多彩,有的趋于平缓而含有较少甚至几乎没有信息量。而在应用于地形匹配算法的过程中,在寻找一个或多个适用于匹配算法的地形区域这一实际过程中,就需要对地形特征进行量化处理,并进行量化分析。图 5.1（a）表示含有丰富地形特征以及地形信息的区域地形图,图 5.1（b）则为含有少量地形特征以及地形信息的区域地形图。

对于地形特征的表述已经出现了多种参数,这些参数包括地形高程标准差、地形 Fisher 信息量、地形高程熵等,分别可以用来表述地形的粗糙程度、地形区域内包含的地形信息量大小、地形特征的丰富程度等物理含义。除此之外,还有很多参数,如局部地形相关系数、局部地形坡度、地形坡面相似度等,这些参数对于地形特征都有一定的描述,甚至在某些特定的方面有着很好的表述。

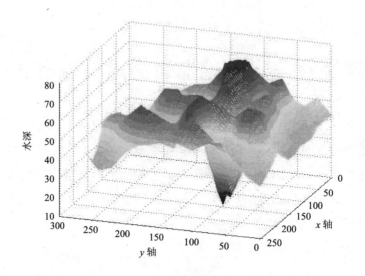

(a)起伏地形

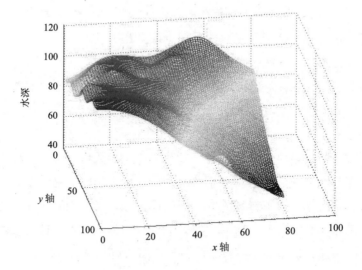

(b)平缓地形

图 5.1 起伏地形和平缓地形

1. 地形高程标准差

地形高程标准差[1]是地形高程方差的开方，通常被用来描述地形固有的粗糙特性，又称为地形粗糙度。在统计学中，方差以及标准差都可以用来反映样本在总体布局中与平均值的偏离程度，故而地形高程标准差也可以用来衡量地形高程在整体地形图中与其平均高程的偏离程度。假设地形的连续性方程为 $h=h(x, y)$，则区域地形的平均高程为

$$\bar{h} = \frac{1}{A} \iint h(x,y) \mathrm{d}x \mathrm{d}y \tag{5.1}$$

其中，A 为该区域地形的地形面积大小，则该区域地形的地形高程标准差可以表示为

$$\sigma_T = \sqrt{\frac{1}{A} \iint [h(x,y) - \bar{h}] \mathrm{d}x \mathrm{d}y} \tag{5.2}$$

通过式（5.1）及式（5.2）可以求得连续地形的地形高程标准差，而事实上，在匹配算法的应用中，水下数字地形图都是经过网格化的处理，从而使得实际的水下数字地形图是以一些规则分布的点的高程形式进行存储的。将原有的连续地形图网格化成 $M \times N$ 大小的水下数字地形图，故而对式（5.1）及式（5.2）进行离散化处理得

$$\bar{h} = \frac{1}{MN} \sum_{i=1}^{M} \sum_{j=1}^{N} h(i,j) \tag{5.3}$$

$$\sigma_T = \sqrt{\frac{1}{MN} \sum_{i=1}^{M} \sum_{j=1}^{N} [h(i,j) - \bar{h}]^2} \tag{5.4}$$

根据定义，可以看出地形高程标准差的取值越大，说明地形图中地形高程偏离平均高程的程度越大，可以简单地认为其地形丰富多变。同样，从式（5.4）可以得出，地形高程标准差能够取任意非负数，但是事实上，由于地形高程存在的客观性，故而该参数的取值不可能无限大。根据地形起伏标准差的大小可对地形的粗糙程度进行分类[2]。地形粗糙度分类见表5.1。

表 5.1　地形粗糙程度分类

地形分类	地形高度标准差的取值范围
平坦（Smooth）	<18
中等（Moderate）	18～61
粗糙（Rough）	61～243
非常粗糙（Very Rough）	>243

地形高程标准差可以简单地表述地形丰富程度，标准差越大，所含有的地形特征相应越多，地形高程标准差为零时，则该区域地形几乎平坦，没有任何有特征的地形，也即没有任何可以利用的参照，在这种区域地形中地形匹配辅助导航算法会算出多个点，从而匹配失败。

另外，在地形高程标准差较大的区域地形中，区域地形所包含的地形信息量也会杂而量大。AUV 在水下导航过程中采集到的地形数据并不会与实际地形完全一致，这其中便存在着噪声的影响。由于噪声的存在，可能会使采集到的地形信息有所改变，从而导致匹配算法的运算结果出现偏差。

2. 地形信噪比

传统的信噪比[3]（Signal-Noise Ratio，SNR）是指电子设备或电子系统中的信号与噪声的比值，而应用于水下地形匹配辅助导航系统中，原有的信号由水下数字地形图所替代，噪声则是由传统的水声噪声所替代。

为了适应网格化的水下数字地形图，需要对水下噪声也进行网格化处理，取与存储的水下数字地形图相同分辨率 $M\times N$ 大小的网格区域。则噪声标准可以由以下公式计算得出：

$$\overline{f} = \frac{1}{MN}\sum_{i=1}^{M}\sum_{j=1}^{N} f(i,j) \tag{5.5}$$

$$\sigma_N = \sqrt{\frac{1}{MN}\sum_{i=1}^{M}\sum_{j=1}^{N}[f(i,j)-\overline{f}]^2} \tag{5.6}$$

式中，f 为噪声分布，$f=f(i,j)$；σ_N 为噪声分布的标准差。

地形信噪比的定义便是该区域地形高程标准差与该区域总噪声标准差的比值,计算公式如下:

$$\mathrm{SNR} = \frac{\sigma_T}{\sigma_N} \tag{5.7}$$

地形信噪比反映的是水下噪声对水下数字地形信息的影响。地形信息越丰富,噪声越小,使得地形高程标准差趋于变大,而噪声标准差趋于变小,从而使得地形信噪比 SNR 变大,这种趋势有利于地形匹配算法所得结果的准确性。所以,地形信噪比的取值越大越好。

地形信噪比是反映地形匹配精度和性能的一个主要因素,在过往的研究中,通过反复的试验统计,推算出地形信噪比的取值如下[4]:

$$\mathrm{SNR} \geqslant 5.0 \tag{5.8}$$

满足式(5.8)条件时,可以认为对该区域使用地形匹配算法的定位成功率能够达到 95%以上。

3. 地形 Fisher 信息量

在区域地形中,总会出现一些起伏相似的区域,在不扩大信息量的情况下,较难判断出 AUV 真实所处位置,而平缓的地形区域,甚至会极少存在有效的地形特征信息用来适用于匹配算法。为了度量区域地形内所含的地形信息丰富程度,引入了地形 Fisher 信息量[5]这一概念。

Fisher 信息量是一个统计学概念,其由克拉美-罗不等式得到,是指对似然函数对数总体分布参数求导的方差。为了对水下地形的适配性进行量化分析,本节引入地形 Fisher 信息量(Terrain Fisher Information Content,TFIC)的概念,表示在一定区域内对某一点地形的测量值所能估计出该点在区域内位置的可能性。

假设在地形中选择面积为 A 的区域 S,且在 AUV 经过该区域前其位置均匀分布,即初始状态分布为

$$p(\boldsymbol{x}) = \begin{cases} \dfrac{1}{A}, & \boldsymbol{x} \in S \\ 0, & \text{其他} \end{cases} \tag{5.9}$$

AUV 实时地形测量的量测方程为

$$y = h(x) + e \tag{5.10}$$

假定量测噪声 e 服从期望为 0，方差 σ_e^2 的高斯正态分布，则状态值和量测值的联合 PDF 表示为

$$p(x,y) = \begin{cases} \dfrac{1}{A} N(y, h(x), \sigma_e^2), & x \in S \\ 0, & \text{其他} \end{cases} \tag{5.11}$$

对式（5.11）两端求对数得

$$\ln p(x,y) = \begin{cases} -\dfrac{1}{2\sigma_e^2}(y - h(x))^2 + c, & x \in S \\ -\infty, & \text{其他} \end{cases} \tag{5.12}$$

式（5.12）中 c 是与 x 无关的常数。对式（5.12）求 x 的二阶偏导数得

$$\dfrac{\partial^2 \ln p(x,y)}{\partial x \partial x^{\mathrm{T}}} = \begin{cases} \dfrac{1}{\sigma_e^2}\left[\dfrac{\partial h(x)}{\partial x}\dfrac{\partial h(x)}{\partial x^{\mathrm{T}}} - (y-h(x))\dfrac{\partial^2 h(x)}{\partial x \partial x^{\mathrm{T}}}\right], & x \in S \\ 0, & \text{其他} \end{cases} \tag{5.13}$$

结合 Fisher 信息量的相关理论，地形 Fisher 信息矩阵可表示为

$$\begin{aligned}
J_{\mathrm{fw}} &= -E\left\{\dfrac{\partial^2 \ln p(x,y)}{\partial x \partial x^{\mathrm{T}}}\right\} \\
&= \dfrac{1}{\sigma_e^2} E\left[\dfrac{\partial h(x)}{\partial x}\dfrac{\partial h(x)}{\partial x^{\mathrm{T}}} - (y - h(x))\dfrac{\partial^2 h(x)}{\partial x \partial x^{\mathrm{T}}}\right] \\
&= \dfrac{1}{\sigma_e^2} E\left[\dfrac{\partial h(x)}{\partial x}\dfrac{\partial h(x)}{\partial x^{\mathrm{T}}}\right] - E\left[(y - h(x))\dfrac{\partial^2 h(x)}{\partial x \partial x^{\mathrm{T}}}\right] \\
&= \dfrac{1}{\sigma_e^2 A}\int_S \left[\dfrac{\partial h(x)}{\partial x}\dfrac{\partial h(x)}{\partial x^{\mathrm{T}}}\right]\mathrm{d}x
\end{aligned} \tag{5.14}$$

则 x 估计量 $\hat{x}$ 方差的 C-R 下界为 J_{fw}^{-1}，即 J_{fw}^{-1} 是 x 最优估计的方差且是所有估计量 $\hat{x}$ 方差的最小值。在 DTM 的存储中，在地形区域 S 内的地形数据以网格化离散数据存储，假设在 S 内有 $M \times N$ 个地形数据，式（5.14）定义地形 Fisher 信息矩阵可离散表示为

$$J_{\text{fw}} = \frac{1}{\sigma_e^2 A} \sum_{i=1}^{M} \sum_{j}^{N} \left[\frac{\partial \boldsymbol{h}(\boldsymbol{x}_{i,j})}{\partial \boldsymbol{x}_{i,j}} \frac{\partial \boldsymbol{h}(\boldsymbol{x}_{i,j})}{\partial \boldsymbol{x}_{i,j}^{\text{T}}} \right] \tag{5.15}$$

在式（5.15）中，由于 σ_e^2 和 A 是常数，因此定义局部区域内的地形 Fisher 信息量为

$$\text{TFIC} = \sqrt{\frac{1}{MN} \sum_{i=1}^{M} \sum_{j=1}^{N} \left\| \frac{\partial \boldsymbol{h}(\boldsymbol{x}_{i,j})}{\partial \boldsymbol{x}_{i,j}} \frac{\partial \boldsymbol{h}(\boldsymbol{x}_{i,j})}{\partial \boldsymbol{x}_{i,j}^{\text{T}}} \right\|} \tag{5.16}$$

由上式可知，地形 Fisher 信息量与 Fisher 信息矩阵成正比关系，因此其可以反映局部地形区域的地形丰富程度，从定性上说地形 Fisher 信息量取值越大，其地形特征越丰富，其地形适配性越高。因此在水下地形匹配中，AUV 的航迹应尽可能经过 Fisher 信息量较大区域。从原理上说，地形 Fisher 信息量的取值可以无穷大，但由于实际情况的约束，其取值处于一定范围内。

4. 地形高程熵

熵的概念最早是由 Clausius 引入，用来描述热力学第二定律的，继而发展为表述系统中的无序度，奠定了其发展基础。在 1948 年，由香农将熵的理论引入统计学中，提出了信息熵的概念，用来描述信源的不确定性。由于熵具有能够描述系统无序性的性质，可以用来表述数字地形图中高程数据的不规则性，即地形起伏变化程度。又由于信息熵给出了确切的数学模型，故而借助信息熵，应用于数字地形图中，引入地形高程熵的概念。传统的香农信息熵定义公式为[6]

$$H(S) = -\sum_{i=1}^{n} p_i \log p_i \tag{5.17}$$

其中，p_i 为单个事件在总体中发生的概率；$H(S)$ 为信息熵。引入地形高程熵中，首先网格化地形图成 $M \times N$ 大小，使某个点 (i, j) 处的高程值占整个水下数字地形图所有点高程之和的比例值代替 p_i 值，可以得到地形高程熵的定义公式为

$$\begin{cases} P(i,j) = \dfrac{h(i,j)}{\sum_{i=1}^{M} \sum_{j=1}^{N} h(i,j)} \\ H_M = -\sum_{i=1}^{M} \sum_{j=1}^{N} P(i,j) \ln(P(i,j)) \end{cases} \tag{5.18}$$

对于含有复杂地形的区域，还可以定义地形高程差异熵为

$$\begin{cases} P(i,j) = \dfrac{c(i,j)}{\sum\limits_{i=1}^{M}\sum\limits_{j=1}^{N}c(i,j)} \\ H_{\text{map}} = -\sum\limits_{i=1}^{M}\sum\limits_{j=1}^{N}P(i,j)\ln(P(i,j)) \\ c(i,j) = \dfrac{\left|h(i,j)-\bar{h}\right|}{\bar{h}} \end{cases} \quad (5.19)$$

其中，$c(i,j)$ 为水下地形高程差异值；H_{map} 为水下地形高程差异熵。

由于地形高程熵的概念是由香农信息熵转换而来，故而，地形高程熵具有类似于信息熵的一些性质，并且由地形高程熵的定义公式可以看出，地形高程熵具有以下三个方面的特性。

（1）由于地形高程熵是由水下数字地形图计算而来，具有实际的物理学意义，故而不需要做统计学假设，从而可以直接计算得出。

（2）地形高程熵是由整体的高程数据参与计算，从而得出体现整体信息的一个物理量，这就保证了地形高程熵对于个别数据点的变化表现不敏感，具有较好的稳定性，从而使得少量噪声以及个别离散点对于地形高程熵的影响不明显。

（3）地形高程熵能够很好地反映出区域地形内含有的信息量大小，反映出区域地形内起伏变化是否剧烈，从而可以用来判断该区域地形是否适用于匹配算法，因此，地形高程熵可以作为一个描述地形特性的度量。

由于地形高程熵具有良好的特性，它可以作为一个重要参数，从而应用于地形高程信息的分析与解读、地形匹配算法适配区的优良评判以及路径规划过程中的航迹分析选择等方面。

5. 地形高程绝对值粗糙度

地形高程绝对值粗糙度[7]与地形高程标准差相类似，都是可以用来描述区域地形粗糙程度、地形变化丰富程度的一个指标参数。但绝对值粗糙度在反映地形的光滑程度上表现较为突出。

地形高程绝对值粗糙度的计算分为 X 方向和 Y 方向，其计算公式如下：

$$r_x = \frac{1}{M(N-1)} \sum_{i=1}^{M} \sum_{j=1}^{N-1} |h(i,j) - h(i,j+1)| \tag{5.20}$$

$$r_y = \frac{1}{N(M-1)} \sum_{i=1}^{M-1} \sum_{j=1}^{N} |h(i,j) - h(i+1,j)| \tag{5.21}$$

而地形高程绝对值粗糙度取

$$\sigma_Z = \frac{1}{2}(r_x + r_y) \tag{5.22}$$

由定义公式可以得出，地形高程绝对值的粗糙度越大，区域地形的起伏程度就越剧烈，地形高程绝对值粗糙度取值越小，在区域地形的起伏程度相应就越趋于平缓。根据相关文献可以确定，σ_Z 的取值在大于 54.8 时，该区域地形较好地适用于地形匹配算法。

另外地形高程绝对值粗糙度可以与地形高程标准差配合使用。地形高程标准差更加偏向于反映整个区域内的总体起伏情况，而地形高程绝对值粗糙度则是偏向于反映区域内地形的平均光滑程度，侧重于局部的细微起伏变化。取二者的比值 $k = \dfrac{\sigma_Z}{\sigma_T}$，可以看出 k 值越大，局部地形区域内起伏变化越加剧烈，这利于地形匹配运算；反之 k 越小，局部地形区域内地形起伏越缓慢，这不利于匹配算法的计算。k 值合适的取值范围为 $k > 1$。

6. 局部地形相关系数与相关长度

地形的局部相关性[8]能够反映出区域地形在匹配过程中，经纬度方向上匹配运算的相互影响程度的参数。经度方向上的相关系数以及相关长度，能够反映出其在纬度方向上的相关程度，同样，纬度方向上的该参数则反映出其在经度方向上的相关程度。

首先，分别计算经度方向和纬度方向上的相关系数，分别为 R_λ 和 R_φ：

$$R_\lambda = \frac{1}{(M-1)N\sigma_T^2} \sum_{i=1}^{M-1} \sum_{j=1}^{N} [h(i,j) - \overline{h}][h(i+1,j) - \overline{h}] \tag{5.23}$$

$$R_\varphi = \frac{1}{M(N-1)\sigma_T^2} \sum_{i=1}^{M} \sum_{j=1}^{N-1} [h(i,j) - \overline{h}][h(i,j+1) - \overline{h}] \quad (5.24)$$

则该区域内的相关系数 R 定义为

$$R = \frac{R_\lambda + R_\varphi}{2} \quad (5.25)$$

另外，记经纬度方向上的局部地形相关长度分别为 l_λ 和 l_φ，则通过下列公式进行推导计算：

$$R_\lambda(l_\lambda) = \frac{1}{(M-l_\lambda)N\sigma_T^2} \sum_{i=1}^{M-l_\lambda} \sum_{j=1}^{N} [h(i,j) - \overline{h}][h(i+l_\lambda,j) - \overline{h}] \quad (5.26)$$

$$R_\varphi(l_\varphi) = \frac{1}{M(N-l_\varphi)\sigma_T^2} \sum_{i=1}^{M} \sum_{j=1}^{N-l_\varphi} [h(i,j) - \overline{h}][h(i,j+l_\varphi) - \overline{h}] \quad (5.27)$$

当式（5.26）与式（5.27）的左侧等于 $\frac{1}{e}$，即 0.367 9 时，通过两公式求得的 l_λ 和 l_φ，即是该区域内经纬方向上的局部地形的相关长度。

局部地形的相关系数和相关长度都是反映经纬方向上地形数据独立性的参数，相关系数与相关长度值越小，水下数字地形图的高程数据越独立，地形信息越丰富，便更适用于地形匹配算法的运行。一般来说，局部地形的相关长度小于 26.2 为宜。

7. 局部地形平均坡度及坡度方差

局部地形坡度表示的是地形曲面上某一点处，其法向量与垂直方向的夹角。通过求取地形区域内所有点的地形坡度，并求取其所有点坡度的平均值作为局部地形平均坡度，可以用来表述该点处地形斜率的情况，从而描述出区域地形的变化急剧缓慢。

首先，分别计算某一点 (i,j) 处经度方向和纬度方向上的地形坡度值，公式如下：

$$S_\lambda(i,j) = \frac{1}{6}[\sum_{k=-1,0,1} h(i+1,j+k) - \sum_{l=-1,0,1} h(i-1,j+l)] \quad (5.28)$$

$$S_\varphi(i,j) = \frac{1}{6}[\sum_{k=-1,0,1} h(i+k,j+1) - \sum_{l=-1,0,1} h(i+l,j-1)] \quad (5.29)$$

则局部地形点处的坡度值为

$$S(i,j) = \arctan(\sqrt{S_\lambda^2(i,j) + S_\varphi^2(i,j)}) \tag{5.30}$$

区域地形平均坡度值及坡度方差的计算公式为

$$\bar{S} = \frac{1}{MN}\sum_{i=1}^{M}\sum_{j=1}^{N} S(i,j) \tag{5.31}$$

$$\sigma_S^2 = \frac{1}{MN}\sum_{i=1}^{M}\sum_{j=1}^{N}[S(i,j) - \bar{S}] \tag{5.32}$$

由地形平均坡度、方差的定义及其物理意义可以看出，地形平均坡度值及坡度方差的值越大，地形斜率变化越丰富，起伏越明显，从而反映出区域地形内的地形信息越丰富，便更加适用于匹配算法的运算。故而在应用于地形匹配辅助导航过程中，区域地形平均坡度值及坡度方差的值越大越好。

5.2 地形适配性分析

从路径规划的角度出发，让 AUV 经过适配性较高的地形区域亦可有效提高地形辅助导航定位精度。若 AUV 能自主地对地形图进行适配性量化和对适配区域与非适配区域进行分割（图 5.2（a）），那么 AUV 便能够获得离散化的适配性示意图（图 5.2（b）），从而可以实时地规划一条经过高适配区域的路径，使 AUV 到达终点时的定位误差在较小的范围内，从而避免经过低适配区域而无法到达目标点。若想要让 AUV 能自主地利用地形图进行路径规划和导航定位误差的修正，首先需要解决的问题就是地形的适配性量化以及适配区域和非适配区域的划分问题。地形适配性分析包括两部分内容：①适配性量化；②非适配区域和适配区域的划分。因此，本章研究的主要问题就是解决以上这两个问题，由于一般离散路径搜索算法主要是基于网格化地图的[9-10]，所以本节中地形适配区划分是以先验地形图网格化为前提的。

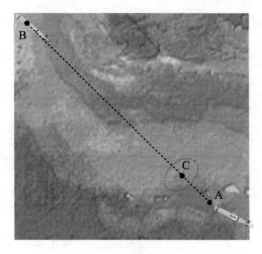 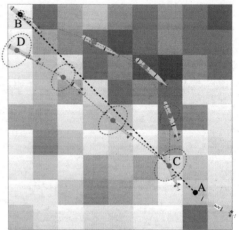

（a）地形图　　　　　　　　　（b）栅格化的适配性示意图

图 5.2　AUV 自主规划地形匹配导航路径示意图

5.2.1　地形匹配算法精度的影响因素

假设 AUV 在点 (x_a, x_a) 位置获得了测量序列 (x_i, x_j, z_{ij})，该位置的测量序列对应的先验地形插值序列为 $h_{ij}(x_i, x_j)$，地形匹配定位实际上是寻找测量序列 (x_i, x_j, z_{ij}) 在先验地形图上的位置。这里不妨将先验插值地形视为真实地形，所有的测量误差以高度误差形式存在，并全部计入测量地形中，那么测量误差即为先验插值地形与测量地形的高度偏差 ε_{ij}，偏差的马氏距离表示如下：

$$\sum_{i=1}^{m}\sum_{j=1}^{n}\frac{1}{\sigma_{ij}^2}(z_{ij}-h_{ij}(x_i,x_j))^2 = L \tag{5.33}$$

对式（5.35）进行线性化处理，得到线性化的似然函数。

$$\sum_{i=1}^{m}\sum_{j=1}^{n}\frac{1}{\sigma_{ij}^2}\left(\varepsilon_{ij}-\frac{\partial \hat{h}_{ij}(\cdot)}{\partial x_{ij}}\Delta x\right)^2 = L \tag{5.34}$$

地形匹配定位过程是一个平移搜索与匹配过程，目的就是求得上式的最小值对应的 Δx。对 L 求导数得到

第5章 水下地形可导航区域分析

$$\frac{\partial L}{\partial X} = 2\sum_{i=1}^{m}\sum_{j=1}^{n}\frac{1}{\sigma_{ij}^2}\left(\varepsilon_{ij} - \frac{\partial \hat{h}_{ij}(\cdot)}{\partial x_{ij}}\Delta x\right)\frac{\partial \hat{h}_{ij}(\cdot)}{\partial x_{ij}} \tag{5.35}$$

式中，X 表示地形匹配定位点；x_{ij} 表示测量地形的节点；L 取得极小值时有 $\sum_{i=1}^{m}\sum_{j=1}^{n}\left(\frac{\partial L}{\partial x_{ij}}\right) = 0$，可以解得 Δx。

$$\Delta x = \frac{\sum_{i=1}^{m}\sum_{j=1}^{n}\frac{1}{\sigma_{ij}^2}\frac{\partial \hat{h}_{ij}(\cdot)}{\partial x_{ij}}\varepsilon_{ij}}{\sum_{i=1}^{m}\sum_{j=1}^{n}\frac{1}{\sigma_{ij}^2}\left(\frac{\partial \hat{h}_{ij}(\cdot)}{\partial x_{ij}}\right)^2} \tag{5.36}$$

考虑到地形匹配定位的搜索匹配过程是二维数据的高度序列匹配过程，Δx 代表匹配得到的位置偏差，$\frac{\partial \hat{h}_{ij}(\cdot)}{\partial x_{ij}}$ 表示地形的变化梯度。考虑到地形是一个具有方向性的曲面，因此 $\frac{\partial \hat{h}_{ij}(\cdot)}{\partial x_{ij}}$ 也将会表现为各向取值不同。由此可以推断 Δx 的取值也将是各向不同的。式（5.35）中每一个测点的误差不能真正得到，所以不能通过式（5.36）得到定位点的偏移量 Δx，但从式（5.36）中得到启示，可以推断地形匹配定位点的方向分布。下面将基于这一结论进行必要的理论分析，得到地形适配性的量化表示。那么可以从式（5.35）中得到如下结论。

（1）地形匹配算法精度与地形测量误差以及地形的梯度变化有关。

（2）地形梯度变化大的地形区域将获得更高的地形匹配定位精度，而降低测量误差也可以提高定位精度。

（3）地形匹配定位的偏移概率与局部地形梯度变化量有关，而且由于地形的梯度变化在各个方向上都有所不同，因此地形匹配定位的偏移概率在不同方向上也会有所不同。

最后一条结论将是非常重要的，它说明了一个很重要的问题。如果地形的梯度变化在某一个方向上有较大的取值而在另一个方向上的取值非常小，那么这个地形区域的匹配定位结果将很可能沿地形梯度变化较小的方向发生偏移，也就是说地形梯度变化较小的方向将对地形匹配定位精度起到主导作用。

5.2.2 地形匹配算法精度评价指标

地形面是一个在 XY 下平面内具有方向性的三维曲面,基于 Nygren[11]的研究可知,可以通过增加测量波束来提高地形匹配定位的精度。假设已知地形的测量误差为高斯分布 $N(0,\sigma^2)$,一个地形匹配定位精度的评价指标可以由式(5.37)表示,该式实际上表示任意一个方向 e 的地形信息量。

$$I_e(X^t) = E\left(-\frac{1}{\sigma^2 mn}\sum_{k=1}^{m}\sum_{l=1}^{n}\left(\frac{\partial h_{kl}(\cdot)}{\partial e}\right)^2\right) \tag{5.37}$$

式中,e 表示以定位点为原点、指向任意一个方向的单位向量;m 和 n 表示地形节点的行和列数;$h_{kl}(\cdot)$ 表示序号为 (k, l)、位置坐标为 (x_{kl}, y_{kl}) 的地形节点在先验地形图中的插值结果;$I_e(X^t)$ 表示地形在任意一个方向 e 上的信息量;σ^2 表示地形测量误差的方差。考虑到地形的梯度变化沿任意方向 e 的取值是不同的,而且 e 的取值无解析解。为了便于计算 $I_e(X^t)$ 的取值和后面的分析研究,有必要对 e 进行离散处理,如图 5.3 所示计算局部地形信息量时的 8 个离散方向。

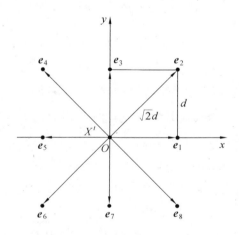

图 5.3 计算局部地形信息量时的 8 个离散方向

将式(5.37)离散化表示为式(5.38),$I_{e_i}(X^t)$ 的逆是克拉美-罗下界[11-12],这个值可以用于评价地形匹配定位的精度。

$$I_{e_i}(X^t) = -\frac{1}{\sigma^2 mn} \sum_{k=1}^{m} \sum_{l=1}^{n} (\hat{h}_{kl}(X^t) - \hat{h}_{kl}(X^t + d \cdot \boldsymbol{e}_i))^2 \tag{5.38}$$

式中，$\boldsymbol{e}_i$ 表示 8 个离散方向的单位向量；d 表示求解地形梯度时的计算步长。因此，式（5.38）表示地形匹配定位的精度，$I_{e_i}(X^t)$ 的取值越大表示该地形可以获得越高的匹配精度；反之，$I_{e_i}(X^t)$ 的取值越低则可能获得的匹配精度也越低。从式（5.38）中很明显地可以看出来，该式的取值受到三个因素的影响。

（1）地形的梯度变化项 $(\hat{h}_{kl}(X^t) - \hat{h}_{kl}(X^t + d \cdot \boldsymbol{e}_i))$，该项的取值越大则表明地形匹配的定位精度越高。

（2）在选择不同的方向向量 $\boldsymbol{e}_i$ 时，式（5.38）的取值将会不同，这也表示地形匹配的定位结果也将是各向异性的。

（3）地形测量误差的统计量 σ，该值表示地形测量误差的量化参数，取值越大表明地形中包含的噪声越大，地形匹配的定位精度越低。

通过前面的分析得到了地形匹配定位精度的影响因素，接下来将进一步分析地形适配性的量化问题。

5.2.3 地形适配区域量化指标

以 $C_b^{e_i}$ 表示地形匹配定位的克拉美-罗下界，则有

$$C_b^{e_i} = (I_{e_i}(X^t))^{-1} \tag{5.39}$$

式中，$C_b^{e_i}$ 表示地形匹配搜索定位在 $\boldsymbol{e}_i$ 方向的定位偏差的方差下界；同时该值的大小与定位点的分布概率有关，较大的取值表明该方向的地形匹配搜索定位点分布集中，不易产生较大的偏差，反之则表示该方向上的定位点分散，容易产生较大的定位偏差。

如图 5.4（a）和图 5.4（b）所示，RTM1 和 RTM2 表示两个具有完全不同地形特征的地形图，图 5.4（c）和图 5.4（d）表示分别利用 RTM1 和 RTM2 进行 10 次匹配定位的定位点分布以及 RTM1 和 RTM2 的 8 个方向上的 $C_b^{e_i}$ ($i=1, 2, \cdots, 8$) 取值，其中 $C_b^{e_i}$ 画在以 GPS 为原点、$C_b^{e_i}$ ($i=1, 2, \cdots, 8$) 为极轴长度并以 $\boldsymbol{e}_i$ 为方向的极坐标系中。从图 5.4（a）中可以看到 RTM1 的地形信息量（Terrain Information Content,

TIC）取值具有很明显的方向性特点，在图中 RTM1 的 TIC 最小值方向（用黑色箭头标注的方向）上地形变化缓慢，从图 5.4（c）中可以看到在该方向上的 CRLB 要大于其他方向的取值，而且 10 次地形匹配定位结果的分布也可以看到，定位点沿 $C_b^{e_i}$ 取值较大的方向发生了较大的偏移。而 RTM2 的方向性分布较弱也即是说 RTM2 在各个方向上的梯度变化差别不大，从图 5.4（d）中可以看到 RTM2 在 8 个方向的 $C_b^{e_i}$ 没有太明显的区别，10 次地形匹配定位试验的结果分布在 GPS 位置附近，虽然其分布也有一定的偏移，但是偏移方向不太明显。从以上的分析可以看到，$C_b^{e_i}$ 取值越大（或者说 $I_{e_i}(X^t)$ 的取值越小），越会增加地形匹配搜索定位点发生偏移的概率。

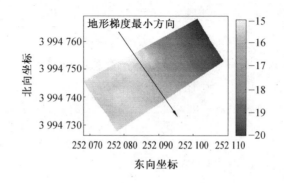

（a）RTM1

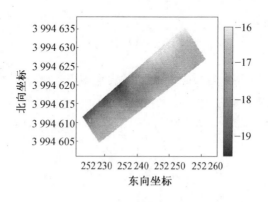

（b）RTM2

图 5.4 RTM1 和 RTM2 的 $C_b^{e_i}$ 取值以及通过 RTM1 和 RTM2 匹配定位获得的定位点

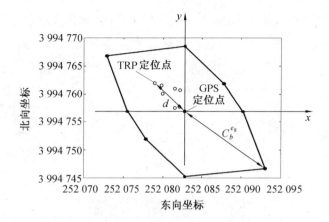

(c) RTM1 的 $C_b^{e_i}$ 取值以及地形匹配搜索定位点相对于 GPS 定位位置的分布

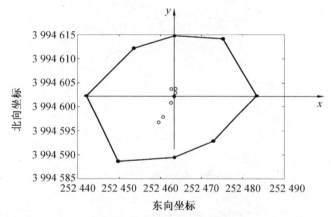

(d) RTM2 的 $C_b^{e_i}$ 取值以及地形匹配搜索定位点相对于 GPS 定位位置的分布

○—定位点分布；●—GPS 位置；d—定位点的偏移距离

续图 5.4

根据以上分析，将地形的 8 个方向的信息量 $I_{e_i}(X^t)$ ($i=1, 2, \cdots, 8$) 的最小值定义为地形适配性评价指标（Evaluation Index of Matchability，EIM），EIM 的计算如式（5.40）所示。从这个定义式中可以得出 EIM 是一个具有方向性的参数，在 EIM 的方向上地形匹配定位的偏移概率最大，从地形匹配定位的概率分布函数可以得出。如图 5.5（a）所示为 RTM1 的地形匹配似然函数，该似然函数在 EIM 方向上的下降梯度明显要小，其定位概率在 EIM 方向上的较大范围内取值较高。图 5.5（b）所示为 RTM2 的地形匹配似然函数，该似然函数在 EIM 方向上的下降梯度与其他方向相比处于同等水平，其定位概率在 EIM 方向上的分布较均匀。由此，可以通过式（5.40）计算任意一个地形的适配性。

$$\text{EIM} = \min(I_{e_i}(X^t)) = \min\left(-\frac{1}{\sigma^2 mn}\sum_{i=1}^{I}\sum_{j=1}^{J}(\hat{h}_{ij}(X^t)-\hat{h}_{ij}(X^t+d\cdot\boldsymbol{e}_i))^2\right) \quad （5.40）$$

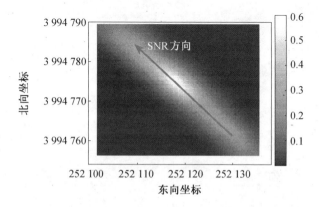

（a）RTM1 的地形匹配似然函数

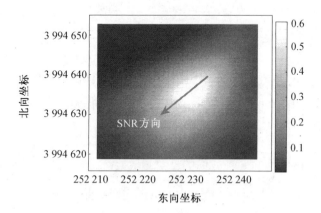

（b）RTM2 的地形匹配似然函数

图 5.5 RTM1 和 RTM2 中定位的似然函数

5.3 最优适配区域划分

由前面有关地形匹配定位精度的分析可知,地形匹配定位的精度与地形的特征有关,某一地形区域能够提供地形匹配定位精度的预先评价参数称为地形的适配性。适配性越高的区域可以获得越高的地形匹配定位精度。因此,在地形匹配导航过程中希望 AUV 能够经过适配性较高的区域,这里适配性地图就必不可少了,作为地形匹配定位误差分析理论的进一步推广,接下来的内容将讨论地形图的适配性分析问题。考虑到路径规划方法一般是基于网格化地图的,所以地形适配性划分主要是获得网格化的适配区域分布图。

5.3.1 任意网格条件下的适配性计算

一个值得关心的问题是在先验地形图网格化条件下地形图中的适配区域和非适配区域的最优划分问题。不同网格大小时地形图的适配区域划分示意图如图 5.6 所示。

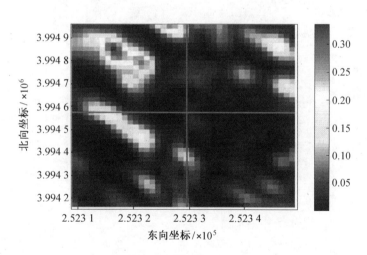

(a) 4 个分块下的适配区和非适配区分割情况

图 5.6 不同网格大小时地形图的适配区域划分示意图

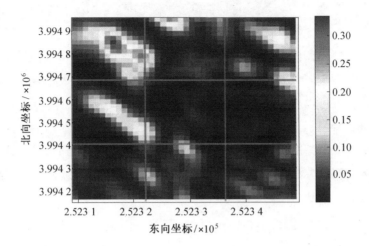

(b) 9个分块下的适配区和非适配区分割情况

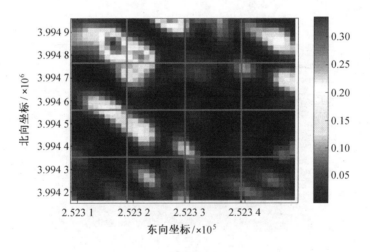

(c) 16个分块下的适配区和非适配区分割情况

续图 5.6

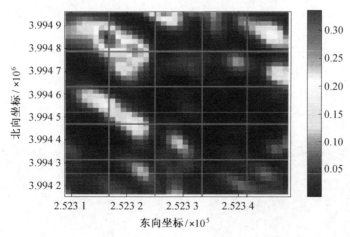

(d) 25 个分块下的适配区和非适配区分割情况

续图 5.6

图 5.6（a）~（d）描述了网格大小逐渐减小的过程中，网格中的适配区域和非适配区域的变化情况。随着网格大小的变化，先验地形图中的适配区域和非适配区域被分配到不同的网格中或者被划分到同一个网格中，而在划分的过程中每一个网格的适配性也在发生变化。现在面临的问题是，网格边长是否存在某一个取值且在该取值下地图中的适配区域和非适配区域被最优分配到不同的网格中。

接下来的内容将以如图 5.7 所示的先验地形图为研究对象，首先计算在任意网格大小时地形图的适配性量化结果，具体步骤描述如下。

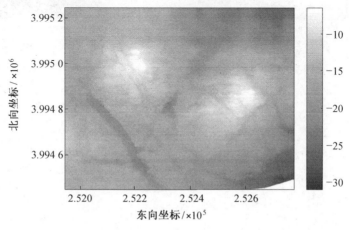

图 5.7 地形适配性划分的先验地形图

（1）根据式（5.41）计算每一个节点(i,j)的 8 方向信息量，计算结果如图 5.8 所示。

$$\text{PEIM}_{ij}^{e_i} = \frac{1}{\sigma^2}(\hat{h}_{ij}(X^t) - \hat{h}_{ij}(X^t + d \cdot e_i))^2 \qquad (5.41)$$

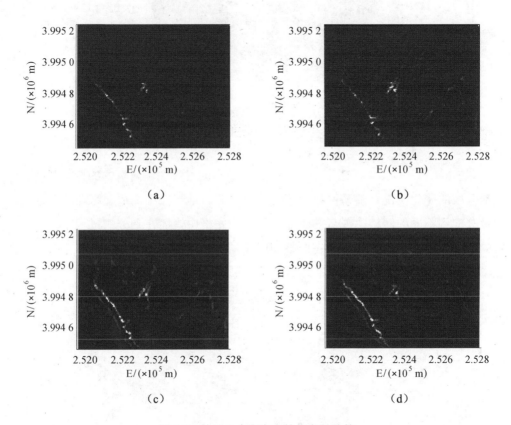

图 5.8　地形 8 个方向上的信息量计算

注：N 代表北向坐标；E 代表东向坐标

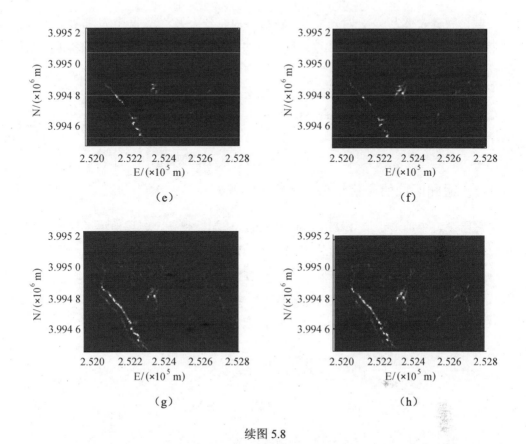

续图 5.8

(2) 网格化过程中的网格大小由网格边界上的地形节点数目定义,网格大小的取值区间定义为$[p_{\min}, p_{\max}]$,其中$p_{\min}$和$p_{\max}$由多波束的条带宽度确定,其取值应该尽量接近多波束条带的宽度b,在本节中取值为$p_{\min}=0.75\,b$,$p_{\max}=1.25\,b$。对于某一个编号为(k, l)的分块,假设其网格大小为$p \times p$,这里p表示网格边界上的地形节点数目。由此可以得到编号为(k, l)的地形网格的地形适配性。

$$I_{e_i}^{p}(k,l) = -\frac{1}{p^2} \sum_{i=1}^{p} \sum_{j=1}^{p} \text{PEIM}_{ij}^{e_i} \quad (5.42)$$

编号为(k, l)的子地图的适配性EIM_{kl}可以由式(5.43)得到。

$$\text{EIM}_{kl} = \min(I_{e_i}^{p}(k,l)) \quad (5.43)$$

假设网格大小为 $p\times p$ 时先验地形图的分块总数为 $K\times L$，其中 K 和 L 分别表示地形图的分块行数和列数。由此可以得到分块子地图大小为 $p\times p$ 时的先验地形图适配性量化矩阵为

$$\mathrm{EIM}^p = \begin{bmatrix} \mathrm{EIM}_{11} & \mathrm{EIM}_{12} & \cdots & \mathrm{EIM}_{1L} \\ \mathrm{EIM}_{21} & \mathrm{EIM}_{22} & \cdots & \mathrm{EIM}_{2L} \\ \vdots & \vdots & & \vdots \\ \mathrm{EIM}_{K1} & \mathrm{EIM}_{K2} & \cdots & \mathrm{EIM}_{KL} \end{bmatrix} \tag{5.44}$$

5.3.2 适配区域的最优划分

对于某一个地形子块 EIM_{ld}，取值越大，适配性越高。假设地形子块的大小为 $p\times p$，总分块数为 $K\times L$ 时，地形分块子地图的适配性序列 EIM_{kl}（$k=1,2,\cdots,K$；$l=1,2,\cdots,L$）的均值表示为 a_1；高适配性子块序列为 EIM_{kl}（$k=1,2,\cdots,K_1$；$l=1,2,\cdots,L_1$）均值为 a_2；低适配性子块序列为 EIM_{kl}（$k=1,2,\cdots,K_2$；$l=1,2,\cdots,L_2$），均值为 a_3，a_1、a_2、a_3 的取值由式（5.45）求解。

$$\begin{cases} a_1 = \dfrac{1}{KL}\sum_{k=1}^{K}\sum_{l=1}^{L}\mathrm{EIM}_{kl} \\ a_2 = \dfrac{1}{K_1 L_1}\sum_{k=1}^{K_1}\sum_{l=1}^{N_1}\mathrm{EIM}_{kl}, \quad \mathrm{EIM}_{kl} < a_1 \\ a_3 = \dfrac{1}{K_2 L_2}\sum_{k=1}^{K_2}\sum_{l=1}^{N_2}\mathrm{EIM}_{kl}, \quad \mathrm{EIM}_{kl} > a_1 \end{cases} \tag{5.45}$$

图 5.9 所示表示了 a_1、a_2、a_3 三个量在数轴上的位置，从左向右适配性逐渐增加，a_2 越接近左边的端点表明非适配区域的分块中的地形适配性越低，而 a_3 越接近右侧端点则表明高适配性分块中的地形适配性越高。为了使适配区域和非适配区域尽可能划分到不同的网格中，要求 a_2、a_3 的取值尽可能向两端靠近。用 a^p 表示 a_2 与 a_3 在数轴上的距离，当 a_2 与 a_3 分别向两端靠近时 a^p 的取值增加，并在最优分割位置取得最大值，定义此时的子块大小为 $p_{\mathrm{optimal}}\times p_{\mathrm{optimal}}$，到此最优分块的所有参数求解完毕。

图 5.9 适配区的分割效果

$$a^p = a_3 - a_2 \tag{5.46}$$

地形适配区域最优划分算法描述如下。

算法 1： $[p_{\text{optimal}}]$ =最优区域（$PEIM_{ij}^{e_i}$）计算程序。

Input： $PEIM_{ij}^{e_i}$

1: **for** $p = p_{\min}$： $p_{\max}$ **do**（p 表示地形子块的大小，以网格数表示）

2: $K = \text{floor}\left(\dfrac{m}{p}\right)$, $L = \text{floor}\left(\dfrac{n}{p}\right)$ （计算地形图的分块行列数 K, L）

3: **for** k=1： K+1 **do**

4: **for** l=1 : L+1 **do**

 for e_i=1 : 8 **do**

5: $\text{EIM}_{kl}^{e_i} = \dfrac{1}{p^2}\sum_{i=1}^{p}\sum_{j=1}^{p}(PEIM_{ij}^{e_i})$

 end for

 $\text{SNR}_{kl} = \max(\text{SNR}_{kl}^{e_i})$

6: end for

7: end for

8: calculate a_1：

9: calculate a_2 and a_3：

10: calculate a^p: $a^p = a_3 - a_2$

11: end for

12: $a_m^p = \max(a^p)$ （计算 a^p 的最大值）

13: $p_{\text{optimal}} = \text{find}(p \to a_m^p)$

14: **output**: p_{optimal}

以实际地形说明上述算法的实用性，对图 5.7 所示的地形区域进行适配性计算，地图面积为 891 m×922 m，地图的网格大小为 1 m×1 m。假设对该地图进行分块时的网格区间为[60, 100]，根据算法 1 中的步骤可以解算出网格边界地形节点数与适配区域分割评价参数 a^p 之间的对应曲线。计算结果如图 5.10 所示，a^p 取值随着子地图边界地形节点数的增加而变化，在子地图边界地形节点数目为 87 时取得最大值。

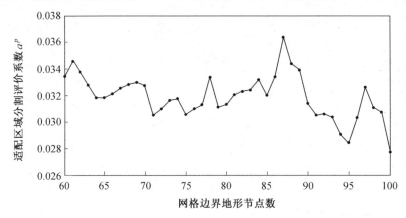

图 5.10　分块子块的边界地形节点数和适配区域分块评价指标 a^p 的关系曲线

图 5.11 表示地图的最终划分结果，图 5.11（a）表示在适配区域最优分割条件下各个分块子地图的适配性分布，图 5.11（b）表示在适配区域最优分割条件下的先验地形图划分情况。

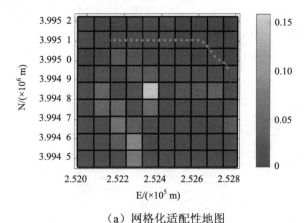

（a）网格化适配性地图

图 5.11　先验地形图适配区域分割结果

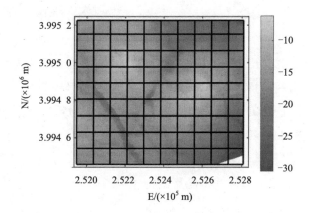

(b）网格化先验地形图

续图 5.11

5.4 地形辅助导航最优路径规划

5.4.1 改进人工势场法

在对水下地形特征的丰富程度进行量化后，理论上为了得到最高的地形匹配成功率，其路径应尽可能沿地形特征最为丰富的区域。然而在某些情况下，若仅以高地形特征为优化目标会使 AUV 航行路径过长而影响 AUV 水下作业。考虑到 AUV 载体和其水下作业的特殊性，地形路径规划应以短路径、经过的平均地形特征最高为优化目标。针对这一问题，本节提出一种基于改进人工势场法的地形匹配导航路径规划方法，以目标点以及高地形特征丰富区域为引力极，低地形特征丰富区域为斥力极，使 AUV 在该势场中受到引力场和斥力场的共同作用尽可能避开低适配区域并向目标点前进。

1. 算法模型

传统势场法的构造是应用引力与斥力共同对 AUV 产生作用[13]，其总势场和合力为

$$U_{\text{tot}} = U_0 + U_g \tag{5.47}$$

$$F_{\text{tot}} = F_0 + F_g \tag{5.48}$$

式中，U_0 和 F_0 分别表示引力场和引力；U_g 和 F_g 分别表示斥力场和斥力；其中 $F_0 = -\nabla U_0$，$F_g = -\nabla U_g$。引力和斥力共同作用于 AUV 并使其朝目标点前进。在某些情况下，若目标点以及高 TFIC 区域的引力等于低 TFIC 区域产生的斥力，即 $F_{\text{tot}}=0$ 时，人工势场法会产生极小值点从而导致 AUV 不能到达目标位置。针对这一问题，本节引入栅格环境模型，将栅格节点作为人工势场的信息单元，通过计算目标点、高 TFIC 区域、低 TFIC 区域对栅格节点的不同影响构建势场，避免了作用力的矢量计算，从根本上解决了人工势场法局部最优的问题。

根据地形特征丰富程度的度量，将水下地形分为最优适配区、一般适配区和非适配区，由水下地形的特性可知在水下地形中大部分区域为非适配区，最优适配区和适配区较少且不连续，在路径规划中应尽可能使 AUV 航行于（最优）适配区，而缩短在非适配区内的航行距离。

用栅格法进行路径规划时，需要将水下地形区域划分成 $M \times N$ 个尺寸相等的栅格，相对于（最优）适配区和目标点，每个栅格点都会具有一定的势能，定义最优适配区的势场分布为

$$U_T = \frac{AU_0}{(1+d)^2} \tag{5.49}$$

式中，A 为此适配区的面积；d 为某点与此适配区中心点的距离；U_0 为单位面积最优适配区的势场。一般适配区的势场分布与最优适配区类似，定义为

$$U_T = \frac{\omega AU_0}{(1+d)^2} \tag{5.50}$$

式中，ω 为比例系数，$\omega = \dfrac{\overline{\text{TFIC}} - T_2}{T_1 - T_2}$，其中 $\overline{\text{TFIC}}$ 为地形 Fisher 信息量在该区域内的平均值。

为了使 AUV 路径向目标点前进，定义目标点的势场分布为

$$U_{\text{obj}} = \frac{U_{\max}}{(1+l)^2} \tag{5.51}$$

式中，$U_{\max}$ 为最大允许势能；l 为目标点到规划栅格点的距离。

假设某栅格节点由 m 个适配区域 $\{S_i\}_{i=1}^{m}$ 和目标点共同作用产生的势能为 U，其定义如下：

$$U = \begin{cases} \sum_{i=1}^{m} \dfrac{A_i U_0}{(1+d_i)^2} + U_{\text{obj}}, & d < 5\sqrt{A} \\ U_{\text{obj}}, & d \geqslant 5\sqrt{A} \end{cases} \quad (5.52)$$

在路径规划中，由 K 条首尾相连的线段表示最优路径，AUV 路径的起点和终点分别为第一条线段的首端和第 K 条线段的尾端。本节规划的目的是使规划的整个路径单位长度平均势能最高，且路径长度最短，对此引入辅助势能函数 $U_{\text{line},k} = \dfrac{L_0}{L_k}$，则整条路径经历的平均势能为

$$\overline{U} = \dfrac{\sum_{k=1}^{K} U + \lambda U_{\text{line},k}}{\sum_{k=1}^{K} L_k} \quad (5.53)$$

式中，λ 为可调节系数，其大小可根据实际需要确定。

2. 最优路径搜索方案

假定 AUV 的出发位置和目标位置分别为 $A(x_{\text{sta}}, y_{\text{sta}})$ 和 $B(x_{\text{obj}}, y_{\text{obj}})$，取 AB 两点的连线 L 并限制对角线的矩形区域作为路径规划空间，并假设只有此空间内的（最优）适配区域才能产生势能。将连线 L 沿垂直方向分成长度为 l 的 K 等份并在分界点上作连线的垂线，令起点 A 所在的垂直高度为 $H_1=Kl$，目标点 B 所在的垂直高度为 $H_{K+1}=0$。根据上述限定，路径规划空间如图 5.12 所示。

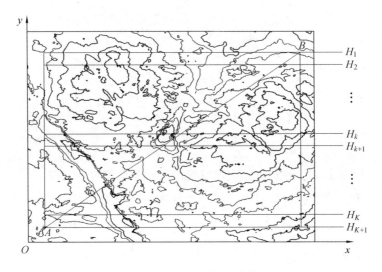

图 5.12 路径规划空间限制

在限定规划空间后，路径规划问题可描述为若高度 H_k ($k=1, 2, \cdots, K$) 上的第 i 个节点为规划节点，将此参考节点与高度 H_{k+1} 上的 N 个节点相连形成 N 条线段，并分别计算其势能并选取势能最高的线段作为第 k 层的最优路径。其最优路径搜索如图 5.13 所示。

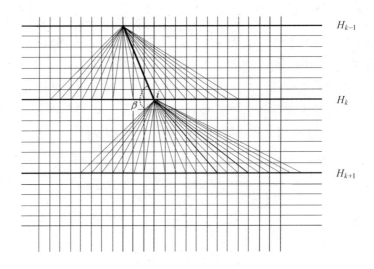

图 5.13 最优路径搜索

图 5.13 中，从 H_{k-1} 到 H_k 的线段表示第 $k-1$ 次的最优搜索路径线段。点 i 为高度为 H_k 的路径点。由于 AUV 载体的特性，取搜索限制角 β 以避免出现路径急转弯现象。在计算路径线段的势能时，若此线段上恰好经过某个栅格节点，则累加这个栅格节点的势能；若经过某层时没有经过栅格节点，则累加最近两个栅格节点势能的加权平均。同时，为了不使路径过长，路径线段还具有和线段长度成反比的势能，因此线段的势能是栅格点相对适配区的势能与线段本身势能的和。循环计算从 H_k ($k=1, 2, \cdots, K$) 到 H_{k+1} 之间平均势能最大的线段并将其依次相连，即可得到所求规划路径。由上可知，地形匹配规划得到的路径是平均势能最大的线段，包括适配区域对规划路径产生的势能和路径本身产生的势能。通过调节参数 λ 可以改变二者对路径规划的影响，从而使规划路径趋于最短或者趋于适配区域。

3. 路径规划结果

用某次多波束测深试验得到的 DTM 进行地形匹配路径规划，规划海区大小为 1 000 m×900 m。令中间规划点数目为 10，即 K=11 且在垂直方向上等距排列，分别取不同的栅格数目对海底地图进行划分，分别进行仿真试验，则路径规划结果如图 5.14 所示。

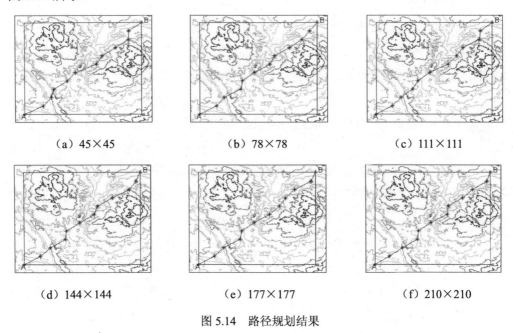

(a) 45×45　　　　(b) 78×78　　　　(c) 111×111

(d) 144×144　　　(e) 177×177　　　(f) 210×210

图 5.14 路径规划结果

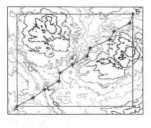 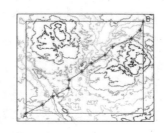 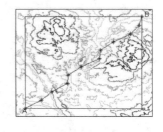

(g) 243×243　　　　　　　(h) 276×276　　　　　　　(i) 309×309

续图 5.14

5.4.2　A*算法

A*算法是一种单向启发式搜索算法[10,14]，其实质是将要解决的问题涉及的相关知识直接带入到算法之中以提高运算效率。相较于应用于路径规划领域的遗传算法和蚁群算法等，A*算法具备可采纳性和最优性，即若起点与终点之间存在连线，A*算法总能找到连接起点和终点的最优化路径。本节基于A*算法，利用地形高程熵和地形高程差异熵作为地形特征描述，设计了水下地形匹配的路径规划方法。

1. 环境建模

常用于海底环境的建模方法主要有栅格法、单元树法和自由空间法等。其中单元树法计算单元之间连接关系时开销大，自由空间法存在障碍物过多时，算法实现困难等缺点，而栅格法简单易于实现，更适合作为AUV海底路径规划中的环境建模方法。

文中环境建模包括物理空间建模和匹配空间建模，其中物理空间建模具体步骤如下。

（1）对实际海图中提取的地形高程进行处理，对规则化的网格高程数据依次在 x、y 方向上取 $M \times N$ 区域内的地形高程矩阵，取平均值简化环境模型，得到简化地形高程矩阵 h。

（2）使用循环函数和选择函数对矩阵 h 进行处理，若 $h(i,j)$ 大于设定的阈值，将 $h(i,j)$ 设定为 inf，否则将其设定为 0。

根据采用匹配算法不同，匹配空间建模共包含地形熵方差空间建模和地形差异熵方差空间建模两种。具体步骤如下。

对实际海图中的地形高程依次取 $m \times n$ 区域进行熵值计算,得到熵值矩阵 $\boldsymbol{H}$,即

$$\boldsymbol{H} = \begin{bmatrix} H(1,1) & \cdots & H(1,b) \\ \vdots & & \vdots \\ H(a,1) & \cdots & H(a,b) \end{bmatrix}, \quad a = \frac{M}{m}, b = \frac{N}{n} \tag{5.54}$$

依次在熵值矩阵中取 $d_1 \times d_2$ 的不重合区域计算其方差 Δ,即

$$\Delta = \sum_{i=1}^{d_1 \times d_2} (H_i - \overline{H})^2 \tag{5.55}$$

式中,$\overline{H}$ 为熵值矩阵各元素的均值。得到方差矩阵后,由于方差矩阵中方差差异较大,不利于路径规划使用,对其进行处理,将方差最大值设为 $\Delta'_{\max}$,最小值设为 $\Delta'_{\min}$,其他数字变换使用公式:

$$\Delta' = c\Delta^{0.2} + d \tag{5.56}$$

式中,Δ' 为处理之后的方差数据,c、d 使用式(5.57)计算。

$$\begin{cases} c = \dfrac{101}{\Delta_{\min}^{0.2} + \Delta_{\max}^{0.2}} \\ d = 1 - \dfrac{101}{\Delta_{\min}^{0.2} + \Delta_{\max}^{0.2}} \Delta_{\min}^{0.2} \end{cases} \tag{5.57}$$

2. 算法的设计与实现

地形匹配路径规划的基本思想是,在实现避障和路径最短的前提下尽量使路径远离地形匹配效果较差区域,即地形高程熵值较高的区域向地形高程熵值较低区域靠拢,以增强路径上 AUV 的地形匹配效果。主要思路是构建包含控制参数和判据的代价矩阵 $\boldsymbol{f}(n)$,$\boldsymbol{f}(n)$ 是 $\boldsymbol{f}^*(n)$ 的估价,可以表达为

$$\boldsymbol{f}^*(n) = h^*(n) + g^*(n) + c \cdot m(n) \tag{5.58}$$

式中,$h(n)$ 为 n 点到目标 G 最优路径的代价;$g(n)$ 为 n 点到起点 S 的最优路径的代价;c 为控制参数;$m(n)$ 为 n 处的判据,是判断该点地形匹配效果的依据。将地形熵方差和地形差异熵方差作为判据或判据的一部分引入 A^* 算法,通过一次次寻找当前点附近代价最小值来确定下一步的指向,最终达到终点。可以说该算法是一个基于控制

参数和判据的路径规划算法。算法设计如下。

（1）构建环境空间，设定起始点 S、目标点 G，障碍物，建立存储指向（包括方向 R、L、U、D、RD、LD、RU、LU）的元胞矩阵和存储 $f(n)$ 值的矩阵。

（2）将起点放入开始队列，代价队列取 0，启发函数取无穷大，令结束队列表为空表。

（3）在开始队列表中选取最小代价函数值的节点，移至结束队列表，若该节点为终点，则运算结束；若不为终点，继续进行步骤（4）。

（4）计算相邻节点代价和启发函数，对每一个相邻节点进行判断：若节点在开始队列表中，放弃该节点并将其置于步骤（3）节点的后续节点表中，计算 g 值判断是否更新开始队列表；若节点在结束队列表中，同样的方法更新结束队列表；若节点既不在开始队列表也不在结束队列表，将其放入开始队列表和步骤（3）节点的后续节点，计算其代价函数值。

（5）根据存储指向的元胞矩阵从终点向起点反推，绘制规划路径。

3. 路径规划结果

利用上述理论建立栅格化模型，并搜寻出一条合适的从起点运行至终点的路线，以及该路线上的匹配区域中心点，对 AUV 前进方向上的适配区域逐步进行优化搜索，形成适配区域或目标辅助区域，并得到优化后的 AUV 的行进路线如图 5.15 所示。

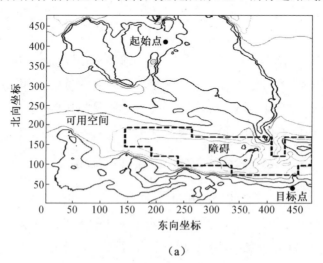

（a）

图 5.15　环境建模和地形匹配路径规划结果

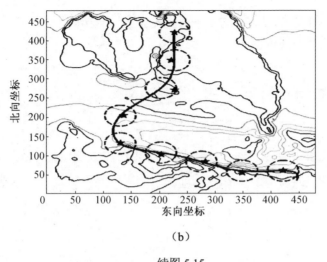

(b)

续图5.15

5.4.3 粒子群优化算法

1. 算法模型

粒子群优化算法是一种集群智能进化计算方法,目前被广泛应用于函数优化、模式分类、优化调度、航路规划等领域[15-16]。其核心思想是利用速度、位置更新公式,对粒子解空间分布进行迭代,并通过适应度函数 $F(x)$ 来不断修正粒子群的个体最优解 p_{Best} 和群体最优解 g_{Best},最终在解空间寻得最优解。其速度和位置更新公式如下:

$$v_{i,j}^{t+1} = \omega v_{i,j}^{t} + c_1 r_1 \frac{(p_{i,j}^t - x_{i,j}^t)}{\Delta t} + c_2 r_2 \frac{(p_{g,j}^t - x_{i,j}^t)}{\Delta t} \tag{5.59}$$

$$x_{i,j}^{t+1} = x_{i,j}^{t} + v_{i,j}^{t+1} \Delta t \tag{5.60}$$

式中,$v_{i,j}^t$,$x_{i,j}^t$ 分别代表粒子 i ($i=1,2,\cdots,k$) 第 j ($j=1,2,\cdots,m$) 维上的分量在 t 时刻的速度和位置;$p_{i,j}^t$,$p_{g,j}^t$ 分别表示单个粒子在 t 时刻搜索到的最优位置;Δt 为迭代时间间隔;r_1,r_2 是服从均匀分布的随机数;c_1,c_2 为加速度常数,通常取 $c_1=c_2=2$;ω 为惯性权重,取值较大时,粒子飞行速度变化幅度较大,全局寻优能力强,局部寻优能力弱,反之当 ω 取值较小时局部寻优能力强,全局寻优能力弱。

为了提高算法在迭代初期的全局搜索能力和迭代后期的局部搜索能力，可以让惯性权重随着迭代次数线性减小，即

$$\omega = \omega_{\max} - N^{\text{iter}} \cdot \frac{\omega_{\max} - \omega_{\min}}{N_{\max}^{\text{iter}}} \tag{5.61}$$

式中，N^{iter} 为当前迭代次数；$N_{\max}^{\text{iter}}$ 为总迭代次数。

通过总结相关文献中关于 ω 大小的选取对算法收敛速度影响的结论，通常取 $\omega_{\max}=0.9$，$\omega_{\min}=0.4$，以此保证算法在快速收敛的同时具有较好的全局搜索能力。

2. 问题分析与建模

在地形匹配过程中，应尽量减少航行器机动带来的测量误差，故可以视航行器仅在水平面内运动，航路规划也相应简化成 2D 模式。水下航行器航路规划，需要在约束条件下（包括任务要求、水下地形障碍、航行器机动限制及潜在威胁等）找到一个有序点集 $P=\{S, P_1, P_2, \cdots, P_n, T\}$，将各位置点按照顺序连接，即得到一条可行的航路，水下航行器航路规划原理图如图 5.16 所示。其中 S 为起始点，T 为终点。灰色封闭区域为航行约束条件。由于地形匹配过程中对水下航行器的机动有一定要求，故所选各位置点及其连线也应受到约束，即两点间距为航行器最小直航距离 $l_{\min}$，位置点 P_i 及其连线与灰色封闭区域没有交点。

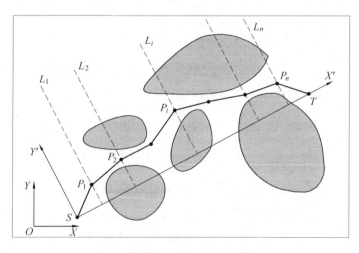

图 5.16 水下航行器航路规划原理图

为了减少 PSO 算法搜索维数,建立以 S 为原点、ST 连线为横轴的坐标系 $X'SY'$,两坐标系中对应点的坐标变换公式可以表示为

$$\begin{bmatrix} x'_i \\ y'_i \end{bmatrix} = \begin{bmatrix} -\cos\theta & -\sin\theta \\ \sin\theta & -\cos\theta \end{bmatrix} \begin{bmatrix} x_s \\ y_s \end{bmatrix} + \begin{bmatrix} -\cos\theta & -\sin\theta \\ \sin\theta & -\cos\theta \end{bmatrix} \begin{bmatrix} x_i \\ y_j \end{bmatrix} \tag{5.62}$$

式中,(x, y)和(x', y')分别为转换前后的坐标;θ 为旋转前后对应坐标轴的夹角。

$$d = \frac{l_{ST}}{n+1} \geqslant l_{\min}$$

为了满足最小直航距离 $l_{\min}$ 的约束,以步长 l_{ST} 为起始点与终点的直线距离,作 SX'的垂线,得到直线簇 $L = \{L_1, L_2, \cdots, L_n\}$ 平行于 $Y'S$。p_n 为对应直线 L_n 上的位置点,通过改变 p_n 在直线 L_n 上的位置,就能得到不同的航路。由于 p_n 的横坐标为 $n \cdot d$,故 PSO 算法只需确定有序点集 $P = \{S, P_1, P_2, \cdots, P_n, T\}$ 对应的纵坐标集 $Y = \{0, y_1, y_2, \cdots, y_n, 0\}$,就能得到唯一航路与之对应。为了确保 p_n 经式(5.62)反变换后的坐标均处于数字地图中,其纵坐标应进行如下限制:

$$y_j^{\min} \leqslant y'_{i,j} \leqslant y_j^{\max}$$

其中,$y_j^{\min}$ 和 $y_j^{\max}$ 由直线簇 L 与数字地图坐标边界(原坐标系 X、Y 轴)交点确定。

通过上节分析可知,PSO 算法通过适应度函数 $F(x)$ 来实现粒子群最优解的修正,故确定适应度函数 $F(x)$ 是实现航路规划算法的基础。通常,航路规划以航路长度为评判标准,长度越短,航路越好。如果用 P_0 和 P_{n+1} 表示 S 和 T,则航路长度可表示为

$$l_i(y) = \sum_{j=0}^{n+1} l_{p_j p_{j+1}} = \sum_{j=0}^{n+1} \sqrt{d^2 + (y'_{i,j} - y'_{i,j+1})^2} \tag{5.63}$$

式中,$y_{i,j}$ 为第 i 个粒子在第 j 条垂线上的纵坐标。该航路对应的地形熵值为各点对应地形熵之和,即

$$H_{l_i} = \sum_{j=0}^{n+1} H_{i,j} \tag{5.64}$$

式中，$H_{i,j}$ 表示第 i 个粒子在 $(j \cdot l_{\min}, y_{i,j})$ 点处的地形熵值。

该航路针对地形辅助导航进行规划，故应兼顾考虑航路长度和航路地形熵值，即应以短航路、低地形熵值为优化目标。由于航路长度和地形特征度量的量纲不同，故应进行归一化处理，即

$$F_i^1 = \frac{l_{ST}}{l_i(y)} \tag{5.65}$$

$$F_i^2 = \frac{(n+2)H_{\min}}{H_{l_i}} \tag{5.66}$$

式中，F_i^1 为航路长度适应度函数；F_i^2 为航路地形熵值适应度函数（以大为优）；$H_{\min}$ 为地图中最小地形熵值。故目标适应度函数可以表示为

$$F_i = k_1 F_i^1 + k_2 F_i^2 \tag{5.67}$$

式中，k_1，k_2 为权重系数，其大小取决于航路长度和地形熵在任务中的重要程度。

由式（5.63）和式（5.64）可以看出，规划航路长度 $l_i(y)$ 和其对应地形熵 H_{l_i} 均为分母，故 F_i 应以大为优。

3. 路径规划结果

以地形熵为例，在路径规划中设地形熵值较大区域为障碍区域，同时为了便于计算，令规避区域为矩形区域。同时考虑到海底地形测量误差及制图过程中引入的误差，参考国际航道测量组织于 1994 年制定的国际航道测量组织（International Hydrographic Organization，IHO）航道测量标准，将障碍区域向外适当膨胀来弥补数字地图误差。地形匹配路径规划结果[10]如图 5.17 所示。

第 5 章 水下地形可导航区域分析

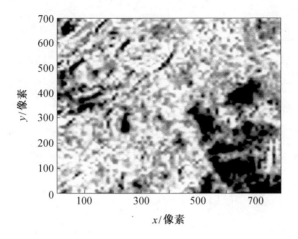

（a）地形熵分布

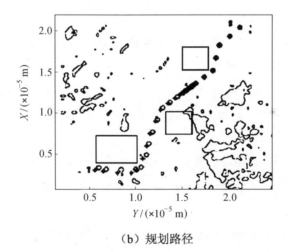

（b）规划路径

图 5.17 地形匹配路径规划结果

本章参考文献

[1] 隋刚, 郝兵元, 彭林. 利用高程标准差表达地形起伏程度的数据分析[J]. 太原理工大学学报, 2010, 4: 381-384, 401.

[2] SCHIAVONE G A. Recent advances on terrain database correlation testing[J]. Proc

Spie, 1998, 3369:364-376.

[3] 齐战杰, 高璟. 地形匹配辅助导航的地形适配性分析[J]. 无线电工程, 2001, S1: 29-31, 77.

[4] 李雄伟, 刘建业, 康国华. 熵的地形信息分析在高程匹配中的应用[J]. 应用科学学报, 2006, 6: 608-612.

[5] CHEN P Y, SHEN P, ZHANG P F, et al. Path planning of underwater terrain-aided navigation based on improved artificial potential field method[J]. Marine Technology Society Journal, 2019, 53(2): 65-74.

[6] 陈媛, 杨栋. 基于信息熵的属性约简算法及应用[J]. 重庆理工大学学报(自然科学版), 2013, 1: 42-46.

[7] 韩雪峰, 晏新村, 李建军, 等. 水下无源导航系统匹配区域选择分析[J]. 全球定位系统, 2013, 1: 49-51, 56.

[8] 苏康, 关世义, 柳健, 等. 在不同地形条件下的地形辅助导航系统定位精度评估[J]. 宇航学报, 1998, 1: 85-90.

[9] CHAARI I. Design and performance analysis of global path planning techniques for autonomous mobile robots in grid environments[J]. International Journal of Advanced Robotic Systems, 2017, 14(2): 1-15.

[10] LI Y, MA T, CHEN P Y, et al. Autonomous underwater vehicle optimal path planning method for seabed terrain matching navigation[J]. Ocean Engineering, 2017, 133(10): 107-115.

[11] NYGREN I. Terrain navigation for underwater vehicles[D]. Stockholm: PhD Thesis of Royal Institute of Technology, 2005.

[12] 陈小龙. AUV 水下地形匹配辅助导航技术研究[D]. 哈尔滨: 哈尔滨工程大学, 2013.

[13] 毛宇峰. 智能水下机器人路径规划技术研究[D]. 哈尔滨: 哈尔滨工程大学, 2006.

[14] 马腾. AUV 测深信息同步定位与建图方法研究[D]. 哈尔滨: 哈尔滨工程大学, 2019.

[15] 谌剑, 李恒, 张静远. 水下地形辅助导航最优航路规划[J]. 鱼雷技术, 2012,

4:276-280.

[16] 祖伟. 基于粒子群优化算法的水下潜器实时路径规划技术研究[D]. 哈尔滨: 哈尔滨工程大学, 2008.

第6章 水下地形辅助导航系统

水下地形匹配导航作为一种独立无源的导航方式，只要搜索范围足够大、DTM精度足够高且测深误差足够小，就可以满足 AUV 长时间潜航时连续导航的需求。然而在实际中由于 DTM 的精度、地形获取传感器量测误差以及 AUV 搭载计算机计算能力的限制，很难单独采用地形匹配导航技术进行 AUV 水下导航。在地形匹配导航系统中，参考导航系统是整个系统的主要信息源，它给地形匹配模块提供位置信息，通常将地形匹配导航系统和参考导航系统的组合称为地形辅助导航系统。通常情况下，参考导航系统为 INS 或 DR。

无论是地形匹配导航，还是 INS 或 DR 的导航结果，均为真实导航情况的状态估计，同时由于各种导航方法所用传感器特性和导航原理的不同，所得到的导航结果并不一致，因此地形辅助导航问题可以表示为多源传感器导航的信息融合问题。本章分析了影响匹配导航误差的因素，从信息融合原理出发，提出地形匹配导航对参考导航系统的修正方法，并从模块化设计思想出发，设计了 AUV 水下地形辅助导航系统的体系结构，设计了地形辅助导航半物理仿真系统，并进行了基于船载多波束测深系统的地形匹配导航试验。

6.1 水下地形辅助导航系统的修正方式

在使用地形匹配进行导航时，需要将水下地形匹配导航和参考导航系统相结合，形成 AUV 水下地形辅助导航系统（Underwater Terrain Aided Navigation System，UTANS）。UTANS 将地形匹配导航结果作为观测量，实现潜航时的参考导航系统累积误差修正，能满足 AUV 长时间水下导航需求。根据是否有反馈，按照组合导航模式，地形匹配导航的结果对参考导航系统的修正方式可分为开环组合和闭环组合两种[1]。

第 6 章 水下地形辅助导航系统

在开环组合中，地形匹配单元的搜索范围和初始位置由参考导航单元提供，并将地形匹配导航结果与参考导航数据融合后的信息作为导航输出。因此开环组合的稳定性较高，且容易实现，即使地形匹配单元出现错误定位也不会影响到参考导航单元，系统稳定性高。开环组合方式的缺点在于没有利用地形匹配信息对参考导航系统的基本导航信息进行修正，参考导航系统提供的初始定位误差随时间累积，地形匹配定位的搜索范围也随之增加，从而导致地形匹配的计算量随着时间推移而增大。UTANS 的开环组合方式如图 6.1（a）所示。

UTANS 的闭环组合方式如图 6.1（b）所示，在闭环组合中，地形匹配单元的匹配结果在和参考导航数据融合并输出导航数据的同时，又对参考导航单元进行修正。由于有地形匹配导航结果的修正，因此可以有效抑制参考导航单元的累积误差，同时较小的初始误差可以有效减小地形匹配时的搜索范围，从而减小匹配计算量。但是由于闭环组合模式直接使用地形匹配导航的结果来修正参考导航单元的导航数据，因此当地形匹配导航的误差较大时，采用闭环组合模式不但不能提高导航系统的导航精度，还会对参考导航系统的导航信息造成污染，从而使导航结果产生波动。

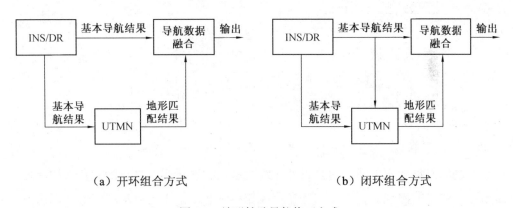

（a）开环组合方式　　　　　　　（b）闭环组合方式

图 6.1　地形辅助导航修正方式

从以上分析可知，基于开环组合和闭环组合方式的地形辅助导航修正都有缺陷，当 AUV 潜航时，采用开环组合方式的地形匹配修正有利于导航结果稳定输出，但是会对地形匹配的实时性造成影响；采用闭环组合方式可以对参考导航误差进行修正，可有效缩小地形匹配定位的搜索区域，但对地形匹配的误差敏感。

综合开环组合和闭环组合方式的优点，结合 6.3 节提出的定位-跟踪的地形匹配导航策略，本节提出一种包含有效性判定环节地形辅助导航修正方式，即当地形匹配导航滤波时，若出现位置方差估计和连续导航时间低于事先设定的阈值时，导航结果直接修正参考导航单元；若高于事先设定的阈值，则激活搜索定位模式进行地形匹配搜索定位。同时为了减小误差较大的地形匹配搜索定位结果对参考导航信息的污染，在将其用于修正参考导航单元之前进行定位结果的有效性判定，只有当判定结果有效匹配时才将定位结果和参考导航结果进行融合，并对 INS/DR 的导航误差进行修正。改进地形辅助导航修正方式如图 6.2 所示。

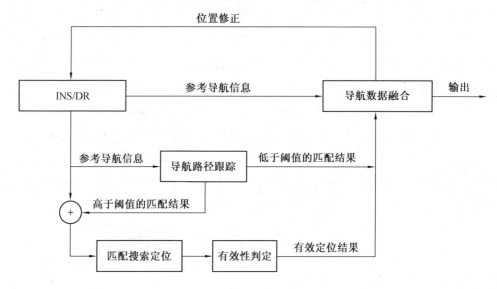

图 6.2 改进地形辅助导航修正方式

改进的地形修正方式同时具有开环组合修正和闭环组合修正的特点，如果地形匹配导航滤波的出现位置方差估计和连续导航时间低于事先设定的阈值，则认为导航结果有效，实行闭环组合方式，融合后的导航结果用于修正参考导航单元；当导航滤波的位置方差估计和连续导航时间达到阈值时，激活地形匹配搜索定位并对定位结果进行有效性检测，此时执行开环组合方式，导航滤波和匹配搜索定位的结果均不用于修正参考导航单元；若判定搜索定位的结果是有效定位，此时执行闭环组合修正方式，匹配结果用于导航数据融合并修正参考导航单元，同时对导航滤波进行初始化。

研究水下地形匹配导航的最终目的是建立 AUV 水下地形辅助导航系统。本章以 AUV 常用的传感器为模型，进行水下地形辅助导航系统的设计，最后提出了基于多传感器条件下的 AUV 水下地形辅助导航系统结构。

6.2 水下地形辅助导航系统的误差分析

AUV 在水下地形匹配时，并不是每一次匹配运算都能得到正确的定位值，由于各种噪声的影响，地形匹配导航结果总是存在一定程度的偏差。从水下地形匹配的实施过程来看，地形匹配误差的来源可分为三个部分：DTM 制图误差，实时地形测量误差和匹配算法误差。数字地图制图误差在前文中已经分析，因此这里主要探讨实时地形测量误差和匹配算法误差，分析导致误差的因素以及减小误差的方法。

6.2.1 实时地形测量误差

在地形匹配导航中，首先要进行实时地形测量，地形测量精度直接影响地形匹配精度。实时地形测量包括当前时刻的实时测量数据和结合参考导航系统所建立的多采样周期地形数据的组合。因此有两个原因会使实时地形测量产生误差：一是地形获取传感器的量测误差；二是参考导航系统的误差[2-3]。

水下地形匹配所采用的地形获取传感器包括声学高度计、DVL 以及多波束测深系统等。地形获取传感器的测深数据由波束角和波束旅行时间决定（声学高度计的波束角为零）。由第 3 章的研究可知，声速是对测深数据的解算精度影响最大的一个因素。声速对测深数据解算精度的影响包括：影响声线追踪和补偿，影响波束角归位。

对声线追踪和补偿来说，多波束数据处理中假定 SVP 沿水深方向分层且在数据处理中同一层的声速结构是均匀的。但实际上很难实现这种理想条件，若某个 SVP 内的声速结构不均匀，这个 SVP 内的声线计算会产生水平位移，同时到下一声速层的入射角也会发生变化，影响下一层的折射角。在波束旅行过程中，这种影响具有累积效应[4]。

声速剖面的分层特性不仅影响声线追踪和补偿，还会使得波束的宽度发生改变，不利于控制波束。声速的测量误差与 SVP 的个数成反比，同时还和波束入射角有关，波束的折射角随着入射角的增大而增大，同时测深点坐标推算的误差也增大。与中央波束相比，声速测量误差对边缘波束的影响要大很多[5]。

利用声学传感器进行地形测量时，还需要考虑在发射声脉冲时 AUV 实时姿态的影响。同时在多个地形测量周期内，还需要考虑参考导航系统误差对测深点相对位置的影响。因此在地形匹配过程中，其地形测量时间不能过长，以免过大的参考导航系统误差对地形匹配产生消极影响。

6.2.2 匹配算法误差

当利用测深传感器获取实时地形数据并与 DTM 提取的先验地形组成地形匹配面后，匹配算法的特性也会对地形匹配导航的结果产生影响。参考导航系统提供的初始位置定位误差、实时地形测量误差、DTM 制图精度等因素都可以影响到水下地形匹配算法的性能[2,6]。

对于地形匹配搜索定位方法来说，地形匹配的初始搜索区域范围由参考导航系统得到，参考导航数据的初始位置误差越大，地形匹配的实施中其搜索范围越大，过大的搜索范围严重影响地形匹配的效率。对于地形匹配导航滤波方法来说，较大的初始位置误差使得滤波的收敛时间延长，AUV 航行更长的距离才能得到有效的地形匹配结果。总体来说，初始位置误差对地形匹配搜索定位的影响小于对地形匹配导航滤波的影响。

实时地形测量对地形匹配算法的影响与 DTM 制图精度类似。对于地形匹配搜索定位，较大的实时地形测量误差和较低的 DTM 制图精度会使得匹配位置的概率降低，得到的匹配位置偏离 AUV 的真实位置；对于地形匹配导航滤波，较大的实时地形测量误差和较低的 DTM 制图精度将使得粒子权值分布和真实状态有差异，导航滤波的精度也会因此降低。

由此可以看出，地形匹配导航算法误差和地形测量精度密切相关（DTM 制图精度很大程度上取决于在先验地形测量时的地形测量精度），提高测量精度有助于改善地形匹配算法的性能。由于初始位置误差对地形匹配搜索定位的影响相对小于对地形匹配导航滤波的影响，因此可以将两种算法相结合以提高地形匹配导航的性能。

6.2.3 误差减小方法

从上面的分析可知，减小地形辅助导航系统误差需要做到如下几点。

（1）在不影响计算量的前提下增加声速剖面的分层个数，提高声速测量的精度。

（2）准确地测量地形获取传感器在进行地形测量时 AUV 载体的位姿信息，修正 AUV 摇荡对实时测深数据的影响。

（3）在组合测深数据的获取中，在减小地形数据冗余度的前提下尽量减小地形测量时 AUV 的航行距离，减小参考导航系统带入的误差。

（4）在保证算法实时性的前提下使用多个相互独立的地形匹配算法，并对其导航结果进行融合处理，提高地形匹配算法精度和可靠性。

6.3 水下地形辅助导航系统的设计

建立 AUV 水下地形辅助导航系统，是研究水下地形匹配导航的最终目的。本节以 AUV 常用导航传感器为原型，进行了地形匹配导航系统的设计，建立了基于 AUV 水下地形匹配辅助导航系统的体系结构。

6.3.1 硬件系统

水下地形匹配导航所需要的硬件系统由参考导航系统、地形获取传感器系统、地形匹配计算机三部分组成。

1. 参考导航系统

参考导航系统用于为地形匹配运算提供初始的定位信息，其精度不影响地形匹配的最终精度，因此参考导航系统可采用低精度的 INS 或者通过 DR 来实现。参考导航系统的主要传感器为低精度的陀螺仪与加速度计搭配的低成品 INS，或 DVL 与罗经搭配的 DR 导航系统。另外，参考导航系统还需要为水下地形的实时测量提供姿态信息，对获取的局部水下地形数据提供空间归位所需的信息。

2. 地形获取传感器系统

地形获取传感器系统的作用是获取实时、高精度的局部水下地形数据，用于地形匹配运算，因此其又被称为地形匹配传感器。常用的水下地形测量传感器包括声学高度计、DVL 和多波束测深系统等。由于局部水下地形测量的精度直接影响到地形匹配的精度，因此水下地形测量传感器需要尽可能采用高精度的测深设备。

由于水下声速在垂直面上是变化的，如果水下地形测量的结果不进行修正会导致匹配精度较低，因此需要声速剖面仪作为辅助传感器，为水下地形测量提供当前的声速剖面信息，修正水下地形的测量结果。

3. 地形匹配计算机

地形匹配计算机是硬件系统的核心，负责对参考导航系统和水下地形测量传感器数据进行处理，并通过地形匹配算法与参考地形数据库中的地形信息进行比较，从而解算出当前 AUV 所处的实际位置。

AUV 水下地形辅助导航的硬件结构及其和 AUV 控制执行机构的关系如图 6.3 所示。

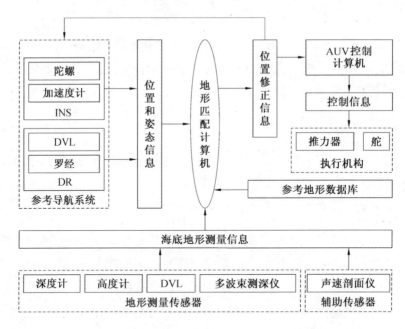

图 6.3 AUV 水下地形辅助导航的硬件结构及其和 AUV 控制执行机构的关系

6.3.2 体系结构

参考飞行器的地形匹配导航系统，设计 AUV 水下地形辅助导航系统结构如图

6.4 所示。由图 6.4 可知，AUV 水下地形辅助导航系统包括以下几个功能模块。

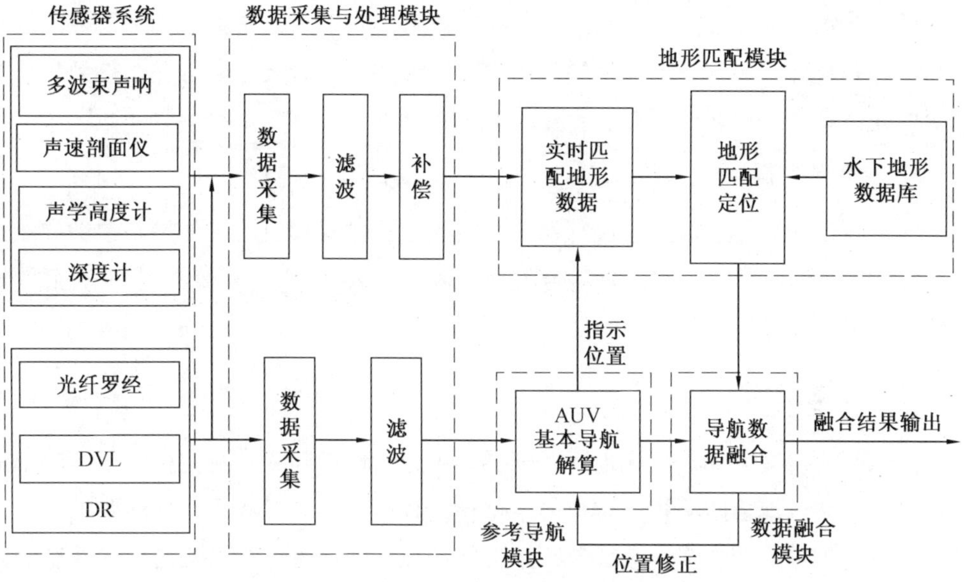

图 6.4　AUV 水下地形辅助导航系统

1. 传感器系统

以某型 AUV 为例，其传感器包括：由 GS+多波束测深侧扫仪、声速剖面仪、单波束测深仪和深度计等组成的地形获取传感器系统；由光纤罗经和 DVL 组成的 DR 导航系统。

2. 数据采集与处理模块

在参考导航系统中，数据采集与处理模块以设定的采样周期获取光纤罗经和 DVL 信号，并对获取的数据进行处理，给参考导航模块提供 AUV 的姿态和速度信息。在地形匹配导航中，数据采集与处理模块负责采集地形获取传感器得到的实时测深信息，并对其进行滤波等后处理流程，给地形匹配模块提供实时地形测量数据。

3. 参考导航模块

UTANS 的参考导航模块通常为 INS 或者 DR，某型 AUV 用 DR 作为参考导航系统，通过接收 AUV 的姿态和速度信息，推算出 AUV 当前的参考导航数据。

4. 地形匹配模块

通过接收参考导航模块提供的参考导航数据，从 DTM 中提取局部海域的地形序列，并和数据采集与处理模块提供的实时地形测量数据做匹配运算，得到当前的匹配位置信息。

5. 数据融合模块

地形匹配的目的是对导航进行修正，因此数据融合模块的工作是将参考导航数据信息和地形匹配位置信息进行融合处理并输出到 AUV 主控计算机，将融合后的导航结果用于参考导航模块误差的修正。

6.3.3 导航策略

由前面的研究可知，海底地形匹配导航可分为地形匹配搜索定位和连续的地形辅助导航滤波。地形匹配搜索定位的定位精度较高，但其对测深设备的要求较高，且在定位间隔内不能实现连续导航；地形辅助导航滤波可以满足实时地形导航修正要求，且对测深设备的要求较低，但其对初始误差比较敏感，且存在粒子退化现象，虽然可以通过改进抑制，但并不能完全消除。综合两种方法的优点，在路径规划获取最优适配区域的基础上，本节提出一种基于定位-跟踪的双重模式地形匹配导航策略，即同时采用搜索定位和导航滤波两种模式进行海底地形匹配导航。

1. 搜索定位模式

当 AUV 开始潜航或潜航一段时间后，导航系统的误差需要进行修正时，开启多波束测深系统进行搜索模式下的海底地形匹配定位，并利用定位结果修正导航系统的误差，休眠多波束测深系统，进入导航滤波模式。

2. 导航滤波模式

进入导航滤波模式后，如果连续出现位置方差估计高于预先设定的阈值，或到达预先设定的定位区域，则退出导航滤波模式，再次开启多波束测深系统进行搜索模式下的海底地形匹配定位。

在定位-跟踪模式下，导航滤波可以实现搜索定位间隔内的实时导航，弥补了搜索定位算法不能实现连续定位的缺陷，且导航滤波模式对测深设备要求较低，可以采用低成本、低能耗的传感器，避免了长期开启多波束测深系统造成的大量能源消

第 6 章 水下地形辅助导航系统

耗；另外，导航滤波模式有效减小了导航系统的累积误差，大大缩减了搜索定位时的搜索区域，提高了搜索定位的实时性；而搜索定位较高精度的匹配结果可以有效降低导航滤波的初始误差，因此其适合于 AUV 进行潜航时连续精确导航定位的需求。

由于海底地形的适配区域较少且不连续，AUV 在潜航时不可避免地会航行于非适配区[7-8]。当 AUV 长期航行于非适配区时，若仅使用导航滤波方法进行地形匹配可能会出现位置方差、估计方差过大的情况，导致导航精度下降或出现滤波发散现象；另外，当长时间地形匹配导航滤波跟踪后，无论采用哪种方法均有可能产生滤波性能的下降，影响地形匹配导航结果。因此当出现两种情况时，需要通过搜索定位方式进行地形的精确定位，并对导航滤波跟踪进行初始化。

6.4 水下地形辅助导航半物理仿真系统

在进行水下地形匹配辅助导航的外场试验前，通过可靠的水下地形辅助导航仿真系统对地形匹配导航进行仿真研究是一项必不可少的内容，可以最大限度地避免在外场试验时由于方法缺陷所造成的匹配失败问题，同时大大降低了研究成本。本节基于上节提出的 AUV 水下地形辅助导航系统的体系结构，利用 Vega 视景仿真平台[9]设计了 AUV 水下地形辅助导航半物理仿真系统。地形辅助导航半物理仿真系统的硬件体系结构如图 6.5 所示，其中 AUV 导航控制舱为实物，在半物理仿真系统中，环境信息等模拟信息通过以太网实时发送到 AUV 导航控制舱的各处理机中，控制和导航信息也通过以太网发回仿真计算机中，并操纵仿真系统中的"AUV"执行相应指令。

地形辅助导航仿真系统应包含以下几个模块：载体运动仿真模块、地形测量仿真模块、参考导航仿真模块、数据采集与处理模块、地形匹配模块、数据融合模块、海洋环境仿真模块和人机交互模块等。由于数据采集与处理模块、地形匹配模块和数据融合模块为仿真系统需要验证的内容，因此下面重点介绍载体运动仿真模块、参考导航仿真模块、地形测量仿真模块、海洋环境仿真模块和人机交互模块的设计思路。

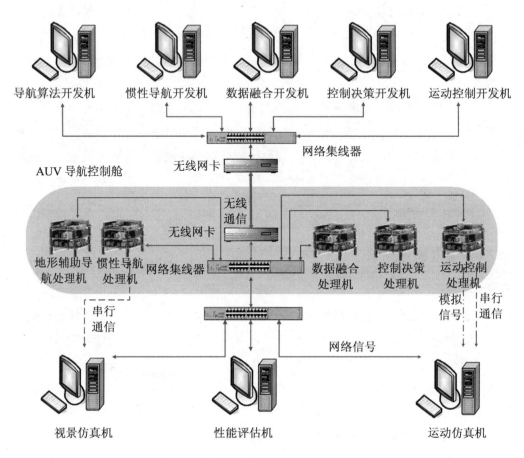

图 6.5 半实物仿真系统的硬件体系结构

6.4.1 载体运动仿真模块

载体运动仿真模块用于提供 AUV 水下航行时的运动状态数据,根据仿真试验的要求产生不同的运动轨迹和航行方式,为参考导航模块提供 AUV 载体加速度和姿态等数据信息。

载体运动仿真模块建模需要构建两个坐标系[10]:定系 $E\text{-}\xi\eta\zeta$ 和动系 $O\text{-}xyz$,二者均按照右手定则确定。其中 $E\text{-}\xi\eta\zeta$ 作为惯性参考坐标系,原点 E 取海平面上一点,$E\zeta$ 轴垂直指向地心,$E\xi$ 轴和 $E\eta$ 轴分别为东向和北向坐标;动系 $O\text{-}xyz$ 为载体坐标系,原点 O 选在 AUV 的重心位置,Ox 轴、Oy 轴和 Oz 轴分别是经过原点 O 的 AUV 水线面、横剖面和纵中剖面交线,且正向按照右手定则确定,即 Ox 轴指向 AUV 艇首、Oy 轴指向右舷、Oz 轴指向艇底。两个坐标系之间的关系如图 6.6 所示。

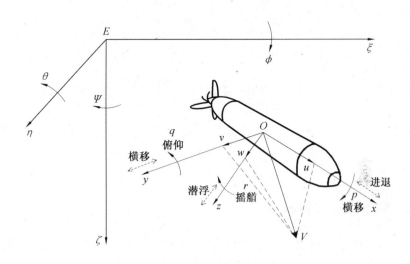

图 6.6 固定坐标系和运动坐标系

根据动量定理和动量矩定理,对 AUV 进行六个自由度建模,可得到 AUV 六个自由度的动力学方程组如下:

$$\begin{cases} m(\dot{u}+qw-rv)=X \\ m(\dot{v}+ru-pw)=Y \\ m(\dot{w}+pv-qu)=Z \\ I_x\dot{p}+(I_z-I_y)qr=K \\ I_y\dot{q}+(I_x-I_z)rp=M \\ I_z\dot{r}+(I_y-I_x)pq=N \end{cases} \quad (6.1)$$

在动力学方程组中,前三个式子为质心运动定理在动系上的表示式,后三个式子即是著名的刚体绕定点(质心)转动的欧拉动力学方程式。在方程组中,u、v、w 和 p、q、r 分别表示 x、y、z 方向的速度和角速度。AUV 的横倾角 ϕ、纵倾角 θ、航向角 Ψ 由方程组(6.2)确定。

$$\begin{cases} \dot{\phi} = p + q\tan\theta\sin\psi + r\tan\theta\cos\psi \\ \dot{\theta} = q\cos\phi - r\sin\phi \\ \dot{\psi} = \dfrac{(q\sin\phi + r\cos\phi)}{\cos\theta} \end{cases} \quad (6.2)$$

AUV 实际位置的精度和纬度由方程组（6.3）计算。

$$\begin{cases} \lambda(t) = \int_0^t \dfrac{V_\mathrm{E}(t)}{R_\mathrm{N}} \mathrm{d}t + \lambda_0 \\ \varphi(t) = \int_0^t \dfrac{V_\mathrm{N}(t)}{R_\mathrm{M}} \mathrm{d}t + \varphi_0 \end{cases} \quad (6.3)$$

式中，R_M 和 R_N 为地球主曲率半径。

6.4.2 参考导航仿真模块

参考导航仿真模块通过载体运动模块提供的 AUV 加速度和姿态信息进行导航解算，用于模拟 INS 在地形辅助导航系统中的作用。

从动力学角度出发，可建立参考导航仿真模块方程组[11]。方程组包括速度、位置、平台以及平台运动等 4 个基本方程组。速度基本方程组和位置基本方程组联立可求得运载体的位置和运动速度；平台控制基本方程组可求得加给陀螺的控制信息；平台运动基本方程组可求得惯性导航平台运动误差角。从整个控制方程组看，参考导航仿真模块的输入量是加速度计测得的比力 A_x、A_y 和地理坐标系旋转角速度 ω_x、ω_y、ω_z，输出量是 AUV 的经纬度信息 λ_c、φ_c，惯导仿真的平台误差角 α、β、γ 及运载体计算速度 $V_{\mathrm{c}x}$、$V_{\mathrm{c}y}$。导航模块仿真方程组的表达式归结如下：

$$\begin{cases} \dot{V}_{\mathrm{c}x} = A_x + \left(2\Omega\sin\varphi_\mathrm{c} + \dfrac{V_{\mathrm{c}x}\tan\varphi_\mathrm{c}}{R_\mathrm{N}}\right)V_{\mathrm{c}y} - \beta g + \Delta A_x \\ \dot{V}_{\mathrm{c}y} = A_y - \left(2\Omega\sin\varphi_\mathrm{c} + \dfrac{V_{\mathrm{c}x}\tan\varphi_\mathrm{c}}{R_\mathrm{N}}\right)V_{\mathrm{c}x} - \alpha g + \Delta A_y \end{cases} \quad (6.4)$$

$$\begin{cases} \dot{\lambda}_\mathrm{c} = \dfrac{V_{\mathrm{c}x}\sec\varphi_\mathrm{c}}{R_\mathrm{N}} \\ \dot{\varphi}_\mathrm{c} = \dfrac{V_{\mathrm{c}y}}{R_\mathrm{M}} \end{cases} \quad (6.5)$$

$$\begin{cases} \omega_{cx} = -\dfrac{V_{cy}}{R_M} \\ \omega_{cy} = \Omega\cos\varphi_c + \dfrac{V_{cx}}{R_N} \\ \omega_{cz} = \Omega\sin\varphi_c + \dfrac{V_{cx}\tan\varphi_c}{R_N} \end{cases} \tag{6.6}$$

$$\begin{cases} \dot\alpha = \omega_{cx} - \omega_x - \gamma\omega_y + \beta\omega_z + \varepsilon_x \\ \dot\beta = \omega_{cy} - \omega_y - \alpha\omega_z + \gamma\omega_x + \varepsilon_y \\ \dot\gamma = \omega_{cz} - \omega_z - \beta\omega_x + \alpha\omega_y + \varepsilon_z \end{cases} \tag{6.7}$$

6.4.3 地形测量仿真模块

地形测量仿真模块用于实时测量地形,地形测量传感器的仿真可以采用以下三种方法。

(1) 提取在 DTM 中 AUV 所处实际位置附近的水深数据,并在其基础上加上高斯白噪声模拟[12-13],传统地形测量仿真原理如图 6.7 所示。

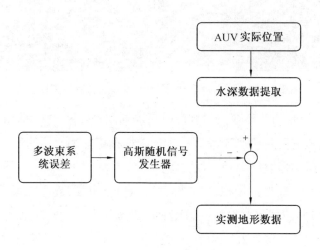

图 6.7 传统地形测量仿真原理

（2）通过 Vega 视景仿真软件的相交线检测功能[14]模拟。由于相交线检测的精度很高，因此利用 Vega 的相交线检测结果加上高斯白噪声模拟地形测量传感器，实现仿真中地形测量数据的实时获取。基于 Vega 相交线检测的多波束测深系统模拟如图 6.8 所示。

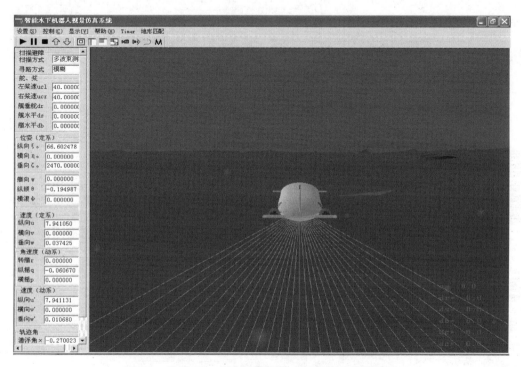

图 6.8　基于 Vega 相交线检测的多波束测深系统模拟

Vega 相交线检测的主要缺点是其同时只能返回 31 条相交线检测结果，若要实现更多波束的模拟需要对检测流程进行设计，如在相交线检测的过程中暂停其他模块的运行，以保证多帧渲染中相交线检测的一致性。

（3）回放外场试验数据模拟。所谓回放，是指仿真的数据来源于海试中获得的数据，在仿真中按照载体在获取这些数据时的真实状态依次从数据文件中读取数据，并利用这些数据完成仿真运算。由于回放式仿真的数据来源于真实的多波束测深，因此用其可以更好地检验提出的方法在真实海洋环境下的适用性。

6.4.4 海洋环境仿真模块

海洋环境仿真模块主要用于还原真实海洋环境。AUV 所受的环境干扰力复杂，如水动力影响、海流的影响、壁面效应、海水压力及温度变化等。这里只对 AUV 所受水动力和海流进行设置与仿真。

1. 流体惯性力

任意形状的刚体在无边际的理想流体中时，流体扰动运动的动能为

$$T = \frac{1}{2}\sum_{i=1}^{6}\sum_{j=1}^{6}\lambda_{ij}v_i v_j \tag{6.8}$$

流体扰动运动的动量为

$$B_i = \frac{\partial T}{\partial V_i}, \quad i=1, 2, \cdots, 6 \tag{6.9}$$

考虑到艇体的形状因素及对称性，忽略掉较小的量，可得流体惯性力为

$$\begin{cases} X_\mathrm{I} = -\lambda_{11}\dot{u} \\ Y_\mathrm{I} = -\lambda_{22}\dot{v} - \lambda_{24}\dot{p} - \lambda_{26}\dot{r} \\ Z_\mathrm{I} = -\lambda_{33}\dot{w} - \lambda_{35}\dot{q} \\ K_\mathrm{I} = -\lambda_{42}\dot{v} - \lambda_{44}\dot{p} - \lambda_{46}\dot{r} \\ M_\mathrm{I} = -\lambda_{53}\dot{w} - \lambda_{55}\dot{q} \\ N_\mathrm{I} = -\lambda_{62}\dot{v} - \lambda_{64}\dot{p} - \lambda_{66}\dot{r} \end{cases} \tag{6.10}$$

式（6.10）也可改写成用加速度系数表示的形式。

2. 黏性水动力

横倾角速度 p 引起的水动力为

$$K(p) = K_0 u^2 + K_p p + K_{p|p|} p|p| \tag{6.11}$$

由于艇体上下不对称，p 会引起其他方向的力与力矩为

$$\begin{cases} Y(p) = Y_p p + Y_{p|p|} p \mid p \mid \\ N(p) = N_p p + N_{p|p|} p \mid p \mid \end{cases} \quad (6.12)$$

由于艇体左右对称，垂直面运动 w、q 除了引起 $Z(w,q)$ 和 $M(w,q)$ 外，不产生 Y、N、K 方向的力。由水平面运动参数 v、r 引起的力和力矩除了引起 $Y(v,r)$ 和 $N(v,r)$ 之外，还会引起

$$\begin{cases} Z(v,r) = Z_w v^2 + Z_{rr} r^2 + Z_{vr} vr \\ M(v,r) = M_w v^2 + M_{rr} r^2 + M_{vr} vr \\ K(v,r) = K_v v + K_{v|v|} v \mid v \mid + K_r r + K_{r|r|} r \mid r \mid \end{cases} \quad (6.13)$$

3. 海流仿真

这里仅仅考虑定常的海流影响。由于海流没有加速度，因而只是相当于对 AUV 运动的定系叠加了一个速度。AUV 对海流的相对速度为

$$\begin{cases} u_r = u - U_c \cos(\theta) \cos(\alpha_c - \psi) \\ v_r = v - U_c \sin(\alpha_c - \psi) \\ w_r = w - U_c \sin(\theta) \cos(\alpha_c - \psi) \end{cases} \quad (6.14)$$

式中，U_c 为流速；α_c 为流向，这两个数值可通过人机交互模块进行设置。AUV 的运动方程无须做大的改动，只是把之前的定系换成随海流匀速运动的坐标系，在海流的坐标系中解算出速度值后再叠加上海流的速度，最后将位姿赋给 AUV。

6.4.5 人机交互模块

人机交互模块用于仿真系统操作人员与仿真系统的人机交互，操作人员可通过该模块装订初始仿真参数，仿真试验的数据也可以通过该模块进行在线显示、存储和事后评估。仿真程序可以分别在设置菜单中调整自动/手动、扫描方式、寻路方式、水动力系数、主尺度和对海流进行初始化，仿真程序的启动界面如图 6.9 所示。

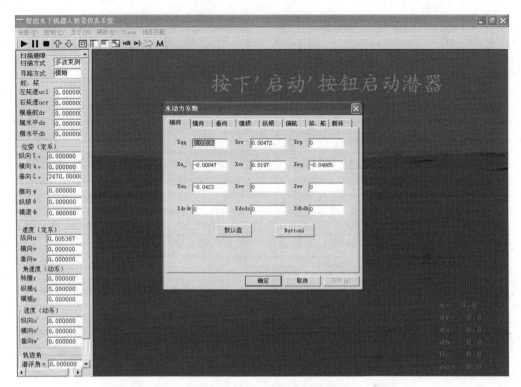

图 6.9 仿真程序的启动界面

图 6.10 所示为仿真参数设置窗口，包括扫描方式选择、寻路方式选择、海流设置、AUV 参数设置等。扫描方式包括多波束测深声呐和 DVL+高度计扫描，多波束扫描一次发射一个开角为 120°的扇面，该扇面由 31 条相交线组成，相交线检测结果以及机器人当前时刻的姿态信息被存入两个不同的 TXT 文档中；机器人的姿态信息通过对机器人推力的读取，使用船位推算的方法获得；DVL+高度计每次发射五条测线，分别在机器人东北、东南、西北、西南四个方向和垂直方向。寻路方式包括模糊法和势场法，可针对不同的控制需求进行选择；针对不同的艇型模拟，可以通过设置其水动力系数、主尺度、排水量、惯性矩和稳心高使运动控制结果更符合真实结果。还可以通过设置海流的速度大小和方向，模拟各种海流干扰条件。

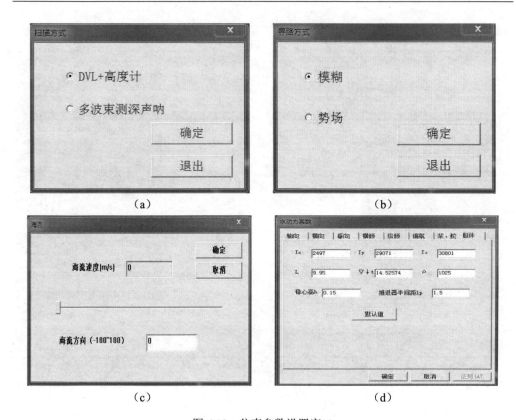

图 6.10　仿真参数设置窗口

仿真系统可以通过控制菜单栏中的加速/减速按钮控制机器人速度,也可利用控制菜单栏设置仿真时间,及启动、暂停和重启仿真程序。在显示菜单中,可以调整全屏,显示状态窗口,显示机器人轨迹等。

仿真程序的运行流程可表述为:初始化艇型和海洋环境参数——选择寻路方式——选择扫描方式——启动仿真程序——实时地形获取——地形匹配运算——匹配结果的融合和容错处理——修正导航信息。

6.4.6　仿真试验

为了对仿真系统的可靠性进行验证,基于 5.5.5 节仿真参数进行仿真试验,试验中地形测量传感器采用相交线检测的模式,相交线数目为 31 条。对 DTM 进行 Creator 地形建模[15],导入仿真系统作为相交线检测的检测目标,并进行基于定位-跟踪模式的地形匹配导航仿真试验,试验包括以下两种形式。

1. 仿真试验 1

地形匹配搜索定位后的导航滤波，即在导航开始时首先利用地形匹配搜索定位方法进行定位，之后进行地形匹配导航滤波。地形匹配定位采用 80×3 的局部"面地形"，匹配长度为 20 m；导航滤波中 DVL 和声学高度计的模拟采样时间间隔为 0.5 s，且滤波的间隔时间为 2 s，AUV 的航速为 2 kn（1 kn=1.852 km/h），开始导航时的东向和北向的初始定位误差为 30 m，UDTM 的分辨率为 1 m。有搜索定位的导航滤波如图 6.11 所示。

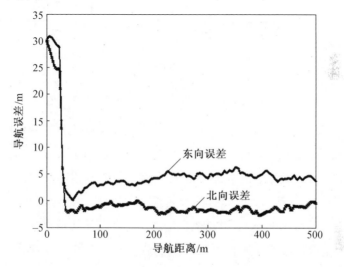

图 6.11 有搜索定位的导航滤波

由图 6.11 可以看出，在航行开始约 30 m 后，导航定位的误差迅速减小，这是由于地形匹配搜索定位的测深数据采集需要 AUV 航行一定距离，之后才能进行匹配定位、给出搜索定位结果并将此定位结果用于初始化粒子滤波。由于具有较小的初始定位误差，导航滤波的误差迅速趋于收敛。

2. 仿真试验 2

搜索定位-导航滤波切换下的双重模式导航，仿真条件与仿真试验 1 相同，进行连续的定位-跟踪仿真试验，以检验在两种模式的切换条件下，地形匹配导航的性能。由于本节所使用海底地形大小的限制，仿真中设每次导航滤波时间的阈值为 100 s。定位-跟踪切换模式下的地形匹配导航如图 6.12 所示。

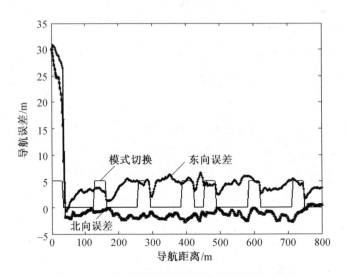

图 6.12 定位-跟踪切换模式下的地形匹配导航

图 6.12 与图 6.11 类似，由图 6.12 可以看出在每次进行地形匹配搜索定位后，系统的误差迅速减小且在定位后的导航滤波均能迅速趋于收敛状态，且由于导航滤波的误差小于参考导航系统的误差，从而能够有效缩小搜索定位的地形搜索范围。

图 6.12 中细线条表示当前位置的导航模式，"5"表示搜索定位，"0"表示导航滤波。从图中还可以看出，即使激活搜索定位模式，其也要在航行一段时间后才可以进行匹配定位，导航实时性不如导航滤波模式。在图中可以看出航行约 430 m 处提前出现搜索定位，这是因在当前位置地形特征不明显以致连续出现位置方差估计过高的情况而提前激活搜索定位模式所造成的。

仿真试验表明，AUV 在潜航时实行定位-跟踪的地形匹配导航策略，可以结合基于地形匹配搜索定位和地形辅助导航滤波的优点，同时实现间隔距离的定位修正和潜航中的导航跟踪。同时仿真试验的结果验证了，利用本节建立的地形辅助导航仿真系统进行地形匹配导航的仿真研究是可行的。

6.5 水下地形辅助导航的外场试验

基于 GS+多波束测深系统及其辅助传感器，在山东省青岛市附近某海域进行了水下地形辅助导航试验。试验过程分为先验地形获取试验和地形辅助导航试验。

6.5.1 先验地形图的获取

先验地形图获取的数据流包括先验地形图的数据测量和后处理,地形测量区域的水深在 5~40 m 之间,地形区域内不仅有沟壑和坑洼地带,而且有平坦区域,包含了大部分近海海域的海底地形特征。构建 DTM 的多波束测深数据由 20 条多波束测线组成,测量范围的大小为 1 000 m×900 m。经网格化处理,形成最小网格分辨率为 1 m×1 m 的 DTM 如图 6.13 所示。

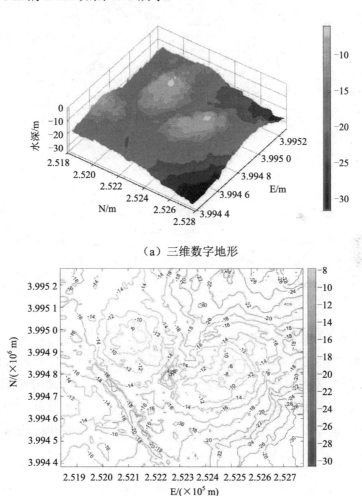

(a) 三维数字地形

(b) 等深线图

图 6.13 多波束测深得到的 DTM

图 6.13 为得到的三维地形图和等深线图,从图中可以看出:等深线图和三维地形图总体上对应,且各种地形特征都能和图 6.14 多波束自带软件输出的地形图得到较好的吻合,因此先验地形获取试验是有效的。

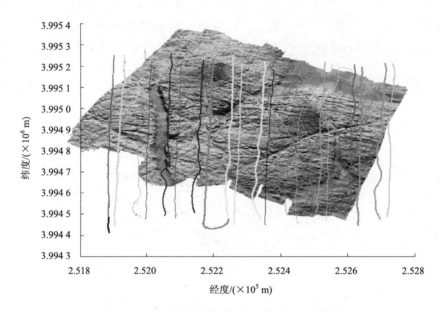

图 6.14 多波束自带软件输出地形与测线分布

6.5.2 实时地形的获取

试验采用船载多波束系统获取实时测量地形,系统由光纤罗经、多波束、GPS 接收机、测量数据处理计算机、地形匹配导航计算机组成。在获得先验地形后,在先验地形图获取海域范围内再次进行实时地形的获取,并在获取过程中记录测量过程中载体在每一时刻的姿态信息、速度信息、GPS 位置信息、多波束声呐数据等地形匹配导航过程中的全部原始输入信息。图 6.15 所示为实时地形获取过程中载体的航线信息,图 6.16 表示载体航行的艏向信息。

第 6 章 水下地形辅助导航系统

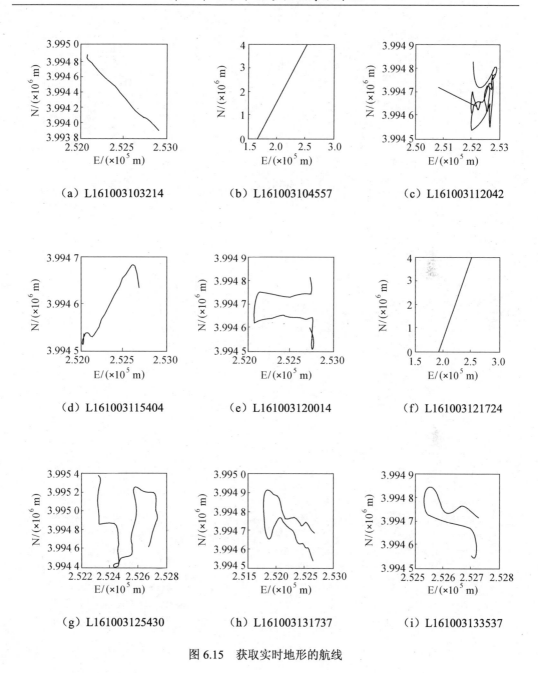

图 6.15 获取实时地形的航线

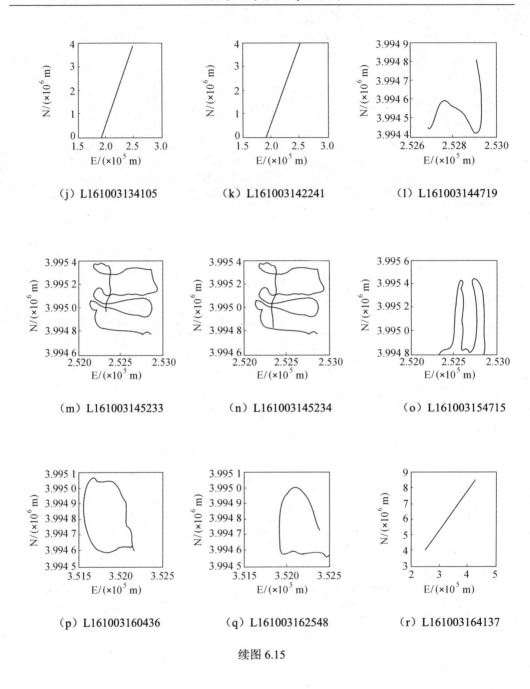

续图 6.15

第6章 水下地形辅助导航系统

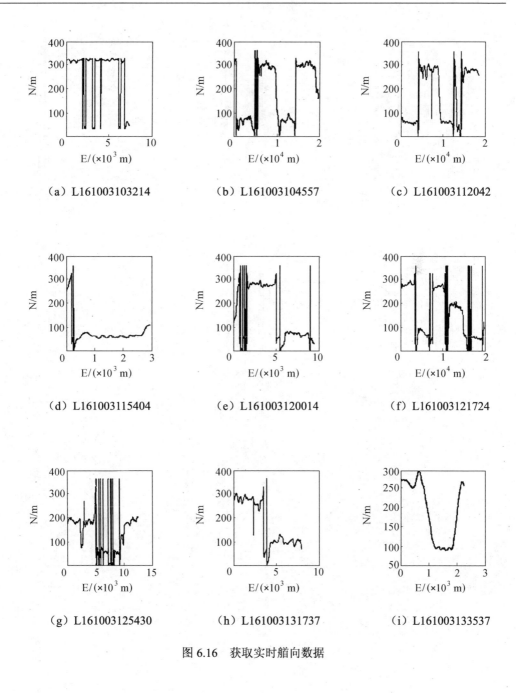

图6.16 获取实时舷向数据

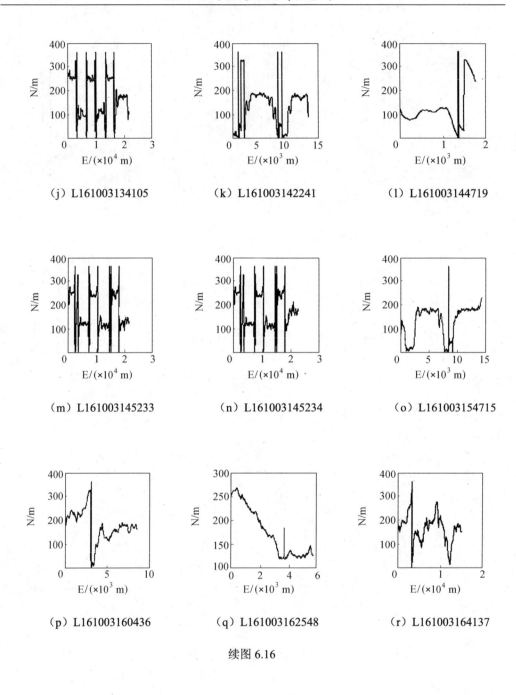

续图 6.16

6.5.3 地形匹配结果

试验采用离线实时处理的模式进行地形匹配导航系统和算法的验证,并在试验过程中按时间步长将记录的原始数据输入到地形匹配导航的系统,以达到与海洋测量数据的一致性和实时性。试验过程中,根据 GPS 获得的位置信息解算载体的速度,同时根据罗经信息和载体的速度信息推算载体的位置。艏向数据如图 6.17 所示,速度数据如图 6.18 所示,速度滤波结果如图 6.19 所示。

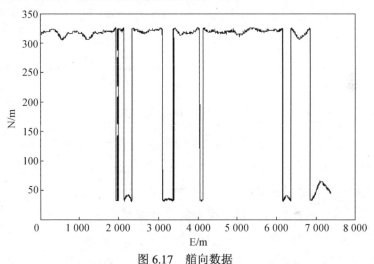

图 6.17 艏向数据

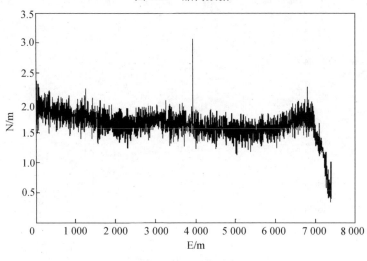

图 6.18 速度数据

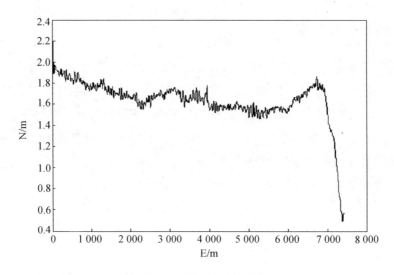

图 6.19 速度滤波结果

实时地形测量数据是由多波束坐标系下的实时地形数据根据推算导航的位置进行空间归位解算得到的,图 6.20 所示为推算导航航迹线下的实时测量数据。在试验过中实时测量地形和推算导航数据按照推算导航的时间步长(0.5 s)输入到地形匹配导航系统。推算导航由 GPS 解算得到的速度按照推算导航步长(0.5 s)输入到推算导航系统中得到实时的推算导航信息。图 6.21(a)所示为实时推算导航航线,图 6.21(b)所示为推算导航航迹线和 GPS 航迹线在先验地形图上的位置。

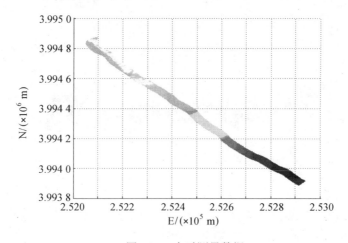

图 6.20 实时测量数据

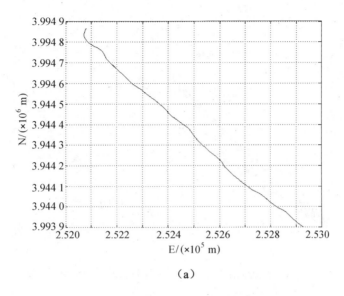

(a)

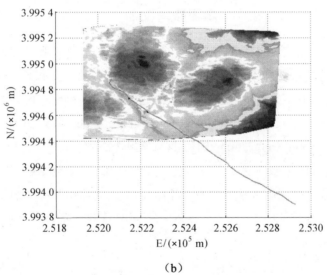

(b)

图 6.21 推算导航航迹与先验地形图

基于极大后验估计的地形匹配导航结果如图 6.22 所示,其 X 方向和 Y 方向的导航定位误差在 10 m 以内,总的导航定位误差在 14 m 以内,且没有累积误差。因此地形匹配导航系统可有效修正航位推算系统的累积误差。

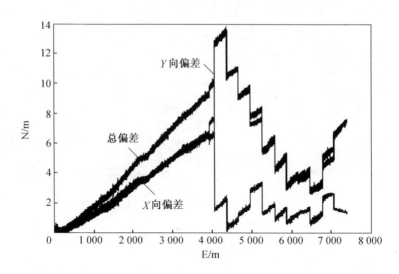

图 6.22 基于极大后验估计的地形匹配导航结果

本章参考文献

[1] 高社生. 组合导航原理及应用[M]. 西安：西北工业大学出版社, 2012.

[2] 王汝鹏. AUV 地形匹配导航初始定位研究[D]. 哈尔滨：哈尔滨工程大学, 2019.

[3] CHEN P Y, ZHANG P F, CHANG J L, et al. Fast extraction method of local underwater terrain features for underwater terrain-aided navigation[J]. Journal of Marine Science and Application,2019,18(3): 334-342.

[4] 赵建虎, 刘经南. 多波束测深及图像数据处理[M]. 武汉：武汉大学出版社, 2008.

[5] 李家彪. 多波束勘测原理技术与方法[M]. 北京：海洋出版社, 1999.

[6] 陈鹏云. 多传感器条件下的 AUV 海底地形匹配导航研究[D]. 哈尔滨：哈尔滨工程大学, 2016.

[7] 沈鹏. AUV 水下地形匹配导航的路径规划方法[D]. 哈尔滨：哈尔滨工程大学, 2016.

[8] CHEN P Y, SHEN P, ZHANG P F, et al. Path planning of underwater terrain-aided navigation based on improved artificial potential field method[J]. Marine Technology Society Journal, 2019, 53(2): 65-74.

[9] Multigen-Paradigm Inc.Vega programmer's guide[CD]. Multigen-Paradigm Inc,

2001.

[10] 施生达. 潜艇操纵性[M]. 北京：国防工业出版社, 1995.

[11] 杨一鹏. 基于多源融合的水下自主航行器定位方法研究[D]. 哈尔滨：哈尔滨工业大学, 2019.

[12] 邓鬼, 晏磊, 袁书明, 等. 多算法的地形辅助导航仿真系统设计及试验[J]. 计算机仿真, 2006, 9: 290-293.

[13] HAGEN O K. TerrLab—a generic simulation and post-processing tool for terrain referenced navigation [C]. Boston：Oceans 2006, IEEE, 2006: 1-7.

[14] LI Y, CHEN P Y, DONG Z P. Sensor simulation of underwater terrain matching based on sea chart[J]. Communications in Computer and Information Science, 2011, 216: 89-94.

[15] 李晔, 邢若琳, 庞永杰. 基于大地形管理的水下机器人视景仿真系统[J]. 计算机仿真, 2011, 2810: 146-150.

名词索引

A

Alpha-Shapes 算子 3.3
A* 算法 5.4

B

贝叶斯滤波 4.3

C

测深数据滤波 3.3

D

导航技术 1.1
地球物理导航 1.1
地形辅助导航 1.1
地形 Fisher 信息量 5.1
地形高程标准差 5.1
地形高程熵 5.1
地形高度匹配技术 2.1
地形匹配搜索定位 4.2
地形适配性 2.5
地形相关匹配 2.3
地形信噪比 5.1

电子海图 1.3
动态聚类 3.3
多波束测深系统 1.3

F

费希尔判据 4.2

G

高斯和滤波 4.3
惯性导航 1.1

H

海底归位计算 3.2
航位推算导航 1.1
回放式仿真 1.2

J

极大后验估计 4.2
极大似然估计 4.2
景象匹配区域相关 2.1

K

扩展卡尔曼滤波 2.3

名词索引

L

粒子滤波 4.3
粒子群优化 5.4
领域信息融合 4.2

M

马尔可夫随机场 4.2
脉冲耦合神经网络 4.2

Q

趋势面滤波 3.3

R

人工势场法 5.4

S

声速剖面仪 3.1
声线追踪 3.2
声学高度计 1.3
水声学导航 1.1
数字地形模型 2.2
SITAN 2.3

T

TERCOM 2.3

W

网格化插值 3.5
伪定位现象 4.2
无迹 Kalman 滤波 4.3

Y

有效性判定 4.2

Z

状态空间模型 2.2
直接概率准则 2.3
置信椭圆 3.6
最小二乘估计 4.2